中国扶贫故事

主编 周宗敏

CHINA ANTI-POVERTY STORIES

新 华 出 版 社

图书在版编目（CIP）数据

中国扶贫故事 / 周宗敏主编. -- 北京：新华出版社，2018.10
ISBN 978-7-5166-4354-9

Ⅰ. ①中… Ⅱ. ①周… Ⅲ. ①扶贫－成就－中国 Ⅳ. ①F124.7

中国版本图书馆CIP数据核字（2018）第238721号

中国扶贫故事

主　　编： 周宗敏　　**副 主 编：** 韩　松　黄　燕

责任编辑： 徐　光　张永杰　　**封面设计：** 今亮后声
责任校对： 刘保利

出版发行： 新华出版社
地　　址： 北京石景山区京原路8号　　**邮　　编：** 100040
网　　址： http://www.xinhuapub.com
经　　销： 新华书店、新华出版社天猫旗舰店、京东旗舰店及各大网店
购书热线： 010－63077122　　**中国新闻书店购书热线：** 010－63072012

照　　排： 臻美书装
印　　刷： 三河市君旺印务有限公司

成品尺寸： 160mm×230mm
印　　张： 24.75　　**字　　数：** 280千字
版　　次： 2018年12月第一版　　**印　　次：** 2018年12月第一次印刷
书　　号： ISBN 978-7-5166-4354-9
定　　价： 68.00元

序言

中国反贫困：人类的壮举

贫困是人类最可怕的事情之一，其他的，还有战争等。它映射的是生存力的低下，吃穿不足，居住窘迫，疾患缠身，婴幼儿死亡率高企，人们无法享受现代经济和科技进步带来的福利，也谈不上其他权利的保障。

中国曾经是世界上最贫困的国家之一。1978年人均GDP仅为384美元，在全世界200多个国家中排倒数第七。

但在短短40年里，中国的贫困人口减少了7.4亿！

减贫的速度在过去几年明显提升，被称作“脱贫攻坚”的全民战役取得了决定性进展。国家主席习近平说，让所有贫困人口脱贫，是他“牵挂最多、花精力最多的一件事情”，“全面建成小康社会，13亿多中国人，一个都不能少”！

中国官方部门公布的数据显示，从2012年至2017年，中国贫困人口减少6853万。这相当于一个英国或法国的人口。贫困发生率也由10.2%降至3.1%。

联合国《2015年千年发展目标报告》显示，中国对全球减贫贡献率超过70%，是世界上减贫人口最多的国家，也是世界上率先完成联合国千年发展目标的国家。

这无疑是人类历史上的壮举。世界各地许多人——包括联合国秘书长古特雷斯和美国微软公司联合创始人盖茨——都大为赞扬，同时也有不少人提出疑问：面对这样一个全球难题，中国人是怎么做到的？这后面有什么秘密？

呈现在读者面前的这本《中国扶贫故事》，就是对这一历程的概述，它从新华社记者写下的“脱真贫、真脱贫”故事中，精选了100个案例和样本，试图回答人们的不解。

作为国家通讯社，新华社持续、深入关注脱贫攻坚。千百名记者，包括本书作者编辑，深入田间地头，做了大量采访报道。我们亲眼看到，每一个数字后面，都有着活生生的故事。我们现场记录下那些触目惊心的赤贫，怎样逐渐淡出人们的视野。

扶贫进入了新时代。2016年底，新华社在云南召开脱贫攻坚报道策划会，吹响进一步聚焦中国扶贫进程、写出扶贫新故事的号角，一批重点选题应时诞生。随后，总社编辑部和国内外分社的记者行动起来，用中、英、法、西、俄、阿、葡七种文字，把采写到的故事发表到世界上，用事实和数据告诉人们，奇迹是怎样发生的。从中不难得出一个结论：集中力量办大事是中国的一大制度优势。

这部书一共分为4章，主要收录了过去5年多里，对中国扶贫领域的变化的记叙。

第一章，“人类奇迹”，展现了中国反贫困是怎样的一个世界级的壮举，勾勒出一个整体的画面。从浩大盆地到无垠荒漠，从辽阔草原到世界屋脊，各地不同民族的人们，在中国共产党的带领下，通过艰苦卓绝的努力，用自己的双手摆脱了挨饿受冻的命运。这堪称翻天覆地的变化，波澜壮阔，如同史诗。这或许可以帮助读者认识，什么是“中国梦”，它怎么可以实现，五千年历史的古老民族如何走向复兴。其中蕴含的理论逻辑和时代内涵极为丰富。

第二章，“中国创造”，表现的是中国人究竟“发明”了哪些创举，使得贫困的发生率降低。在“精准扶贫”方略的指引下，从中央到地方，从党组织到NGO，从企业到学校，方方面面行动起来，勇于探索，真抓实干。从“借鸡下蛋”到“小额信贷”，从“要想富先修路”到“扶贫先扶志”，从“易地搬迁”到“旅游扶贫”“电商扶贫”，许多独特的方式方法起到了很好的效果。从中也看到了中国的“创新、协调、绿色、开放、共享”的发展理念。

第三章，“梦想成真”，描述的是当年贫困之地、贫困之人，如今生存境遇得到了怎样的改善。石头村盖起新房、溜索变成铁桥、光棍找到对象……今昔对比，实乃盛举。中国媒体创造了一个词“获得感”来形容扶贫给人们带来的幸福生活。聚焦发展，造福人民，多措并举，誓将减贫、扶贫进行到底，这正是贫困得以消除的保障。读者也可从中理解到，什么是中国人常常说到的“生存权”和“发展权”——它们是人权的重要组成部分。

第四章，“全球共享”，讲述的是扶贫不仅仅是中国自己的事情，它还托举着全人类共同的进步事业。中国式扶贫具有世界意义。中国扶贫的成功，不仅减少了全球贫困，还为从亚洲到非洲的许多发展中国家带来希望、提供启示。敞开胸怀、拥抱世界、立己达人、共谋发展，这就是人类现代化的新路。中国和世界其他国家以及包括联合国、世界银行等在内的国际机构或组织，携手脱贫，体现了“和平发展”“互利共赢”的主张，从中可以一窥“人类命运共同体”，或“天下大同”的愿景。

中国人把反贫困称作“伟大的斗争”，现在，这场斗争还在进行。中国宣布到2020年要全面建成小康社会，这意味着几千年的贫困将彻底从这片土地上消失。

为达到这个目标，中国还需要每年减少1000多万贫困人口。这仍然是巨大的挑战，一点都不能放松。

而即便实现全面小康之后，怎样做到让脱贫者不返贫，怎样进一步提升全体人民的生活质量，然后做到让10亿以上人口一齐迈入现代化，共同过上富裕生活，需要付出很大的努力，必须“撸起袖子加油干”。

进入21世纪，贫困仍然是全球面临的艰巨挑战，世界上仍然有8亿没有脱贫的人和其他需要帮助的人。共建一个没有贫困、共同发展的人类命运共同体，东方智慧可作为借鉴。

脱贫，是中国全面进入小康社会的一个标志性目标。发展之路没有终点，只有新的起点。我们将继续观察、记录、参与和推动这件人类发展史上最为惊心动魄的事情。

编者

2018年11月

目 录
CONTENTS

第一部分 人类奇迹

中国曾是世界上最贫困国家之一，但在短短 40 年里，中国贫困人口减少了 7 亿多，创造了“世界纪录”。过去 5 年多里，减贫进一步提速，共减少近 7000 万贫困人口，相当于法国或英国一个国家的人口。到 2020 年，中国还要年均减少 1000 多万贫困人口，相当于每分钟有 20 人摘掉贫困的帽子。

第二部分　中国创造

“精准扶贫”这一中国创造，成为减贫的“撒手锏”。从易地搬迁到产业脱贫，从“借鸡生蛋”到“电商扶贫”“融智扶志”，从“造血论”到授人以渔，既体现了制度优势，也包含了草根智慧。从党组织到NGO，从企业家到艺术家，全社会行动起来，帮助人们摆脱贫困，成为中国人共同的奋斗目标。

第三部分　梦想成真

年轻人告别光棍生活，村子里有了第一座厕所，昔日穷乡僻壤建起吉他产业园，闭塞的山区驶来了高铁，种地的手拿起画笔，拾荒妹进入最高国家权力机关……这一切变化，意味着一个全新的幸福新生活的开始。不仅物质，还有精神。

第四部分　全球共享

中国对全球减贫贡献率超过70%，是世界上减贫人口最多的国家，也是世界上率先完成联合国千年发展目标的国家。现在，中国的扶贫工作者，正与东南亚、非洲、拉丁美洲等地的发展中国家一起，携手解决贫困这一人类难题。中国的贫困治理模式和经验，对一些国家具有很大吸引力。

中国曾是世界上最贫困国家之一，但在短短 40 年里，中国贫困人口减少了 7 亿多，创造了“世界纪录”。过去 5 年多里，减贫进一步提速，共减少近 7000 万贫困人口，相当于法国或英国一个国家的人口。到 2020 年，中国还要年均减少 1000 多万贫困人口，相当于每分钟有 20 人摘掉贫困的帽子。

新华社记者郭晨摄

第一部分

人类奇迹

1. 中国反贫困斗争的伟大决战

山西吕梁是 20 世纪 30 年代中国共产党创立的晋绥抗日根据地所在地。80 余年后的今天，这里正在进行另一场艰苦的战斗。在吕梁的 13 个县里，有 10 个县和 3350 个村仍在“极度贫困”之列。

如今，中国仍有 12.8 万个村落逾 4000 万人民生活在贫困中。2013 年至 2016 年，120 多名共产党员牺牲在反贫困斗争的决战场上。中国正与贫困决战。

过去 30 多年间，已有 7 亿人脱贫，但极度贫困始终是中国政府最关切的问题之一。这一难题不仅仅存在于革命老区，还困扰着少数民族地区、边疆地区以及基础设施落后、环境条件脆弱和自然灾害频发的地方。

2017 年 6 月底，中共中央总书记、国家主席、中央军委主席习近平来到吕梁，走访贫困家庭，并与负责扶贫工作的干部亲切交谈。他号召村民“与党中央一道，撸起袖子加油干”。

与时间赛跑

2020 年是中国全面建成小康社会的目标年份，根除贫困是题中应有之义。随着这一进程趋近尾声，任务也变得越发困难和棘手。

国际经验表明，当一国贫困人口数占总人口的10%以下时，减贫就进入“最艰难阶段”。2012年，中国这一比例为10.2%。

2016年底，中国仍有4335万人生活在我国年均收入2300元的贫困线以下，占总人口的3%。

为了完成2020年目标，中国平均每年需有1000万人摆脱贫困，这意味着平均每个月要有近百万人脱贫，乃至每分钟要有20人脱贫。

中国正身处一场和时间的赛跑当中，习近平总书记则早已投身于脱贫攻坚前线。

2012年12月，习近平在河北省阜平县指导扶贫，2013年11月前往湖南省花垣县，2015年6月又走访了贵州省遵义县。

走访吕梁，标志着自2012年当选中共中央总书记以来，习近平已走遍全国14个集中连片特困地区。

他探访贫困群众，与当地干部深入交流，考察各地条件，并仔细检查扶贫成果。过去五年间，扶贫工作一直处在习近平心头最重要的位置。

他说：“没有农村的小康，特别是没有贫困地区的小康，就没有全面建成小康社会。”

必达的使命

为了打赢这场扶贫仗，中共自十八大以来一直坚定引领着全国人民朝着决战胜利迈进。

习近平在吕梁时强调，要实践以人民为中心的发展思想，发挥社会主义制度集中力量办大事的优势。

财政支持在这其中发挥着关键作用。在财政转移支付基础上，中国为中西部地区专设了中央财政专项扶贫资金，2017 年资金规模已经超过 860 亿元。

此外，全国已向各地贫困地区派驻了近 80 万名帮扶干部，与困难群众同甘苦、共奋进。

罗军元就是其中一位。他被江西省农业厅派驻，如今已是长期积贫的井冈山新城镇排头村第一书记。

翻开他的工作日志，就能感受到他日日挂心的“小事”：“搜集 24 个贫困户的‘微心愿’，让农业厅的同事认领；重阳节，为 24 个 80 岁以上的老人每人送上一床棉絮、一个暖手袋……”

“‘微处发力’让百姓待自己就像朋友一样，能够和我一起撸起袖子加油干。”罗军元说。

目前，全国已有 19.5 万像罗军元这样的第一书记在贫困村驻扎，还有 77.5 万名包括地方官员、退伍军人乃至大学毕业生在内的党员干部帮扶。

此外，对于很多贫困人口而言，搬迁是有效的脱贫方式。2016 年至 2020 年，预计约 1000 万贫困人口将通过易地扶贫搬迁告别世代生活的贫瘠土地，他们大多数正受困于深山之中。

82 岁老人张正英刚刚搬离了位于贵州省大方县的山区土坯房。在那之前，他们家穷得连最起码的装修费用都负担不起。

随后当地政府开始与大公司合作，在县里建起了 50 个安置区，在把包括张正英一家在内的全村人民搬出大山的同时，为每家每户安排了农业项目。

“丰元山村有四大姓，大多从清代嘉庆年间搬迁而来。穷了一辈又一辈，直到扶贫搬迁才看到新的生机……”甘肃省文县丰元山村的木匠兼“村史”作者张代全如实记录搬迁扶贫。

必胜的信念

习近平总书记号召全国人民齐心协力，坚决打赢脱贫攻坚战，确保到2020年所有贫困地区和贫困人口一道迈入全面小康社会。

他在2016年的新年贺词中说：“全面建成小康社会，13亿人要携手前进。”

中国大地上正在努力脱贫的人们都积极响应习总书记的号召。

30多年前，由于当时实行的是土地集体所有制，安徽省35岁农民严金昌和其他一些村民因为对其所耕种的土地没有所有权，因此限制了土地的回报和生活品质的提升。

为了突破困境，严金昌和村民们决定和村干部签下合约，把村里土地包产到了户。除了一部分收成上缴国家，剩下的劳动成果都可以自留或者销售。这一尝试立刻促进了产量，并且在全国范围内引发了改革，改变了历史。

30年后，严金昌再一次按下红手印，将家中的10亩土地流转出去。第二年，他家年收入第一次突破10万元。

对于许多人来说，对美好生活的向往是他们突破困难的不竭动力。

2011年春节，贵州省织金县核桃寨的年轻小伙杨文学揣着在贵阳工作攒下的13万元，回到山区老家装修新房。

然而，在目睹了家乡糟糕的交通状况、听了乡亲们满腹抱怨之后，杨文学最终选择把钱拿出来为家乡修一条连接外部的马路。

他的故事被迅速传播开来，激励了 21 名年轻人和他一起去贵阳挣钱，其他村民也都纷纷捐钱捐物，以各种形式为建造公路贡献自己的力量。

一千多个日夜之后，一条跨越山谷、穿寨入户的两公里连寨路竣工了。

通路两年多来，寨子里盖了 30 栋新房。不少在外打工的年轻人也回到了家乡。

对于刘宗路来说，广阔的视野和对市场需求的认识是他对抗贫困的关键。

作为一名山东沂蒙山果农，刘宗路原本只是把水果卖到附近的村庄，直到有一天他得知迪拜的蜜桃价格很高，但路途遥远，中国的桃子往往还没运到迪拜就已经腐烂了。

随着国家推进“一带一路”建设，刘宗路跑到上海，请教国内水果保鲜权威专家，改进储存方法；咨询了海关，改进了报关流程。

刘宗路成功了。4 万斤蜜桃完好运达迪拜，利润成倍增长，几毛钱一斤的蜜桃，在迪拜卖到了十几元。

这正是中国最需要帮助的一群人的精神。尽管他们多年来饱受贫穷之困，但他们没有向困难低头，而是在中国共产党的领导下开辟了脱贫之路。

5 年前，习近平在中共十八届一中全会后的中外记者见面会上说：“人民对美好生活的向往，就是我们的奋斗目标。”为中国实现 2020 年的目标吹响了决战号角。

四川乐山市金口河区胜利村和波涛汹涌的大渡河与两岸高山绝壁交相辉映的情景。（新华社记者陈天湖摄·2017 年）

依托易地扶贫安置修建的胜利村新貌，成昆铁路穿村而过。（新华社记者陈天湖摄·2017年）

胜利村党支部书记王勇（左）与71岁的老父亲王安友（右）在回大渡河畔悬崖村路上。（新华社记者陈天湖摄·2017年）

胜利村党支部书记王勇（右）与村里的贫困户于光清在商讨老鹰茶产业化发展和开办网店的事宜。（新华社记者陈天湖摄·2017年）

回悬崖村劳作的村民行进在陡峭的山路上。（新华社记者陈燮摄·2017 年）

从悬崖村上眺望另一个悬崖村。（新华社记者陈天湖摄·2017 年）

胜利村边上，人工渠从悬崖上穿山而过，飞流直下。（新华社记者陈天湖摄·2017 年）

悬崖村——胜利村老村落。（新华社记者陈天湖摄·2017 年）

在板升乡弄雷村，工人们抬着抗旱饮水工程的水管在山路上艰难行进。（新华社记者黄孝邦摄·2016年）

广西大化瑶族自治县七百弄乡“八里九弯”盘山路。（新华社记者张爱林摄·2018年）

七百弄乡弄雄村的一条屯级公路。（新华社记者黄孝邦摄·2018年）

左图：2012年9月3日，在大化瑶族自治县弄勇村弄顶屯未通公路之前，孩子们背着各种生活用品，爬“天梯”上学。

右图：修通水泥路之后，弄顶屯的家长开着汽车去学校接孩子回家。（新华社记者黄孝邦摄·2017年）

在广西大化瑶族自治县七百弄乡弄雄村，贫困户蓝旺明在鸡舍里给鸡喂食玉米。27 岁的蓝旺明在外打工 6 年，2016 年他返回家乡，贷款 5 万元修建鸡舍，养殖 1000 只七百弄鸡。（新华社记者黄孝邦摄 · 2016 年）

七百弄乡弄雄村村民在修建水柜。（新华社记者黄孝邦摄 · 2017 年）

弄雄村的家庭水柜分布在房前屋后。（新华社记者黄孝邦摄 · 2016 年）

在广西大化瑶族自治县板升乡弄雷村哈保屯，孩子们走在放学回家的路上。由于地理环境恶劣，群众分散居住在各个弄场之中，一些屯所在的弄场还无法修建屯级公路，那里的孩子仍需翻越险峻山路去求学。（新华社记者黄孝邦摄·2012 年）

这是广西大化县七百弄乡的一户农民住房。类似的危房是重点改造对象。（新华社记者张爱林摄·2011 年）

正因为如此，老百姓们自信而坚决。

“要想脱贫就不能当懒人。”四川省通江县柳林村贫困户李国芝说：“我们一定要打赢脱贫攻坚战，就算只剩我一个人也要打赢。”

（李志晖　蒋声雄　赵修知）

2. 数字中的中国扶贫

一分钟，对中国的脱贫攻坚战意味着什么？

26——从 2012 年至 2017 年，中国贫困人口减少 6853 万，相当于每分钟至少有 26 人摆脱了贫困。

20——到 2020 年，中国要年均脱贫 1000 万人，方可实现全面建成小康社会的目标，相当于每分钟要有 20 人甩掉贫困的帽子。

40 年前，中国开始改革开放，并探索脱贫新路。由此，大规模扶贫开发累计使 7 亿多贫困人口摆脱绝对贫困。中国国家主席习近平曾说：“40 多年来，我先后在中国县、市、省、中央工作，扶贫始终是我工作的一个重要内容，我花的精力最多。”

2012 年中共十八大后，中国政府提出到 2020 年消除绝对贫困现象。这些年来脱贫攻坚战取得了决定性进展，贫困发生率由 10.2% 降至 3.1%。

奇迹是怎样产生的呢？联合国秘书长古特雷斯在写给北京 2017 减贫与发展高层论坛的贺信中表示：“精准扶贫方略是实现 2030 年可持续发展议程宏伟目标的唯一途径。”

联合国《2015 年千年发展目标报告》显示，中国对全球减贫贡献率超过 70%，是世界上减贫人口最多的国家，也是世界上率先完成联合国千年发展目标的国家。中国式减贫，从易地扶贫搬迁、产业脱贫到“借鸡生蛋”、电商扶贫，既体现了制度优势，也包含了草根智慧。

今天，全球仍有 8 亿多人生活在贫困之中。我们愿分享减贫经验，与各国人民一道努力构建人类命运共同体，把世界建设得更加美好。

（黄燕）

3. 从贫穷到小康，中国人的千年愿景正在成真

两千多年前，当孔子周游列国并不断传播“大同”“小康”等思想时，填饱肚子仍是绝大多数中国老百姓最朴实的愿望。

如今，孔子第七十九代后裔、云南省南华县司法局派驻罗武庄乡羊歇地村扶贫工作队队员孔显丽相信，她先祖所宣扬的中华民族数千年来的愿景正逐渐成真。

“全面小康将在我们这代人手里成为现实。”孔显丽说，在政府、国企和民企的共同帮扶下，贫困农民自身脱贫意愿空前高涨。

按官方说法，全面小康是脱贫后一种能安稳度日、比较宽裕的经济状态，不愁吃、不愁穿，义务教育、基本医疗和住房安全有保障。

与羊歇地一样，12.8 万个贫困村正处于中国一场新变革的中心。中国政府表示，到 2020 年要实现农村贫困人口全部脱贫，全面建成小康社会。

改革开放 30 多年来，中国经济发展迅猛，7 亿多人口以惊人的速度摆脱贫困，占全球脱贫总人数 70% 以上。但截至 2016 年底，中国仍有 4300 多万农村贫民，占全国农村户籍人口的 4.5%。

光看数字，中国的脱贫工程或许尚显抽象。而在滇、黔、川、桂等中西部集中连片贫困地区，脱贫则更加烦琐而具象——修路架桥、饲养家畜、盖房引水、外出务工、种植水果或药材……

贫困曾让云南省禄劝县屏山街道洗马塘村 28 岁苗族村民罗志明刻骨铭心：父辈修建的老土坯房透风漏雨，种点玉米不够一家人吃，基本挣不到钱。如今，52 幢整齐划一的二层白色新楼房让他和邻居成为该村易地扶贫搬迁的最新受益者：每套新居面积近百平方米，沙发、茶几、电视柜等家具齐全。

“我做梦都想不到！”罗志明说，政府补助 4 万元，贴息建房贷款 4 万元，他自筹一部分资金，告别了昏暗的土坯房。

从滇川黔桂到陕甘宁，从新疆到内蒙古，从青藏高原到华北平原东北平原，从长江流域到黄河流域，革命老区、民族地区、边疆地区和连片特困地区等农村贫民集中地成为中国脱贫攻坚的主战场，高山、丘陵或荒漠地带脱贫尤其艰难。

连年硬仗，井冈山、兰考等国家级贫困县贫困发生率降至 2% 以下，率先全面脱贫。中央和省级财政仅 2016 年就调拨超过 1000 亿元专项资金，帮助 1240 万农村贫民脱贫，2017 年计划再调拨 1000 亿元扶贫资金，减贫 1000 万人以上。

为消除贫困实现全面小康，中国近年来不断加大帮扶力度，逐步提高贫困标准。自从 1986 年以农民年人均纯收入 206 元为起点首次制定扶贫标准以来，中国按 2010 年不变价确定现行扶贫标准为 2300 元。

对任何国家来说，实现全面脱贫绝非易事。中国脱贫目标相当于短短 4 年内要确保和阿根廷全国人口差不多的农村贫民脱贫，平均每天 3 万人。

帮助农村贫民脱贫已成为中国“十三五”期间头等大事。中西部22个省份党政一把手以及市、县、乡、村主要官员干部更逐级立下“军令状”，誓言举全社会之力，打赢脱贫攻坚战。

“脱贫攻坚就是场战争！这是历史任务！”军人出身的云南省禄劝县委书记焦林说，“我是来打仗的，没有退路，必须打胜！”

禄劝县是国家级贫困县，与滇黔川三省毗邻地区其他的37个县（市、区）一样，禄劝位于中国西南集中连片特困地区的乌蒙山区。

中央政府要求通过发展生产、易地搬迁、生态补偿、发展教育、社会保障兜底等方式帮助农民脱贫，各级政府设立领导小组或专门部门负责减贫工作，并制定专门预算。此外，东部经济较发达省份、大城市定向帮扶中西部贫困地区。由官员、科学家、工程师、企业家等组成的50万余名扶贫工作队员进驻各个贫困村，利用他们所掌握的专业知识和资源帮助贫困户早日脱贫。

“中国的减贫经验为世界作出了表率。”联合国开发计划署全球合作高级顾问马克说，他实地考察了云南的扶贫做法，视角“带着泥土的新鲜”。

对羊歇地村700多名村民和孔显丽来说，修一座桥成为脱贫的当务之急。村里以前没有公路，村民只能跨过河谷再通过盘山公路出村。

“这不仅是连接村内外的桥梁，更是从贫困到小康的桥梁。”孔显丽说。

（陈思武　杨静　庞明广　吉哲鹏　侯文坤）

4. 决胜最艰难扶贫战

虽然身份依然是县政府工作人员，但吕南佚的工作地点已经转移到远离县城的贫困村寨：出谋划策，下地劳动，为村民脱贫致富提供帮助。

吕南佚是云南省寻甸回族彝族自治县柯渡镇新村的“驻村帮扶”队员。像吕南佚一样，在中国共产党领导的脱贫攻坚中，全国近 80 万党员干部到贫困村驻村帮扶。

“我自己感觉收获蛮大，既为群众脱贫致富出了力，也增进了对农村的了解，还密切了与群众的联系。”晒得一脸黝黑的吕南佚说。经过在村子里一年多的“摸爬滚打”，吕南佚和村民已经非常熟悉，在村寨行走中不时与相遇的村民问候、寒暄。

各种扶贫措施密集落地，并有吕南佚等 4 位帮扶队员倾力工作，柯渡镇新村脱贫在望，引进的花卉种植企业可以保证 109 户贫困户每户有人“充分就业”，2017 年可以全部脱贫。

“吕南佚与柯渡新村的故事是中国正在如火如荼开展的脱贫攻坚决战的缩影。”云南省人大常委会农业工作委员会副主任杨礼华说，共产党领导的脱贫攻坚工作践行着全心全意为人民服务的宗旨，践行着从群众中来到群众中去的群众路线，践行着以人民为中心的发展思想。

中共中央总书记习近平在庆祝中国共产党成立95周年大会上讲话时，要求全党“不忘初心，继续前进”。他强调，“带领人民创造幸福生活，是我们党始终不渝的奋斗目标”“使改革发展成果更多更公平惠及全体人民，朝着实现全体人民共同富裕的目标稳步迈进”。

确保到2020年所有贫困地区和贫困人口与全国人民一道迈入全面小康社会，这是中国共产党作出的庄严承诺。

中共中央党校教授韩庆祥说，中国共产党坚持以人民为中心，坚持人民至上，坚持人民情怀，坚持人民立场，坚持人民主体地位，“不忘初心，就是不忘我们党对人民的赤子之心”。

中共十八大以来，中国脱贫攻坚力度空前加大。2016年全国财政专项扶贫资金投入超过1000亿元。2013年至2016年，中国每年减少农村贫困人口超过1000万人，累计脱贫5564万人。

除了在贫困村派驻工作队员，全国各脱贫攻坚主要省份均建立了单位挂钩联系贫困户、不脱贫不脱钩的办法。

云南是中国脱贫攻坚的主战场。云南省提出，要在脱贫攻坚一线考察识别干部，“树立鲜明的用人导向，在脱贫攻坚战场上锤炼干部、淬炼干部、检验干部、考察干部”。

为让驻村帮扶工作队发挥应有的作用，不少省份都出台了相关管理办法，严明奖惩机制。作为中国贫困人口第一大省，贵州省在2014年就对不合格的驻村干部进行召回。

2016年4月，云南省制定公布《驻村扶贫工作队员召回办法》，对驻村扶贫工作队员加强指导、培训、管理和考核，对不胜任、不适合、不履职、不作为的坚决召回。

北京大学廉政建设研究中心副主任庄德水表示，干部召回制度有利于激发派出干部的积极性，更好适应工作需要，释放选人用人机制的红利。

2017 年 3 月底，中共中央政治局召开会议听取 2016 年省级党委和政府脱贫攻坚工作成效考核情况汇报时强调，要坚持把人民利益放在首位。各级领导干部要增强推进脱贫攻坚工作的使命感和责任感。

为确保 2017 年脱贫考评顺利，吕南佚连日来逐户走访贫困户，了解大家的困难。脱贫的考评指标中，群众的满意率是基本要求，必须达到 90% 以上。

1935 年，中国工农红军在柯渡驻停，在柯渡写下标语：红军绝对保护回家（指回族群众）工农群众利益。

“正如红军 80 多年前在柯渡写下的标语，全心全意为人民服务是我们不变的初心。”中共寻甸县委副书记杨蜀军说，“在脱贫致富的大道上，共产党的初心在发扬光大。”

（李自良　杨静　字强）

5. 中国最穷县名单越变越短

随着一批贫困县脱贫成功，中国的贫困县名单将在 30 多年来首次变短，这标志着世界第一大发展中国家向着 2020 年彻底消除贫困的目标又迈出了坚实一步。

一名扶贫官员表示，继兰考和井冈山在 2017 年初成功摘掉“贫困县”的帽子后，中国又有 26 个县将很快宣布退出该名单。

位于中国西南地区的重庆和西藏以及西北地区的新疆各有 5 个县即将摘帽，其余的来自河北、河南、江西等地。

国务院扶贫开发领导小组办公室副主任夏更生说，中国 1986 年首次公布国家级贫困县名单，确定第一批贫困县共计 331 个，之后这一数字呈上升趋势。

之后，尽管一些地区成功摆脱了贫困，但更多的县被划到贫困线下。

脱离贫困县名单的条件是，生活在贫困线以下的人口不到 2%，这条线为按照 2010 年不变价格人均年收入 2300 元（348 美元）。在西部地区，这一标准被放宽到 3%。

截至 2016 年底，全国共有 832 个贫困县。

夏更生说，这 28 个县经过了严格的脱贫评估，包括第三方机构的评估，以及中央和地方政府的审查。

“2018 年又有 100 多个县提出了摘帽申请。”夏更生说。

但是，从名单中删除并不意味着减贫的力度会弱化，夏根生承诺优惠政策、补贴和财政支持仍将持续，以确保这些地区在过渡时期保持稳定发展。

减贫是政府工作的重中之重，政策措施也多种多样，包括电商扶贫、异地安置、基础设施提升等。

在过去的 5 年里，中国有超过 6000 万人摆脱了贫困，贫困人口的比例从 10.2% 下降到不到 4%。

中国计划到 2020 年实现剩余 5500 万农村贫困人口脱贫。

（侯雪静　胡璐　方栋）

6. 努力消除“环首都贫困带”

住在与北京郊区仅一线之隔的河北省农民赵兴权刚刚度过了他最高兴且最忙碌的春节。

“我们开了自己的农家乐。”赵兴权说，“一共有 10 个客房和 4 个餐厅包间，我们还雇了一个厨师。”

几年前，他根本无法想象到今天发生的这一切。

赵兴权居住的村子处于当地最贫困的山区。2015 年，80% 的村民年收入都低于国家的贫困线，即人均年收入 2300 元。而相比之下，跨过河北和北京的交界线，北京郊区农民的年均收入能达到两万元。

“虽然我们紧邻北京，但是我们那些年一直陷在贫困中。”做了 16 年村支书的郭秀龙说。

自从河北建设了一个 6000 平方公里、主要针对首都游客的旅游区，当地人的生活开始发生变化。截至目前，这一旅游区已经提供了 9.4 万个就业机会，并帮助 3.6 万人脱贫。

据 2005 年的统计，河北一些临近北京和直辖市天津的贫困县形成了一个“贫困带”，凸显出发展的不平衡。

近些年，河北省在减贫方面做出了突出的成绩，尤其是在 2014 年国家宣布京津冀协同发展战略之后。

在2012年到2016年间，河北省共帮助600万人脱贫，但仍有200万当地居民生活在贫困中。

一些京城企业搬迁到河北，尤其是到河北农村地区，有效地帮助了当地的扶贫工作。不仅如此，河北省还在筹建更多的旅游度假村。

“这些高山和高原地带，曾经一度使村民困于贫穷，现在却成了发家致富的本钱。”河北省扶贫办公室的一名官员说。

种植蔬菜和水果有效地提高了当地人的收入。在坝上地区的张家口，也就是将举行2022年北京冬奥会的城市，5.3万公顷的土地被开发种植蔬菜，可满足北京地区40%的蔬菜需求。

2017年，河北省计划通过农业、旅游、电商和光伏发电站、易地搬迁等方式，帮助70万当地人脱离贫困。

北京和天津也制定了相应的帮扶政策。到2020年，北京将投资35亿帮助河北16个区县脱贫。河北将对5000个贫困村每村支持50万元，还要建造4000个光伏发电站。

扶贫是中国“十三五”规划（2016—2020）的首要任务之一，政府承诺要在2020年消除贫困，届时“贫困带”也将成为历史。

（李来房　韩筱婧　高博）

7. “革命摇篮”井冈山实现脱贫

有中国“革命摇篮”之称的井冈山2017年2月26日正式宣布在全国率先脱贫摘帽。

80多年前，中国共产党在位于中国东部江西省的井冈山建立第一块农村革命根据地。如今，井冈山贫困发生率降至1.6%，低于国家贫困县退出机制所规定的2%贫困发生率标准。

当地政府将这一成就归功于中国如火如荼开展的精准扶贫运动。精准，意味着扶贫资源应当用得其所。

2014年，井冈山有16934名贫困人口，2017年减少到1417人。贫困户人均纯收入由2600元增长到4500元以上。

当地政府帮助有能力的贫困居民创业、就业，为其他贫困户提供生活保障，帮助他们搬入新居，并大力改善农村基础设施。

政府还鼓励贫困户参与当地成熟产业发展，包括茶叶、毛竹、水果种植和加工业，以及水产养殖业。

村民钟万银终于不再担心生活捉襟见肘。他以政府提供的5000元本金入股村里的冷水鱼养殖基地，每年获20%分红，在基地打工一年有2万多元收入。

电商旅游助力脱贫

电子商务让井冈山 18 个乡镇的特产“飞”出大山，带动了 2400 多名贫困居民增收致富。

“开业一年多来，寄出了1.7万多个包裹，价值160多万元。”黄坳乡电商服务站站长黄小华说。

井冈山还利用“革命摇篮”的声誉发展旅游业，2016 年接待了超过 1300 万名游客。

茅坪乡坝上村开设“红军的一天”体验教学，仅 2016 年就吸引了 4 万多名学员。

坝上村村民赖蒲秀每天为游客们准备午饭。“每餐我收 33 元，饭菜挺简单的。”她说。

“过去，我们靠种地为生，日子很苦。现在这么多人来村里，我们就搞起了餐饮。”赖蒲秀说。

坝上村有630多名户籍居民，过去有400来人在外打工谋生。随着近年来游客增多，100 多人返回村里。

赖蒲秀通常会早起去镇上买食材，也在自家后院种菜。

“我和丈夫一般会准备竹笋、南瓜、茄子、鱼和酱油肉。”她说。

赖蒲秀做饭时，访客们可以体验当地小吃糍粑的制作。她收取每位体验者 100 元的费用，提供原料和工具。

为了丰富游客体验，她还把房子装饰成“红色风格”。房子内陈设着老灶台和老木桌。房门外两侧贴着对联。

在旺季，她一天最多接待了 40 多位游客。2017 年，她已接待了 900 多位。其他坝上村民 2017 年已平均增收 1.8 万元。

时间紧 任务重

脱贫是中国面临的一项紧迫任务。中国政府承诺在 2020 年消除贫困，同年全面建成小康社会。

截至 2015 年底，中国仍有 5575 万人生活在贫困线以下。2016 年有 1000 万人脱贫。预计 2017 年该数字将再减 1000 万。

在中国北方省份河北，部分毗邻首都北京和天津市的地区曾被称为贫困带。如今，一项国家级协同发展计划助力改变此地的面貌。

2016 年，河北共有 100 万人脱贫，仍有 200 万人生活困难。2017 年，约有 70 万河北贫困居民将通过向京津供应农产品走出贫困。此外，河北还将建多处度假村来接待外来避暑市民。

处于中国脱贫攻坚主战场的云南省计划在 2017 年帮助其 350 万贫困人口中的 100 万脱贫。

（王若遥　钟群　胡锦武　郭强　余贤红）

8. 在世界之巅征服贫穷

卓玛小的时候，每天早上醒来，都能透过卧室的窗户，看见珠穆朗玛峰。

29 岁那年，这座海拔 8800 多米的世界最高峰给她带来了财富。

在海拔 5200 米的珠峰大本营，柏油路的尽头，将近 60 顶帐篷为即将踏上征途的游客提供食宿。

卓玛经营着其中一家旅店。

“游客们除了能暖和地睡一觉，还可以尝尝藏餐，听听民歌，过过藏族人家的生活。”她说。

64 年前的 5 月 29 日，新西兰登山家埃德蒙 · 希拉里和尼泊尔向导丹增 · 诺尔盖成功登顶珠峰。

几十年后，世代居住在珠峰山脚的藏族群众，通过接待登山爱好者和游客，战胜了贫困。

卓玛的旅店和西藏牧人生活的帐篷无二。木板铺在石头上，篷布用几根铁棍撑起，一边是大通铺，可以睡 6 个人，其他三边是可坐、可躺的藏床，中间是一座烧牛粪的铁炉子。

“这里是珠峰大本营最好的住宿环境了。”她一边说，一边小心翼翼地点燃一块酒精扔进炉子里。

虽然已经是五月下旬，在寒冷的高原，取暖依旧必不可少。

这家小小的民宿每年可以给她带来超过 10 万元（14600 美元）的收入，是她原来放牧务农收入的 100 倍。海拔 4000 米以上的农田产量极低。

卓玛的民宿 2008 年开业，当时大本营总共只有 4 家帐篷旅馆。

多年来她见证了大本营基础设施的巨变，通柏油路、通电、通邮、通手机网络，还有世界海拔最高的邮局。

措姆从四月中旬开始在邮局工作，每天负责收集明信片并盖戳。邮局里可以买到一套十枚印有珠穆朗玛峰的明信片。

"忙的时候我一天就要盖上万个戳。" 措姆说县邮政局每周来取一次明信片，国内 10 天可以寄到，国际最长 20 天可以寄达。

珠峰大本营所在地属于曲宗村，村党支部书记其美次仁说，大本营里的每顶帐篷一年要收 4 万元的租金，都是交给各自所在的村子，再由村委会给贫困户分红，"让每一户人都富起来"。

扎西宗乡副乡长边罗说，包括曲宗村、班定村在内，20 个村子共同在大本营里经营帐篷旅馆，其他 10 个村子从事牦牛运输。"珠峰是全乡共有的，理所应当让更多人获益。"

"2016 年，扎西宗乡所有贫困户都脱贫了。"边罗说。

来自陕西的游客李董卓毅和新婚妻子自驾来西藏度蜜月，珠峰是他们此行最西的一站。

寄完明信片，夫妻二人来到卓玛的帐篷品尝藏餐和酥油茶。

"没想到珠峰脚下还有这么暖和的旅馆，老板也非常热情，在旅馆就像在家一样。"他说。

（白少波　曹槟）

9. 干部住村帮助新疆维吾尔族群众脱贫

到 2015 年 9 月下旬，热比娅·玉山来到喀什地区疏附县萨依巴格乡喀扎克拉村工作已有 7 个月了。

半年多来起早贪黑的住村经历，及她与同行的农业厅其他 6 名干部为这个村子带来的变化，让这位 54 岁的新疆维吾尔自治区农业厅副厅长体会到做好农村基层工作的重要性。

2014 年 3 月，新疆启动为期 3 年的 20 万干部下基层“访民情、惠民生、聚民心”活动，要求在全疆各级机关抽调干部在 3 年内轮换到 1 万多个行政村住村，做好群众工作。热比娅·玉山就是其中一位。

热比娅所在的喀扎克拉村共有人口 1763 人，该村为自治区确定的贫困村，2014 人均年收入为 8024 元。这个数字低于当年新疆农村人均年收入的 8296 元，更比全国农村人均年收入的 10489 元低。

中国的贫困人口主要集中在西部，大量分布在少数民族地区的农村。要在 2020 年全面建成小康社会，这是一个很大的挑战。

自治区农业厅的住村干部帮助喀扎克拉村成立了 3 个农民专业合作社。9 月 16 日刚开业的巧娘手工艺品农民合作社是其中之一。

几名维吾尔族妇女正在缝纫机前忙着做活，旁边的柜子和桌子上是她们的作品——用新疆特色纺织品“艾德莱斯”缝制的阿凡提和毛驴的布艺玩偶。

住村干部李慧敏说，她们都是当地的农民，正在赶制一笔价值 3 万元的艾德莱斯布艺包的订单，这是热比娅厅长帮助联系的。这样可以帮助村民提高收入。

在维吾尔族人口占大多数的南疆，男人在一个家庭中起主导作用。“要想把妇女们召集起来学习培训手工艺制作，并达到可出售的标准是非常困难的。”热比娅 · 玉山说。

她说：“最难的就是管理。首先要让她们养成好的习惯，比如守时、讲卫生等。否则，成立了合作社也无法运作。”

刚开始，一些妇女的丈夫不同意。热比娅和同事就上门去做这些丈夫的思想工作，让他们支持妻子，帮助家庭增加收入摆脱贫困。

热比娅把著名工艺美术大师单秀梅三次请进村指导开展手工培训，并选派巧娘手工艺合作社领办人吐尼沙古丽赴北疆培训。

令热比娅欣慰的是，经过一段时间的耐心劝导和严格培训，这些妇女走出家庭，成了合格的手工艺人。

虽然开业时间不长，合作社的工艺品已经迅速进入了内地市场，订单不断。当热比娅把妇女们人生中亲手挣来的第一笔工资 1600 元现金当着 800 多位村民的面发到她们手里时，这些妇女激动得热泪盈眶。

“目前，全乡还有 100 多名接受过专业培训的妇女申请加入合作社。”李慧敏说。

正在缝制艾德莱斯包的 40 岁巧娘希尔古丽·别克带着 1 岁零 3 个月的女儿一起来合作社上班。她干活，女儿就睡在旁边的桌上。能在家门口找到工作挣钱，让她在家里变得自信，也让她产生了供孩子上大学的念头。

热比娅说，自己半年来苦口婆心的努力，在村里的妇女中间见了成效。“能感到一些微妙的变化。比如，越来越多的妇女愿意主动来村委会交流谈心，或参加我们组织的各种文体活动。”她说。

热比娅来到基层发现，如今农村的许多村干部，年纪大、文化程度低，缺乏学习和创新的精神，甚至有不少村支书是文盲。如果住村干部走了，缺乏有能力的人引导农民，新疆农村未来的发展依然堪忧。

于是，他们的另一项努力就是培养新的接班人，选拔敢做敢想的年轻人在村委会担任职务。经上级党委批准，在工作组推动下，喀扎克拉村有 3 名年轻人第一次参与竞聘团支部书记的职务，村民们民主投票选出了自己的书记。大家都觉得很新鲜。

据悉，住村工作组所培养的新接班人，将在新疆农村的村委会担当重任。

在新疆，帮助农民致富不仅仅是一个经济问题，更关涉社会的稳定。

村里共有 7 座清真寺，村民经常去，宗教信仰已经融入村民的生活。

但是，“有的年轻人不懂宗教，可能都没读过几句《古兰经》，因为无所事事，有时为了眼前的一点利益就被煽动参加暴恐，这非常让人痛心。”热比娅说，“要引导年轻人勤劳致富，有正事可做。”

同样是住村干部的邓勇和热比娅有相似的观点。邓勇来自喀什大学，现在喀什市多来特巴格乡兰杆村担任住村组长。

邓勇说，自治区已经找到了解决新疆农村问题的办法，那就是“五把钥匙”——思想的问题用思想的方法去解决，文化的问题用文化的方式去解决，习俗的问题用尊重的态度去对待，宗教的问题按照宗教的规律去做好工作，暴恐的问题就用法治和严打的方式去解决。

邓勇说，工作组深入村里每家每户探访，在村民的院子里，以他们最能接受的聊天的形式，告诉他们宗教极端思想的危害和真正的宗教信仰应该为何。

20岁的兰杆村村民茹仙古丽有一张俊俏的脸庞，她戴着红色头巾，细眉弯弯，微笑着招待客人。而去年此时，她整日身着黑袍，头戴黑纱，把自己包得严严实实，丈夫劝她脱去也不管用。

住村干部请来了宗教人士，为妇女们讲解《古兰经》和维吾尔族的传统习俗、服饰原本是什么样的。茹仙古丽说，这些讲述让她意识到了自己的盲从，感到惭愧。她脱下了黑袍，重新系起维吾尔族的花头巾，穿上时尚的裙子，她说：“这才是年轻的维吾尔族女孩真正的样子。”

喀什大学住村工作组还在村委会大院成立了“‘80后’‘90后’夜校培训班”，对年轻人进行职业技能培训，结合当地市场需求，教给修理、烹饪、泥瓦工、刺绣等技术，提高他们的就业能力，让他们有事可做，不再游手好闲。

兰杆村是喀什市的贫困村，人口多土地少。2014年，人均收入10065元。2015年，工作组争取努力实现帮助农民人均增收1000元的目标。

（强力静　顾钱江　李晓玲　任沁沁）

10. 中国与世隔绝的民族逐渐摆脱贫困

过去 90 多年的经历，李娜体很多事已难以一一记起，但她对贫穷的记忆却依然清晰。

“没吃的。”多年前忍饥挨饿的苦让 97 岁的李娜体满怀唏嘘。橄榄皮、野菜、野果……从深山里找到的各种根、茎、叶、花、果都曾被她和家人用来果腹。

对云南省澜沧县酒井乡拉祜族寨子老达保而言，那是一段不堪回首的过去：住茅草房、篾片房，夜间照明靠点松脂，有时邻居家不小心着火，一烧就烧一大片。

直至 1988 年快 70 岁了，李娜体才第一次过上有电的生活。寨子通上电的第一晚，家中电灯亮了一夜，她“激动得一夜没睡”。

在官方话语中，李娜体所属的拉祜族和独龙、德昂、基诺、怒、布朗、景颇、傈僳、佤等 8 个民族有个共同的身份——“直过民族”，加起来占中国总人口不到 0.2%。

按照中国人类学发展的线性理论，这些人口较少的民族跳过封建社会和资本主义社会的发展阶段，从原始社会末期或奴隶社会直接过渡到社会主义社会，因此被称为“直过民族”。

不少“直过民族”是新中国成立后才从深山老林中被找到和识别的，其中基诺族 1979 年被中国正式确认为 56 个民族中的最后一个少数民族。

由于地处偏远、交通不便，这些居住在中国西南深山峡谷间的“直过民族”长期刀耕火种，农业与采集、渔猎并存，甚至只能靠刻木、结绳来记事。语言不通也让他们长期处于与世隔绝的状态，贫穷更一度是他们祖祖辈辈难以摆脱的宿命。

“以前，一年四季只有一件衣服，没有被子，也没有尿布。”在自家二层木质吊脚楼上，李娜体满脸皱纹，身材瘦小，回忆似乎穿透了冬日的薄雾，回到以前种棉花、织布缝衣的时光。“想起过去的苦日子，眼泪都要掉下来了。”

不过，世居深山也让她和族人躲过内战、日本侵略等无数中国人 20 世纪所遭受的战火之殃。

新中国成立后，变化已悄然降临，但“直过民族”真正的现代化则是从改革开放后才开始加速。

过去 30 多年来，中国政府有计划有组织的大规模扶贫行动使 7 亿多农村贫困人口成功脱贫，但消灭贫困仍是这个世界人口最多国家面临的艰巨使命。截至 2014 年底，中国仍有 7000 多万年均可支配收入在 2855 元以下的农村贫困人口，比法国人口都多。

中央政府提出，按现行标准登记在册的全国贫困人口到 2020 年要全面脱贫，吃穿不愁，义务教育、基本医疗和住房安全有保障。

作为“直过民族”主要聚居地，云南无疑是全国脱贫攻坚的主战场。

“少数民族聚居地区是全省贫中之贫、困中之困。”云南省扶贫办主任黄云波说，截至 2015 年底全省仍有 471 万建档立卡贫困人口，仅次于贵州居全国第二位，其中43.4%是少数民族，包括70万“直过民族”和人口较少民族贫困人口。

云南省近日已出台行动计划帮助“直过民族”全部贫困人口到2019年脱贫，动员5家国企出资64.5亿元，对省内“直过民族”和人口较少民族实施精准扶贫。

在政府支持下，老达保通了水泥路，接入了互联网，建了公厕，从闭塞走向开放，人均年收入已达3000多元，整体越过了国家贫困线。

吉他这种西方乐器30多年前传入老达保，近年来更成为寨子摆脱贫困的利器——400多名村民中，80%都会弹吉他，参加村里演艺公司的演出已成为村民日常生活的一部分，所有收入按参加人数平均分配。

作为村里最年长的老人，李娜体觉得这些年的变化很大：“以前穷，现在富了。以前想吃什么只能到山上摘，现在想吃什么都能买到，去哪里再也不用怕一身泥土。”

她一生极少出远门，直至70多岁才去过一次澜沧县城喝亲戚的喜酒。她从来没有上过学，不会写自己的名字，也不会弹吉他。她生了6儿2女，儿孙绕膝，重孙、重外孙等后辈加起来已将近80人，每天喜欢与重孙一起看电视动画片。“好看是好看，但是听不懂，不知什么意思”。

年轻的时候，寨子里不允许她与其他民族通婚，现在的年轻人都自由恋爱了。

“我想再去澜沧县城看一看，看看都变成什么样子。”她说。

（陈思武　庞明广）

11. 中国最不适合人类居住之地获得新生

广西大化瑶族自治县七百弄乡严重缺水缺土，被称为“魔鬼诅咒的地方”。贫困带来的无力感深深攫住了这里的每个人，令他们难以相信即将到来的命运大改变。

所谓“弄”是指高山环绕的洼地，在喀斯特地貌山区，每个“弄”就像大漏斗一样会漏干所有的雨水。七百弄有 1300 多个这样的“漏斗”，最深的有 300 多米。因为没有平地，一个个村寨分散在洼地底部。

联合国粮农组织的官员考察后认为，七百弄是世上除了沙漠以外最不适合人类居住的地方。然而，这里却实实在在生活着近 2 万人，其中绝大多数是瑶族——一个主要分布在中国南方山区中的少数民族。

七百弄属于滇黔桂石漠化片区，这是中国 14 个集中连片贫困地区之一。虽然经过多年的扶贫努力，这里至今仍有近一半人口生活在贫困线以下。

从大化县城往西北方向行驶约 70 公里，开始进入喀斯特地貌特征明显的七百弄。弯曲的盘山路像蛇一样缠绕着大山，大部分路段一边是悬崖，一边是峭壁。

有土地才能种粮。七百弄为了防止雨水冲刷稀薄的土壤，修建了许多梯田。这些用石头砌成的一块块梯田，有的小到只有几个手掌大小。即便如此，当地不少贫困户一年中缺粮的时间长达4个月左右。在这些缺粮的日子里，他们要么外出务工，要么靠政府救济。

缺水是七百弄人面临的另一大难题。蓄积雨水的家庭水柜在当地随处可见，一些群众甚至将自家的屋顶建成了蓄水池。

七百弄的交通不便也是出了名的。在古代，马曾是主要的交通和农业生产工具，但如今在农业机械基本普及的中国农村，很少能见到马了。不过，七百弄仍有近百个屯没有通路，这些地方的农民生产生活仍离不开马。

七百弄的弄根屯至今没通路。24岁的瑶族青年蒙志见就生活在这里。记者沿着崎岖不平的山路攀爬了一个多小时，翻过两座山头，才到达屯里。屯里清一色的破旧木房子，有的村民屋内仅有一张床、一个桌子、几个凳子。

沉默的蒙志见身材矮小，一个砍柴的弯刀挂在腰间。他小学毕业后即辍学，十几岁就到中国东部沿海地区务工。前段时间，因为父亲病重，他不得不回到家中。24岁的他依然单身，这在中国贫困山区已算大龄。

蒙志见的命运即将迎来改变的时刻。按照规划，2017年弄根屯将整屯搬迁到山下的公路边，新居由政府免费提供。中共大化县委书记杨龙文说，七百弄乡至今有80多个20户以下的屯不通路，由于山区修路的成本太高，政府采取的措施是整屯搬迁。

中国有句老话叫“要致富，先修路”。对于20户以上的屯，地方政府正加大力度修通连接外界的公路。像毛细血管一样不断延伸的通村通屯道路正在改变七百弄的面貌，不少村屯通了公路后，新房像雨后春笋一样冒了出来，世世代代居住的茅草房、土坯房正在被抛弃。

中国政府提出，要在2020年全面建成小康社会时实现全面脱贫。在本轮脱贫攻坚战中，中国提出，“决不让一个少数民族、一个地区掉队”。

相对于物质贫困，精神贫困也许是更“难啃的骨头”。对于山外的世界，一些贫困户显然还没有做好准备。蒙志见仍犹豫要不要搬迁。

“搬出去，以后你的孩子可以读书，你父亲看病也更加方便，政府免费提供价值七八万元的新居，为什么不搬呢？”记者问。

“出去后，买青菜都要花钱，在这里我多少可以在山坡上种点玉米。孩子属于大山，多生点，能留下几个是几个。”蒙志见说。

但是当记者告诉蒙志见，如果不搬迁出去，像中国许多贫困村的“光棍”一样，他可能很难娶媳妇时，他陷入了沉思。

杨龙文坦陈，相对基础设施投入，最困扰地方官员的是如何找到适合七百弄的产业，让贫困户有稳定的收入。毕竟摆脱贫困最终要靠当地人民的双手。

（王军伟　朱丽莉）

12. 太行深处新愚公

太行山区深处，河北涉县关防乡后池村桃花山下，有一块新立的石碑，村民叫它愚公碑。碑文上书："古有愚公，徒手搬山，今有翁妪，开山修路，奋战百日，终成坦途……"

双手成了"万能铲"

"地在半空中，路无半步平"。对后池村民来说，一条通往外部世界的大路，是祖祖辈辈的一个难以实现的梦想。还在两年前，想从县城开车进村，50多公里的路要行驶近两个小时，从自己家里到周围山上，也要走很长时间。后池村自古就条件艰苦，老百姓几百年才垦出千亩梯田，种玉米、谷子、核桃及一些中药材，每年每户收入也就2000—3000元。近些年，青壮年外出务工，撂荒的梯田越来越多，贫困的帽子压得村民喘不过气来。

这里的生活，因一条路而改变。

2015年，太行山高速公路开工建设，高速公路收费站距离后池村仅6公里。这条直通北京的高速公路，是首条穿越太行山集中连片特困地区的高速公路。对后池村民来说，这可是开天辟地的大事情。

“听说太行高速距离我们村只有6公里，大家一致决定，后池得自力更生把路接上头。有了路才不愁富。不能再等了！”后池村村党支部书记刘留根说。

2015年12月8日，一支由67岁党员刘虎全、69岁刘乃分等7位留守老人组成的“义务修路队”，冒着山区冬日的酷寒来到村前桃花山下开始修路。没有现代化工具，修路的石料全靠人力用锤子、铁锨和铁锹从山上挖，再拉到工地用双手铺基、垒堰。第6天，后池村的修路队伍已扩大至130余人，年龄最大者78岁。自此，每天早上7点，后池村人们自动带着铁锨、铁锹、干粮和水，迎着凛冽的山风爬山修路。

拓宽山路涉及占地问题，14户村民全部无偿提供。从村庄到工地往返要一个半小时，大家为节省时间就让留守妇女们在工地做午饭。她们每天背着白菜、萝卜、面条上山，中午准备百号人的饭。

顽强延伸

后池村很多人都有故事。

52岁的村民刘火林，身患肺癌无法劳动，便买了20多斤面条捐到工地。弥留之际，他还惦记着修路的事情。

67岁的刘虎全是村里的“垒堰”高手，但修路开始后的第一个月，他就病了。为了不耽误工程，这位老党员白天正常出工，晚上再去输液。此后一次突发脑溢血让他晕倒在工地上。醒来后，刘虎全的第一句话就是：“去工地，干活！”

山体中一块巨大的石头挡住了去路，铁锨、镐头无法撼动。

外出务工的青年刘献平回村拍摄了一段修路视频发到微信

群，倡议村里外出务工青年“少喝一瓶酒，少抽一包烟，省下钱支持家乡修路”。很快，天南海北的打工青年捐款近两万元，并租了一台挖掘机。

顽石被迅速清除，山路在顽强延伸。

第 100 天——2016 年 3 月 15 日，一条宽 4 米、总长 6100 米的路基连通了后池村和高速公路。后池村不再被群山深锁。

后池村百姓自主脱贫、劈山开路的事迹感动了社会各界。邯郸市、涉县相关政府部门得知情况后联动参与，帮助后池村脱贫。“县委王涛书记一年来我们村十几次，帮助我们制订发展规划，有时和我们一起修路、种树。县交通局帮助我们硬化了路面。大家给这条路起名叫‘愚公路’。”村民王永梅说。

路修好后，后池村百姓并没停步。邯郸市政府为支持后池村发展沟域经济，从梯田整修、生态景观打造、美丽乡村建设等 7 方面进行了专业规划。有了方向和奔头的村民们提着锄头再次上山，清理整治复垦荒废多年的千亩梯田。

新生

桃花山上，抬首望向更远的山间，20 多万个白色的育林坑、鱼鳞坑行行列列整齐地分布在环绕着后池村的 3000 亩荒山顶部。截至 2016 年底，后池村百余位留守村民复垦荒废梯田 1000 余亩；在上山路两侧和田间道路两侧，种植桧柏 3000 株，种植连翘 1500 亩；洪灾过后，抢种油菜 520 亩、二月兰 500 亩；在林业局的帮助下订购了 500 车树苗今春栽种。

后池村新生了，但村民并未停下自主脱贫的脚步。记者在后池村停车场外堰施工现场看到，几十名村民正在垒一道深 10

多米、长120多米、宽度2.5米的石堰。村民刘社会介绍说，施工所需的3000立方米石料，都是一块块从山上凿下来，再一块块运送到工地。

2016年4月，后池村第一家农家乐开业。店主张政红以前一边种地、一边卖凉皮，如今靠一手好厨艺、10张板凳的家当，一年净挣3万元。2017年春节，她在山西煤矿打工的丈夫刘书成决定："往后就不出去了，在家经营农家乐。"

后池村还成立了"后牧牛池旅游开发公司""后牧牛池土地股份合作社"和"后牧牛池宅基地开发合作社"，计划对村内50多处闲置农宅进行统一规划，打造精品农家乐。

而今，对后池村的脱贫致富，村支书刘留根信心满满："路通了，种子播下去了，离收获也就不远了！"

（王洪峰　任丽颖　范世辉）

13. 悬崖村上三百年

2017 年全国两会期间，“悬崖村”一度成为两会代表和全国人民关注的“热词”，迅即形成刷屏效应。

历史上，“高山贫困村”“绝对贫困村”“极端贫困村”“云朵上的村庄”，是高山村的代名词。近两年，媒体集中报道了四川凉山彝族自治州昭觉县的阿土勒尔村，并形象地称它为“悬崖村”。

多年来，新华社记者一直关注高山（悬崖）村群众的生产生活，见证着他们小康路上的每一个进程。位于大渡河大峡谷深处的胜利村，就是四川精准扶贫、决战高山悬崖村的一个缩影。

最近，记者三上胜利村，与悬崖村群众同吃、同住、同劳动，在被誉为“中国最美大峡谷”的四川大渡河大峡谷深处，目睹山上山下老村新村之巨变，聆听山区群众小康路上的脚步声。

跨越千里的悲歌，云端上的时间遗民

初夏的清晨，雨后的山路有些湿滑，树上飘落的雨滴打在身上，增添了些许凉意。峡谷高处的悬崖村，在蓝天白云端处若隐若现。

71 岁的老共产党员王安友背着干粮，和 43 岁的儿子、村党支部书记王勇，离开峡谷地带的移民新村，返回悬崖上的老家，采摘一种巴蜀人特别喜爱的健康饮品——老鹰茶。虽然年纪大了，但是王安友上下悬崖村的速度并不比年轻人慢，单程最快一小时。而从前道路不通，村民下山赶集来回要三天。

胜利村原名道林子村，有7个组，其中6个组集中在山上的老村落。老村落海拔1600多米，与谷底形成超过1000米的高差，比媒体报道过的昭觉县阿土勒尔村要高很多。村民回忆说，村子是在全国“大跃进”年代，改名胜利村的，意思就是要与全国人民一道实现道林子村“大跃进”的新胜利。

这里地处中国最美十大峡谷之一的四川大渡河大峡谷。峡谷气势雄伟壮观，两侧壁立千仞，如劈如削，山上奇峰突起，危岩耸立，千姿百态。从乐山市金口河区驱车沿谷底河畔公路前行进入国家地质公园——大渡河大峡谷，如同行走在地心深处，抬头望去，天空酷似一片竹叶。

大渡河大峡谷位于四川乐山市、凉山州、雅安市交界处，全长26公里，最大谷深2600多米，为长江三峡的一倍，比世界著名的美国科罗拉多大峡谷还深860米。成昆铁路穿峡谷而过，举世闻名。

一座刻有我国著名书法家沈鹏题写的“四川大渡河峡谷”的巨石，矗立在路边，提醒过往行人欣赏壮丽的峡谷风光。车行15公里，便是位于国家连片贫困区大小凉山腹地的胜利村。

漫步新村，但见新楼栋栋，耳闻鸟鸣声声。坐在两棵大榕树下，沏一碗金黄透亮的老鹰茶，品一品优美的环境、惬意的生活，仿佛进入了世外桃源。

金口河原属于峨边县，道林子村紧邻黑竹沟、白熊沟，大熊猫曾频繁出没。

当地人习惯称大熊猫为白熊，白熊沟自然是指熊猫出没的深山峡谷。随着森林植被的恢复，“熊猫归来是迟早的事情”。王勇信心十足地说。

王勇告诉记者，胜利村今天的好日子，要从村背后名为小瓦山的大山说起，那是一段跨越百年千里时空的历史悲歌。

清朝康熙年间，战乱初歇，正是中国大地休养生息之时，但四川却仍在经受战乱之苦。《四川通志》记载：“蜀自汉唐以来，生齿颇繁，烟火相望，及明末兵燹之后，丁口稀若晨星。”据记载，当时四川总人口仅存60余万人。

为了重建四川，康熙政府从湖广等地征召移民入蜀，开始了浩浩荡荡的移民运动，这就是著名的“湖广填四川”。

清政府在田地、赋税、户籍等政策上都给予外省移民很大优惠，许多外省移民来到四川垦荒，并定居下来。“我的祖辈，便是那时从广西千里迢迢来到这里。为了让子孙后代不忘本源，我堂兄的父亲还给他改名王桂林呢。”王勇说。

“可能是他们在山沟沟里走了太久都没有发现合适的地方，看到这里的悬崖上还有那么宽的坝子（平坦的土地），所以就干脆在这里落脚了。”王勇指着身后云遮雾绕的山峰说，几座山的山顶上，有上千亩较平坦的土地，也有溪流水源，能够种植粮食，相比悬崖下的谷地，山顶是个适合居住的世外桃源。

有了土地这个命根，坚韧的中国人总能在绝境处生存下来。三百多年来，胜利村村民依靠种植玉米、红薯等，过着自给自足的生活，与外界的交流不过是简单的盐铁买卖。

1957年，时任峨边县县长来到了当时属峨边县管辖的道林子村(现名胜利村),这里艰苦的自然条件让他十分震惊。在山上,他遇到两位老乡抬着一头活猪正往县城去，一问，原来是到县城上缴生猪税的村民。

他忽然想起，自己上山时便是从悬崖上抓着树藤才攀上了山顶，这些村民抬着活猪下山岂不是要冒更大的危险？王安友告诉记者，村里曾有小伙子在去交公粮时因为树藤断裂而摔下悬崖。“人摔下来，连茅草都碰不到一根。”

一般村民下山去卖猪,得两个人扛着走,而且必须扛在右肩。稍重的猪还得要四五个人才能弄下山。“如果猪儿挣扎得厉害，便顺势扔下山谷。要是扛在左肩，猪在靠山崖的一侧，一挣扎就可能会把人撞下山。”王安友回忆，因为太危险，村里人养猪一般都是自家吃。难怪下山时他提醒记者,一定要右手杵拐棍、左手扶悬崖，这才最安全。

然而王安友是个例外。青壮年时，他一个人可以把两三百斤重的活猪捆好后,往背夹子上一放,一口气背到山下,号称“大力士”。在老屋客厅里，至今仍摆放着一张重达160斤的钢筋水泥瓷砖火锅桌，这是他20多年前从山下背到山上的。这个精瘦的老人曾创造了村里的多个第一：第一个买电视机、第一个使用木桶养蜜蜂、第一个移民搬迁到山下、第一个连续担任生产队长超过40年的老民兵……

体恤民生艰难的县长，当即决定免去胜利村的生猪税和公粮。“不能让老百姓缴税还要冒生命危险！”王安友清楚地记得，自那以后，日子虽然清苦，但安于现状的村民一直能够不受打扰地生活在小瓦山的群山之巅。

山上的生活清贫而艰苦，村上7个小组，有6个小组都在山顶。“一个小组一座山头，以中间的山涧为界，一边三个。当年还真有占山为王的说法。”王勇说，村里人大多沾亲带故，“要是山沟那边谁家推豆花、煮腊肉，早上就得叫对面的亲戚朋友过来，看着直线距离一两百米，但因为悬崖隔断，却需要背（绕）三四个小时的山路，很多时候饭做好了，人还没到。”

在村民回忆中，一顿大米饭，在过去的胜利村，也是稀罕物。“山上生产很麻烦，吃盐巴、吃大米必须靠人背上山，平时只能吃玉米、红苕（薯），逢年过节才能吃上大米饭。”王安友说。

经过三个多小时的手脚并用，记者爬上了悬崖村。一棵两人合抱的老梨树，枝繁叶茂，果实累累。王安友介绍说，当年王家先祖到这里拓荒立足时，就已经有了大梨树，祖上传下来说是有几百年了。春天，洁白的梨花开满老树枝头，在数公里外的峡谷中都能看见。数百年过去了，这棵梨树依旧同古村落一起，静静地矗立高山云端，当着时间的遗民。

不远处传来潺潺流水声，循声而去，但见人工渠穿崖而过，漫堤的山泉漂过树木绿草飞流直下，形成两级高达数百米的悬崖瀑布，蔚为壮观。山羊在陡峭的悬崖上吃草，一只蜥蜴在树枝上东张西望，悠然自得。

如今，老屋的屋顶已经长满了苔藓，透过阳光感受到时光岁月留给这里的烙印。走进厅堂，只见神龛上爬满了蜘蛛网，没有蜡烛和香的痕迹，只有一张已经模糊不清、发黄了的毛主席像。神龛左下角贴着 40 年前王安有获得的两张奖状，一张由中共永乐公社委员会颁发，另一张则盖有“胜利大队革命委员会”公章，奖状上“工业学大庆，农业学大寨”的语录依旧清晰可见。

墙上挂着一副落满灰尘的算盘，算珠已经发白。但是留给主人的是当年生产队里开大会，社员们燃起篝火，哼着小曲，一起算工分、分粮食、打平伙的清苦而快乐的记忆。

“真是猴子上山都要穿脚码子（一种防滑鞋）。”王安友说，那时候人烟稀少，树林茂盛，出行困难。动物袭村扰民、毁坏庄稼现象更是时有发生。为此，村里的年轻人自发组织起来，白天守猴子，晚上赶黑熊。有一次，眼看着 100 多只乌鸦一下就把玉米吃个遍，也只能干着急。

屋前两台已经停放多年的柴油发电机，是悬崖村群众自强不息摆脱穷苦的见证。一台是王勇的，当年用于开挖水晶石；另一台则是堂哥王桂林的，他是村里“第一个吃螃蟹”的人，最早参与开矿，通过利用废弃的矿石筛选水晶矿，掘到了第一桶金。

一炮炸出关村坝，铁道村庄相伴生

一声汽笛在峡谷中回荡，一列火车从山洞中驶出，原来，胜利村处在成昆铁路旁。而与铁路相伴的胜利村，也与铁路结下了不解之缘。

1958 年，成昆铁路开工建设。1964 年，18 万铁道兵浩浩荡荡开进了云南和四川的崇山峻岭。逢山开路、遇水搭桥，在被称为“禁区”的中国西南横断山区，中国人用 12 年的时间，修建了被誉为“象征二十世纪人类征服自然的三大奇迹”之一的成昆铁路。

1965 年，中国领导人邓小平来到位于胜利村的关村坝一线天工地，亲眼目睹系着保险绳的拼装工人正在将最后的钢梁吊起，灵巧地将大桥两头的半拱跨连成一个整体。看到一道“长虹”

在两山间升起，邓小平频频点头称赞：“人民创造了历史！”

成昆铁路为新中国建设增添了浓墨重彩的一笔，开发攀西、调整工业布局、巩固国防、加强民族团结等长远战略，在这条铁路通车后一一实现。而胜利村的关村坝站，则是成昆铁路在金口河区的车站。这座车站一大半都在隧道中，是中国唯一一座“洞中火车站”。“当时用了50吨炸药，一炮炸出了关村坝。”王勇说，有47位铁道兵烈士长眠于此。

王勇回忆儿时的情景：每当火车停靠，整个车站异常热闹。如今，公路畅通了，在关村坝站下车的人少了，但在铁路边的胜利村，已发生了翻天覆地的变化。

王勇的三姨当年花2000元“巨款”，买下了曾是铁道兵宿舍的小院，做起了小买卖。近年来随着易地扶贫搬迁政策的落地和乡村旅游业的兴起，三姨家又在旁边盖起了楼房，建起了移民新村的第一家旅游宾馆——“一线天宾馆”，如今在大渡河峡谷中家喻户晓。宾馆不远处便是成昆线上著名的“一线天”，一列列往返于成都昆明的火车，从两岸绝壁间来来往往，像一条条巨龙进进出出，旅客可亲身感受人类征服大自然的壮举。

记者走进移民新村农家，看到他们客厅的神龛里挂的是毛主席画像，两边贴的是“感谢政府一片心，百姓住宅根基稳”等对联，真切感受他们易地扶贫搬迁后的幸福生活。正在桂花树下摆龙门阵的一群村民们告诉记者，从高山悬崖村下山，是现在好日子的开端。

为改善胜利村的生产生活条件，从2004年开始，当地政府开始在该村实施易地扶贫搬迁工程。当时采取资金自筹为主、上级补助为辅的形式，先后投入了500余万元，将长期生活在山上的 72 户村民，相继集中搬迁到山下——在大渡河谷边村内一小块坡地上新建移民新村。

一听说要搬到山下，作为一家之主的王安友带头响应了政府的号召。“娃娃们都想搬到山下谋个生计，我这个老头子放不下山上的活，但也要为后人着想。”拿着 4000 元的安置款，买了一块宅基地，盖起了新房。

易地扶贫搬迁，彻底改变了胜利村的模样。

2010 年，在“小凉山综合扶贫新村建设项目”实施中，胜利村又投入资金 310 余万元进行新村建设，以川西民居风格为主，融入山地文化元素，进行了搬迁新建和风貌改造，亮化街道、绿化美化村落。当年，胜利村入选“四川省环境优美示范村”。

“搬掉穷根栽富根”，和胜利村一样，四川许多高山悬崖村群众，享受了国家易地扶贫搬迁政策。据统计，四川易地扶贫搬迁对象有 116 万人，2016 年完成投资 165.5 亿元，33.26 万人搬进新居，超过 17 万人摆脱了贫困。

2012 年，一座大博物馆在这个小村里落成了。作为中国唯一以铁道兵为主题的博物馆，“中国铁道兵博物馆”陈列了铁道兵和成昆铁路的珍贵史料。博物馆和小镇相映相融，而铁道兵“艰苦奋斗，志在四方”的精神，也融入了胜利村人的血脉，搬到山下的胜利村人走出了大山，国内各地都留下了他们打工的足迹。2014 年，当地政府又投入 1000 余万元实施精准扶贫。王勇说，告别高山悬崖之后，村民们一天天过上了好日子。2016 年，胜利村实现人均纯收入 8650 元，村民们迈向了小康之路。

走进王勇的新家，记者看到，在堂屋最显眼墙上挂着一个古旧的神龛，神龛被擦拭得很干净，里面却没有供奉着祖先的牌位，而是一张毛主席肖像。而在胜利村，这样的堂屋也占了绝大多数。“祖先把我们带到了这里，但他们没有管我们住，也没有管我们吃。真正帮助我们脱贫致富的，是共产党、是人民政府。”王安友说。

号子一声响三州，山村桃花别样红

新版《现代汉语词典》注释：“悬崖：名词，高而陡的山坡。”悬崖，没有高低标准。在四川盆周山区，悬崖很多，低的几十米，高的几百上千米。

客观上四川高山悬崖村很多。在中国西部的贵州、广西、陕西、云南等地的大石山区，这样的高山悬崖村并不少见。这不仅是精准扶贫攻坚战中的硬骨头，也是基层干部签下“军令状”必须限期攻克的“堡垒”。

四川有多少悬崖村？基层交通和扶贫干部明确指出：“没有数据，因为没有对悬崖和悬崖村的界定。”

四川既有“天府之国”的千年美誉，也有“蜀道难，难于上青天”的千古慨叹。如果说以成都平原为代表的四川盆地有“天府之国”之称，四川盆周山区则是“蜀道难”的主要分布区域，集中了四川绝大部分高山贫困村。

胜利村位于乐山市金口河区、凉山州甘洛县和雅安市汉源县的交界处，这里条件恶劣，贫困程度深，因“天梯村”而闻名的汉源县古路村，便和胜利村相距不远。

10 多年前，从部队退伍回乡的王勇，与到村上收购水晶石的湖南老板黄南湘相识。黄南湘觉得他诚实可靠又能吃苦耐劳，于是委托他组织货源，到被誉为中国旅游晴雨表的国际旅游名城广西桂林市销售。

于是王勇远赴广西桂林务工，一开始，他在旅游纪念品批发市场学着跟着人做玉石生意，慢慢地，他也成为了一名批发商。后来，他娶了一位桂林媳妇。生活有滋有味的他本以为自己会在桂林一直生活下去，可堂兄王桂林的出现改变了他的人生路。

村里发展需要新思路，需要人才。在外打拼多年的王勇，敢闯敢拼、见多识广，亟须领头人的村支书王桂林找上门来。为了家乡的发展，王勇放弃了在桂林的事业，带着妻子回到了家乡，干起了村主任，这一当就是三届。

2016 年，王勇当选村支书。他深知，胜利村已经不是原来贫穷的小山村，要让胜利村在致富路上越走越宽广，就必须有一批有拼搏精神的人带头。一上任，王勇就抓扶贫队伍建设，一批二三十岁的年轻人进入村干部队伍，村上的干部队伍实现了年轻化。“年轻人才有冲劲，我今年 43 岁，已经是村干部里年纪最大的了。”

在王勇的带领下，胜利村人风风火火地开干了。农村经济的发展，离不开产业的支撑，而在到处是悬崖的大峡谷中，找到一片发展产业的土地，几乎是一个不可能完成的任务。

而在桂林打拼多年的王勇认为，只有发展旅游才能让胜利村更上一层楼。“过去，游客都是从附近过来，停留的时间很短，很多游客就是来吃个饭、打个牌，旅游产出的经济效益不高。只有做峡谷观光，才能让游客真正留在村里，这样才能有更多的消费，村里才能有更大的发展空间。”他把目光又放在了高山悬崖上。

通过苦干巧干，王勇和村干部在几乎没有平地的胜利村 1 组整理出 400 亩土地。王勇从成都带回了啤酒桃树苗，发动全村人在陡坡上种下了桃树。“这种桃树不仅可以赏花，果子也是又香又甜，游客来不仅可以在春天赏花，还可以在夏天品桃。”王勇说。

桃树由村党支部统一管理，而村民能够通过务工挣取劳务费。桃花基地见效后，全村 113 户 454 人都能共享产业发展的成果。

王勇领着记者爬上了这片桃林。桃林所在的陡坡上，土地贫瘠，村民修建了一条宽约一米的栈道，几个村民拖着长长的水管正在给树苗浇水。“到桃树开花结果，游客来到这里，就可以看到陡峭的悬崖边，桃花映着大峡谷风光，那才是一道绝妙的风景。”王勇说。

由于这个大峡谷有“自然生态博物馆”的美誉，曾几何时，德国科学院生态学博士豪格尔·帕奈考察后评价：大渡河大峡谷与美国科罗拉多大峡谷非常相似。

百闻不如一见。记者拾级而上，栈道愈发狭窄，山势也愈发陡峭。走了一个多小时，来到栈道的尽头，一座孤峰立在山涧之中，跨到峰顶狭小的平台上，四周上下皆是绝壁，虽有头晕目眩之感，但四处绝景却美不胜收。这个地方，王勇已经考察了不知多少回。“绝处才有胜景，我要仿造张家界，在这里修建玻璃栈道，让游客看了博物馆，再看桃花，还有刺激的山地旅行体验。”

在王勇和村干部们的规划中，旅游产业只是胜利村未来发展的一部分。他的心思飞到了悬崖上的老村庄：“山顶的土地是发展生态农业的好地方。”如今，胜利村在山顶的土地上种植了3000亩老鹰茶、200亩花椒。2016年刚起步，老鹰茶的产值已经达到27万元。“2017年我在这里收了快两万斤干茶。”到胜利村收老鹰茶的茶商何继业说。今年的茶品质更好，收购价也涨到了每斤30元。

“我希望能找到更好更安全的上山方式，继续扩大山顶经济作物种植面积，让被遗弃的古村落焕发新活力。”王勇告诉记者，胜利村花椒有着“道林贡椒”的美名，过去曾是贡品。他计划让这里的花椒再次名满天下，“2016年有人出每斤100元的价钱到这里来找花椒，但是因为产量太小，花椒一出来，就被买走了。”

在移民新村，记者看到王安友扛着竹竿回到家中，竹刀飞舞，不一会儿，一根毛竹就变成了一堆竹片。正当记者困惑不解时，王勇告诉记者，这些竹子是为家里的竹鼠准备的饲料。原来，长期在广西的王勇看到当地的竹鼠产业发展有前景，便在2014年把竹鼠引进到了胜利村。

2016年，王勇一家靠竹鼠赚到了6万元。在他的带动下，整个金口河区不少农户都开始找他购买种鼠，发展竹鼠养殖。“2017年扩大规模后，胜利村的竹鼠产业规模将达到20万元。”王勇说。2017年底，村里16户贫困户也将告别贫困，胜利村正迈向新的胜利。

大小凉山位于横断山系东侧，大渡河、金沙江及其支流，在这一带切割出四川最密集的高山悬崖村。因当年红军长征由南向北通过大凉山彝区、刘伯承与小叶丹“彝海结盟”，大小凉山闻名中外。据凉山州统计，全州70%的土地属陡坡地，其中40%左右的土地在30—50度的陡坡上，一些地势较缓的平坝，也多在海拔2000米以上高寒山区。由于自然环境恶劣、社会发育程度低，这里贫困发生率仍有21.4%，是四川脱贫攻坚难度最大的连片贫困山区。

“小康路上一个也不能少”。和胜利村一样，四川盆地周边的秦巴山区、乌蒙山区和大小凉山彝区、高原藏区这四大连片贫困地区的大量高山悬崖村，在精准扶贫强力推进下，正经历着百年巨变、千年巨变。四川各地干部群众、精准施策、百倍用心、千倍用力，下足绣花功夫，正在创造着一个个世界减贫史的人间奇迹。

（谢锐佳　陈天湖　蒋作平　李力可　陈燮　黄毅　刘海　谢佼　萧永航　刘坤）

14. 川震揭示中国贫困一面，实现中国梦需艰苦努力

两层瓦房只剩几根梁柱支撑，摇摇欲坠。不顾救援人员的劝阻，芦山县龙门乡古城村 92 岁的骆玉英佝偻着颤颤巍巍的身子，几次进出，从落满石块和瓦砾的家里拽出并不厚实的棉被，抱出灰尘覆盖的几只耳锅。

它们是安置点帐篷里急需的生活用品，更是老人家中本不厚实的家当。震后第二天，骆玉英背着家人又抢出两个旧枕头。

“舍不得啊，都是值钱的。”老人说。她 62 岁的儿子在千里之外的江苏南京打工，62 岁的儿媳带着孙媳，在十亩田地里刨食。

2013 年 4 月 20 日地震当天，古城村 80 岁的张玉昆不顾邻居劝阻，硬是躺在从废墟里抽出的几块木板上，守着老屋院子里的一头牛、两头猪、几只鸡过了一夜。

“它们没了，家里就什么都没了。”左腿残疾、一只眼睛失明的张玉昆现在每天都要从受灾群众安置点摸回半山腰的老屋，看上一眼才放心。

在芦山地震灾区，不少人都在像骆玉英和张玉昆那样，为了抢救家里的财物冒险，不理会救援人员的提醒和警告。挤满

受灾群众的帐篷里还堆放着他们抢出来的木柜子、泡菜坛子、猪油罐子。

在芦山县太平镇，四川消防雅安支队先锋路中队的搜救队员拦住非要往自家坍塌猪圈里钻的一对70岁夫妇，并花了一个多小时替他们搜救出两头100多斤重的大白猪。

“老两口高兴坏了，不停地说感谢共产党，感谢解放军。”副中队长刘宣材说。

和汶川、玉树地震时一样，这场灾难展现了救援的“中国力量”和“中国速度”，也把中国真实的另一面呈现在世人面前：离繁华的成都不足200公里，几十年前盖起的老土木结构房在大地的晃动中坍塌，砸向那些没钱搬进新房的村民；一些家庭借债修起的新房成了危房，再也没有积蓄维修了；受灾最严重的芦山、宝兴、天全三县，许多村子里只有空巢的老人、留守的孩子和妇女相互扶助，青壮年男人早就去了经济发达的城市打工挣钱。

媒体报道，芦山地震中“扒开墙砖逃生”的百岁老人罗财发已经30多年没见过在湖北打工的儿子。独居几十年，他靠拉二胡、吹唢呐打发寂寞。

“哎哟，你晓得嘛，成都的伙食就是好！”转送成都治疗的罗财发吃到医院送来的香菇炒肉片、鱼香茄子等家常菜，很是高兴。

仍未完全摆脱贫困面貌的四川山区在地震中损失惨重。截至2013年4月24日上午，四川芦山“4·20”7.0级强烈地震已造成193人死亡、25人失踪、12211人受伤。在这场释放能量大大低于汶川地震的灾害中，大量房屋倒塌、道路破坏严重、水电供应中断，也在某种程度上暴露出西部欠发达地区基础设施建设的标准和质量上的不足。

记者看到，县城附近都是柏油马路，但越是行到远一些的山区，道路就越简陋，一场大雨就变得泥泞，加上滑坡，很难通行。

一些村民的房屋仍是老旧的砖木结构，有的建于20世纪六七十年代。老房子倒塌最为严重。地震专家说，如果人们有钱翻修和加固房屋，或许就可以减少损害。

在同一个村子里，贫富差距往往也很悬殊。一名年轻记者说："看到有的农村老人穿的衣服，跟十几年前我爷爷穿的一样，破旧的军大衣和帽子。有的村民家中的电器只有一台老式的电视机。"

地震是一面镜子。同样生活在已是世界第二大经济体的中国，一些人生活的艰辛在另一些人看来简直难以想象。新浪网民"观古轩"坦言，如果不是发生了地震，自己不会知道这里的真实情况。

"它暴露出了中国发展的真实现状——东西部发展极其不平衡。""观古轩"写道，"（但）这里再遥远，再贫穷，都是中国人。"

震区的人也在关心着、谈论着中国"国家富强、民族振兴、人民幸福"的梦想——一些受灾的学校里，教室的黑板报上用彩色粉笔写着大大的"中国梦"。但梦想与现实的差距显而易见。

受灾的雅安市在2012年人均GDP只是全国人均水平的约三分之二，贫困人口超过总人口的15%，基本反映了中国东西部的巨大差距。在"天府之国"四川，经过十年扶贫，现在仍有农村贫困人口340万。雅安要在2020年和中国其他地区同步实现全面建成小康社会的目标，本身就必须加倍努力，但现在的地震又雪上加霜。

龙门乡五星村的中学教师骆光辉掰着手指算账：盖一栋两层楼房，至少要20万元，加上装修和家具，要30万元。村里一个青年劳力外出一年打工的收入3万元，有两个劳力的家庭盖一栋房子至少需要5年。

在成都读书的22岁加拿大留学生范伯仁和同伴一起骑着摩托车赶到芦山参与救灾。他相信，在中国圆梦的道路上，可能还会有地震，还会有其他灾难。

“但是只要民族团结，就一定能渡过难关。这里强烈的集体主义精神超出我的想象。”他说。

24日，转移到成都市的芦山中学高三年级重新开课，师生们紧张备战高考。考上好大学仍然是许多雅安农村孩子改变贫穷命运最重要的机会。

23日召开的中共中央政治局常务委员会会议对抗震救灾工作作出进一步全面部署。会议指出，我们要居安思危、增强忧患意识，随时准备迎接各种困难和风险。只要我们有准备，团结一心，共同应对，就完全能够从容应对征途上的各种复杂局面，战胜各种可能出现的艰难险阻。会议强调，“为实现中华民族伟大复兴的中国梦而不懈奋斗”。

（桂涛　易凌　李来房　海明威　余里）

15. 昔日英国牧师传教地迈过“贫困坎”

一百多年前，写上地址“中国石门坎”的邮件，可以被准确送到贵州西北角一个崇山峻岭深处。

这个地处中国西南滇黔交界的边远之地，坐落在逶迤的乌蒙山岭上，毕节市威宁彝族回族苗族自治县内。

贫穷、荒凉，神秘、传奇，一些极不相称的标签，却勾勒出中西方文化交融的图景。在外来精神的催生下，这片物质匮乏的区域一度成了“苗族文化复兴高地”。

从县城出发 140 公里到石门坎，一路山高谷深。即便到了中午，也常常云雾缭绕。历经 3 个小时，车窗外，一条条平坦大道、一幢幢农家小院开始映入眼帘。朱红和淡黄色相间的石门民族中学是大山里最好的建筑。

2016 年才落成启用的校园台阶很多，43 岁的校长李正东快步走来，脸涨得通红，边喘气边介绍：“学校的前身是 1905 年英国传教士伯格理创办的光华小学，1943 年有了初中部。”

随他参观，云课堂、橡胶跑道、中央空调，一件件现代化的配套，正在让山里娃安心求学。而要找寻更多历史痕迹，除开旧址的断壁残垣，只能到石门坎文化陈列室了。

在当地回族干部虎尊凡指引下，一张张老照片，让百年前的场景浮现眼前。教堂、邮局、足球场、游泳池、孤儿院、麻风病院，历史文献承载的昔日景象令人惊叹。

在传教办学中，需大量建材，于是一条茶马古道诞生了，通道处恰好有一道天然的石门，石门坎由此得名。传说有勇气的人经过，石门会为之打开。

伯格理算是第一个叩击石门的人，他重视教育，创制苗文，在这里待了30多年，直到终老。在他之后，又有几位传教士接替，继续兴办实业和公益事业。

据统计，在建校前40年中，仅在光华学校就毕业了4000多名小学生，数百名高初中及中专生，30多名大学毕业生，4位苗彝博士。

石门坎是中国社科院学者沈红的田野调查点，她在著述中如此描述这里的文化成就："中国第一个双语学校、中国西部最早麻风病院、中国西南教育大本营、贵州足球摇篮……"

然而，这种辉煌很快在历史变迁中归于沉寂，石门坎始终没有挣脱生态恶劣、贫病交加的境地。到了机动车时代，依旧行路艰难，人背马驮。

正因如此，进入中国脱贫攻坚新时期，作为主战场的贵州将这里列为全省20个极贫乡镇之一，开启了一场划时代的大决战。

蓝天、黄土、明晃晃的阳光，女姑村的1500亩蔬菜大棚在山窝窝里错落有致。58岁的贫困户张仕祥以2亩土地入股，并在里面务工。坐在还在装修的新房内，他连声感谢"党的扶贫政策"。

看到村民正在基地为云南的客商采摘装箱，28岁的村支书马旭脱口而出："听 20 公里外的云南昭通人讲，吃着女姑蔬菜，不咸不淡，过着不紧不慢的生活。"

自 2015 年 9 月起，在各界的大力帮扶下，石门坎补基础设施短板、强基层组织筋骨，努力实现村村有优势产业、户户有增收项目、人人有脱贫能力。仅 2016 年，就实现脱贫 281 户 1215 人，贫困发生率同比下降 5.89 个百分点。

47 岁的安朝文原本住在全乡海拔最高的地方，现在他一分钱没花，搬到了集镇上，拥有一套 140 平方米的"洋房"。走进他的新家，一股蒸土豆的味道扑面而来。

在当地，土豆俗称洋芋，曾是村民餐桌上一年四季的主食，是贫穷年代大家难忘的儿时记忆。现在，小洋芋正在萌生大产业，变为"金疙瘩"。

沿着盘旋的山路，在新民村海拔 2500 多米的高山顶上，一个名叫仰天窝的地方，一年前，还是只有放牛娃来的荒草坡，如今是现代化的种薯扩繁基地。

土坯变"别墅"，农民变"股民"，一系列翻天覆地的变化正在上演。曾经的石门坎，如今也改叫石门乡，去掉了"坎"字，仿佛寓意着脱贫不再是遥不可及的梦想。

"晴天下队运动鞋，雨天下队水胶鞋，待人接物亮皮鞋。"乡长谢定光笑言自己是"三鞋干部"，尽管辛劳，但他们坚信，"精诚所至，石门将开"。

（向定杰）

16. 拔掉贫困这根“刺”

贫困像一根刺，曾将何拉体牢牢地“钉”在白草坪村。他逃过，逃到县城木里，逃到州府西昌，在建筑工地凭力气挣钱，命运却三番五次将他推回原点，两手空空。

被群山和雅砻江支流大金河环绕的白草坪村，位于四川省凉山州木里藏族自治县李子坪乡。木里是凉山最穷的县之一，凉山则是中国西南最贫穷的一角。

告别“运气的轮盘赌”

他说：“我不敢休息，更万万不敢生病，否则这个家就完了。”

何拉体的名字，在彝语中意为“头狼”。这匹40岁的“头狼”是家中唯一的收入来源。每年6月到9月，凉山雨季。他骑着摩托风一样地驶进深山，采摘松茸。卖松茸占何家年收入的五分之一，另外的五分之四，靠他外出打工。

在“运气好”的年份，这个五口之家的人均可支配收入不超过2000元。这个数字不到全国人均水平的十分之一。2015年，中国居民人均可支配收入为21966元。即使换算成纯收入，何家也低于中国现行的贫困标准。

何拉体的妻子全职照料3个孩子，再无力耕作。家中几亩薄田的玉米、土豆仅够果腹。每天的生活好像一场运气的“轮盘赌”。

2010 年，他 11 岁的小儿子突发强直性脊柱炎，这是一种难以根治的慢性病，且不在农村医保范围。这年，为给儿子治病，何拉体夫妇花费了 4 万元。这笔“天文数字”让何家第一次陷入了沉重的外债困境。每借一次钱，何拉体脸上刀刻般的皱纹，似乎就显得更加悲苦，人也更加木讷了。

中国目前有 2948.5 万个农村家庭像何拉体家这样，生活在贫困线以下。为了帮助他们彻底摆脱贫困，而不是简单“数字”意义上的脱贫，中国正在竭力帮助他们走出贫困的陷阱。

2015 年，中国各级政府立下了脱贫“军令状”。2016 年 2 月，扶贫开发成效被前所未有地纳入了领导干部考核。观察人士认为，这意味着中国的扶贫由过去的“动员令”变成了“指挥棒”。

“这很不容易。减贫到一定程度后，难度会递增。条件好一点的地方基本都已脱贫，而历年扶贫之后，剩下的是‘难啃的硬骨头’。”贵州省人大代表、黔南州委书记龙长春说。

改革开放 40 年来，中国已经使 7 亿多人口摆脱贫困，是全球最早实现联合国千年发展目标中减贫目标的发展中国家。

贫穷不值得歌颂

中国现行的贫困标准为农民年人均纯收入 2300 元，每年还会随物价指数等因素调整。2014 年，贫困标准上升至 2800 元，按购买力平价计算，约相当于每天 2.2 美元，略高于世界银行 1.9 美元的贫困标准。

生活在贫困线以下是什么感受？这个问题在中国的问答网

站“知乎”上获得了3230个回答，大部分人讲述了他们与贫穷斗争的经历。获得点赞最多的一位网友写道：“贫穷和苦难一点不值得歌颂，除非你能跨越它。”

但更多人没有机会回答这个问题。因为，截至2014年底，中国还有约4000个村庄没有通电，数千万农村家庭喝不上“干净水”，一些人一年只能吃3次肉。互联网对他们来说，太过遥远。

2014年6月，何拉体家迎来了转机。白草坪村启动了贫困户精准识别的建卡工作。按照当地年人均纯收入低于2376元的扶贫标准，该村有94个贫困户，何家是其中之一。

2013年，中国全面为贫困人口建档立卡，并以此为基础构建扶贫信息网络，以解决贫困人口底数不清、情况不明以及扶贫措施针对性不强等问题。

根据何拉体的要求，木里县扶贫局2015年初送他去攀枝花市培训，学习砌砖、打地坪等农村实用建筑技能。学成回来后，他用政府补贴的2万元、自己的2万元，亲手建了一座人畜分居、有卫生间和淋浴设施的纯实木房子，当地人称为“木椤子”。

此前，他一家五口挤在低矮潮湿的土瓦房中，人畜混居。这座“木椤子”净高2.5米，住在里面，何拉体觉得“身板挺直了不少”。他从县城买了一面镜子，挂在墙上，要“让家里的女人也照照”。他家过去从来没有过镜子。

新居落成时，何家10年前种下的400株核桃树有部分挂果了，卖了一万多元，加上打工和采摘野生菌挣的钱，何家摘掉了贫困户帽子。

他说：“过去认为种核桃见效慢，管理得漫不经心，没想到现在却帮上了大忙。”

何拉体的脱贫经历是中国脱贫模式由“输血”转向“造血”的缩影。白草坪村扶贫“第一书记”刘铁记说：“以前，发下来的蔬菜大棚塑料布，农民不知道怎么用，就裹在身上御寒。输血式扶贫管得了一时，管不了一世。”

“送出来的不算，扶出来的才算”

中国的脱贫攻坚面临贫困人口多、贫困程度深的世界性难题。到 2017 年末，中国还有农村贫困人口 3046 万。

这些人口多分布在中西部，多为深山区、石山区、高寒区等，大部分人教育程度偏低、缺乏谋生技能。“如不直接针对贫困农户进行精准扶贫，减贫目标将很难实现。”国家扶贫开发领导小组专家咨询委员会委员、中国农业大学教授李小云说：“随着经济社会的发展，贫困人口正因搬迁、打工而‘碎片化’。”

一些扶贫专家看来，国家提出贫困人口到 2020 年如期脱贫，贫困县全部摘帽，最大的挑战来自在贫困线上下浮动的群体。

长期关注扶贫开发工作的贵州民族大学社会建设与反贫困研究院教授孙兆霞在调研中发现，基层政府对社保兜底的“绝对贫困”人口脱贫没有压力。但那些非生存性困难、属“相对贫困”的群体，因病、因灾返贫多发。

“如何提升他们自身能力，让贫困地区‘内生’出一条可持续的、经得起时间考验的脱贫之路，是下阶段扶贫攻坚的难点和重点。”她说。

中国贫困人口最多的贵州省培训了当地从事精准扶贫统计的管理人员，要求“送出来的不算，扶出来的才算”。换句话说，靠低保补助政策达到脱贫标准的，不能视为脱贫。

在距白草坪村254公里的西昌，黄金地段的房价达到一平方米1万元；西昌卫星发射基地坐落于此，是中国探索太空奥秘的前沿。

而另一方面，西昌所在的凉山州有贫困人口40万，贫困村2072个。在贫困程度最深的昭觉、雷波、布拖、美姑和普格县，贫困人口的日收入不超过0.1美元。

凉山是理解中国扶贫开发多样性、艰巨性的一个窗口。李小云认为，贫富差距、区域发展不均衡以及阶层流动固化是中国和全世界都要面对的扶贫“新课题”。

为了阻断贫困的代际传播，凉山实行了“9+3”教育模式，即9年义务教育加上3年免费职业教育。得益于这一模式，何拉体的长子走出了大山，在广东一家电子企业打工。贫困这根“刺”，正从这位年轻人身上被逐渐拔出。

但命运弄人。2015年底，何拉体的小儿子旧病复发。这一次，全家花掉了5万多元。好在大儿子汇来1万元，减轻了负担。虽然家底再一次被掏空，不过，这一次何拉体并不悲观。

“让孩子念书、种核桃树是这辈子最好的决定。否则这次儿子旧病复发，我们再难翻身了。”这个彝族汉子说。

（屈婷　刘伟　吴光于　杨洪涛）

17. 长征路上的新攻坚

50 岁的马文明没有想到，曾经连煤油灯都点不起的他，有一天能“阔气”到花 2000 元在新家安装电灯。

家住甘肃省会宁县新添堡乡三合村的马文明，出门见山，眼前沟壑纵横。如果将视野再放大一些，会宁是中国历史上的一个重要坐标。1936 年 10 月，三大主力红军在会宁胜利会师，从而结束了具有伟大历史意义的长征。

地处黄土高原的会宁，山大沟深，十年九旱，曾经一方水土难养一方人，“陇中苦瘠甲于天下”就包括这里。

新中国成立之初，贫困问题仍十分突出。如何让占人类总数近四分之一的中国人不受冻、不挨饿，是当时亟待解决的问题。

马文明记得小时候，父母辛苦劳作一年，还是难以喂饱一家 8 口人。他 12 岁就辍学去放羊。长大后，他的婚房是一孔依山开凿的“崖窑”。

1982 年，中国作出开展“三西”建设的重大决策，从此开启了有计划、有组织的大规模扶贫开发历程。1986 年，会宁被列入国家扶贫工作重点县。

马文明也想过上好日子。1990 年夏天，他拿出多年积攒的 300 多元和东拼西凑的 700 元买了一头牛，想靠养牛告别贫困。

可因为不懂养殖技术，投食过量，牛被撑死了。

尽管伤心，但他还是咬着牙四处借钱继续养牛。幸运的是，新买的母牛先后生了9头牛犊，每头能卖几百元。马家的日子过得也渐渐松快起来：能吃饱肚子了，盖了几间土房，电灯替代了煤油灯。

2000年起，随着政府投入的加大与新技术的推广，会宁开始有了明显转变。其中，地膜技术极大提高了作物产量：在蒸发量5倍于降雨量的会宁，一层塑料薄膜有效减缓了水分蒸发。当地农民彻底告别了饥饿的历史。

“2002年，村里开始推广地膜技术。几次技术更迭后，玉米产量由原来的亩产300斤增加到了1500斤。”三合村村支书马骏武说。

中国提出到2020年全面建成小康社会。会宁所属的集中连片特困地区，成为扶贫攻坚必须啃下的“硬骨头”。

在全面小康倒计时下，国家的扶贫力度越来越大。“会宁获得的财政专项扶贫资金，从原来每年几百万元增加至2016年的约1亿元。”会宁县副县长付涛说。甘肃省推出的总额超过400亿元的精准扶贫专项贷款计划等金融服务，则为建档立卡贫困户发展产业提供了撬动资金。

2010年至2015年，会宁的贫困人口减少了近14万人，贫困发生率从45.3%下降到24.7%，农村居民年人均可支配收入也从2655元增加到5834元。

马文明用5万元精准扶贫贷款买了4头牛。2015年，他靠卖牛收入1.15万元。而地膜技术不仅保证了一家人的口粮，还为他养的牛提供了充足的青贮饲料。

得益于危房改造项目，马文明家用1.15万元的补助盖起3间砖房，过年就能住上。他还给新房添置了5个灯，花了2000元，其中包括两个浴霸灯。天寒地冻的冬季，农村人也能在家洗澡了。“这在以前，是想都不敢想的事情。”马文明说。

减贫不是一日之功，经过几十年的“长征”，马文明一家终于在2015年摆脱了贫困。

会宁只是甘肃扶贫地图上的一个点。靠加大扶贫投入和基础设施建设，培育特色产业、易地扶贫搬迁、提供公共服务等措施，甘肃用三年时间帮助400多万人脱贫。

几乎同期，2012年至2015年，中国农村贫困人口减少了6663万。2016年，中央及省两级财政扶贫资金投入首超1000亿元。

“群众现在不愁吃、不愁穿，但离小康还有差距。要让群众过上好日子，仍须努力。”会宁县扶贫办主任童琳说。

全面建成小康社会，一个重要指标是农村贫困人口全部脱贫。回望几十年的扶贫长路，中国一直奋力前行。

（张玉洁）

18. 全面建成小康社会：来自中国基层的挑战与希望

河北晋州市有一种将野菜与玉米糊糊拌在一起的菜肴，有一个听了让人皱眉的名字——“苦累”，意思是“又苦又累”。它曾被当地贫苦百姓用来充饥。

驱车出北京向南行驶两个多小时，便到晋州。这里没什么著名旅游景点和矿产资源，53 万居民——跟华盛顿人口差不多，大部分是农民。他们的人均收入在河北还不算少，但也只有北京城镇居民的三分之一。

如今晋州虽已摆脱了贫困，“苦累”却依然保留在当地人的餐桌上，只是野菜换成了口味好些的茼蒿等菜。“现在吃是为了忆苦思甜。”中共晋州市委书记楚行宇对记者说。

党十八大提出要在 2020 年全面建成小康社会，实现国内生产总值和城乡居民人均收入比 2010 年翻一番。

“实现十八大目标的关键在基层。”楚行宇说。实际上，中国的现代化，取决于许许多多像晋州这样的以农业为主的县级行政地区能否取得“跨越式发展”。

不久前习近平总书记在河北考察时说，全面建成小康社会，最艰巨最繁重的任务在农村，特别是在贫困地区。没有农村的小康，特别是没有贫困地区的小康，就没有全面建成小康社会。

2013 年全国“两会”即将于 3 月召开。习总书记和楚书记思考的问题，预计将会引起数千名人大代表和政协委员的热议。

新一届全国人大代表产生的最大特点是首次实行城乡按相同人口比例选举人大代表，实现了“同票同权”。而之前中国农村与城镇每一人大代表所代表的人口比例为 4 ∶ 1。另外，农民代表比例要比上届有所上升，农民工代表人数要比上届有较大幅度增加。

这使得楚行宇相信，2013 年“两会”将会更加关注农村农业发展，“为‘中国梦’筑牢基础”。

晋州财政收入 2012 年为 9 亿元，仅相当于东南沿海富裕的县级市昆山的约百分之一。晋州市委市政府仍在 20 世纪 70 年代建的办公楼里办公，墙上已有裂痕。

晋州桃园镇党委书记兰占彪一边为政府经费不足而苦恼，一边忙着为农民寻找致富门路。他说：“如果农民的收入不能翻番，十八大的目标就可能落空。”

中国农村人口占总人口的一半左右，城乡差距是制约中国发展的严重问题。在农业大省河北，农民增收的一条途径是发展副业。

桃园镇蒋家庄农民蒋永强家里有十来亩地，以前种梨树，每亩收入 5000 元。后来他种起葡萄，每亩收入提高到 8000 元。2012 年，他家收入了八九万元。

但兰占彪仍很忧虑：只种葡萄，一旦市场波动怎么办？他说：“农民最‘伤不起’。”为规避风险，镇政府正帮助农民打造水果品牌、培育优良品种、生产高附加值的水果制品。

农业支持了中国几千年的发展。但是，楚行宇说，农民从土地上获得的收益有限，到企业打工才是提高收入的主要来源。

晋州有3400家工业企业。晋州新批了两个工业园区来提升工业档次。另外，政府还从外地请来“龙头企业”帮助当地企业转型升级。

西方金融危机对晋州的纺织品出口冲击较大。当地政府组织了企业家去江苏的纺织之乡学习，希望通过提高档次来赢回一部分市场。

由于东南沿海劳动力成本上升，一些投资者转移到了中西部。一名做服装的商人刚从东南亚和美国考察回来，本想到越南投资，最后还是决定在晋州设厂。这能解决两千多人就业。

对于完成小康“倍增”目标，楚行宇还是很有信心。2000年至2010年，晋州GDP年均增长10.5%，财政收入年均增长13.7%，城镇居民年人均可支配收入增长11.3%，农民年人均可支配收入增长8.9%。楚行宇说：“简单讲翻两番，今后8年，只要这几个数字至少增长7.2%就可以实现。但晋州要的不仅仅是数字。”

十八大报告将小康社会诠释为经济持续健康发展，人民民主不断扩大，文化软实力显著增强，人民生活水平全面提高以及资源节约型、环境友好型社会建设取得重大进展。

联合国开发计划署2010年公布了人类发展报告，指出人类的发展不应只关注经济增长，还要重视教育、医疗、幸福感和体面工作等方面。报告显示，中国经济发展虽快，但人类发展指数仅位列 89 位。

因此，全面建成小康社会，恐怕还需要更细致的量化和更艰苦的努力。晋州人希望“两会”能在这些方面多一些讨论。

（吕秋平　刘劼　杨守勇　李俊义）

“精准扶贫”这一中国创造，成为减贫的“撒手锏”。从易地搬迁到产业脱贫，从“借鸡生蛋”到“电商扶贫”“融智扶志”，从“造血论”到授人以渔，既体现了制度优势，也包含了草根智慧。从党组织到NGO，从企业家到艺术家，全社会行动起来，帮助人们摆脱贫困，成为中国人共同的奋斗目标。

新华社记者刘续摄

第二部分

中国创造

19. 习近平：中国式精准扶贫的发动者

习近平走遍了中国所有集中连片特困区。在中共十九大上，他是贵州团代表。贵州中国最贫困的省区之一，2016 年人均 GDP 在全国倒数。当他在贵州团讨论会场坐下时，大家一开始并不知道谈话会朝哪个方向走。意外的是，他与代表谈起了食品、白酒和旅游。这些是当地人增收的手段。

这一场景罕见详细报道在互联网上获得很高的点击率和点赞量。

无疑，人民才是习近平强国战略蓝图中的主角。他说："中国共产党人的初心和使命，就是为中国人民谋幸福，为中华民族谋复兴。"

2013 年 11 月，习近平来到湖南西部贫困的十八洞村。不识字也不会说"官话"的苗族妇女石爬专把习近平迎入家中，非常客气地问习近平："怎么称呼您？"习近平自我介绍："我是人民的勤务员。"

那一次，他和乡亲们在空地上围坐一圈，首次提出"精准扶贫"——要建档立卡摸清每户致贫原因，不能"手榴弹炸跳蚤"，要下一番"绣花"功夫。对于石爬专来说，"精准扶贫"就是她和邻居一起用政府发放的扶贫款项和个人存款，投资了一片猕猴桃种植园，以此增加了收入。

习近平最近在一次座谈会上高兴地说：“3 年多时间（十八洞村）摘掉了贫穷帽子，实现了全部脱贫，当年的 40 个光棍已有一半成了家，而且新娘都是外村人。”

习近平誓言使中国最后一批 4000 万贫困人口在 2020 年全部脱贫。这场人类历史上前所未有的反贫困斗争，被联合国誉为中国对世界最大的贡献之一。

他的目标不仅仅是让 13 亿多人吃饱穿暖——尽管这本身就是一项了不起的成绩，他还要让老百姓获得“更好的教育、更稳定的工作、更满意的收入、更可靠的社会保障、更高水平的医疗卫生服务、更舒适的居住条件、更优美的环境、更丰富的精神文化生活”。

他说，中国特色社会主义进入新时代，中国社会主要矛盾已经转化为人民日益增长的美好生活需要和不平衡不充分的发展之间的矛盾。这个“历史性变化”对中国将来的发展提出了新要求、新指引。

为满足人民对美好生活的更高要求，他推动优先发展教育事业，努力让每个孩子都能享有公平而有质量的教育；他多次主持中共中央深改领导小组会议，审议关于医改的重大文件，“健康中国”成为国家战略；他推进健全产权保护制度，回应亿万人民“有恒产者有恒心”的期待；他深化户籍制度改革，让更多人享有均等化的公共服务……

习近平身上体现了中共全心全意为人民服务的宗旨。特别之处在于，这还与他 15 岁就到农村插队的经历有关。他曾在陕北梁家河村当了 7 年知青。“那时候什么活儿都干，开荒、种地、铡草、放羊、拉煤、打坝、挑粪……几乎没有歇过。”“我懂得了什么叫实际，什么叫实事求是，什么叫群众。这是让我获益终生的东西。”他说。

他有足够的资历和自信来了解这个大国民众生活的真实情况。习近平的从政经历始于44年前，从大队党支部书记到党的总书记，从普通公民到国家主席，从一般军官到军委主席，经历遍及党、政、军各个领域，历经村、县、地、市、省、直辖市，直至中央等所有层级的主要岗位，每一层级都历练多年，都扎扎实实而政绩卓著。

习近平带领中共，完全围绕人民的利益作出决策——常常是长期的，超前几年到几十年，并且“一张蓝图绘到底”。俄罗斯专家奥莉加·米古诺娃说：“我尊敬习近平。中国的领导人拥有新时代所需的素质。”

（孟娜　章利新　李志晖　吴晶）

20. 习近平访问过的那些村庄

骆驼湾的村民冬天忙着盖新房子、修新路，十分忙碌，在这个河北的小山村里，这样的场景以前从未见到过。

68岁的顾润金是村里的一名党员干部，他说："过去，到了冬天，老人们手缩在袖口里，蹲在自己家的大门前晒太阳。年轻一些的人就爬到山上去捡柴火。"

他说："传统'冬闲'变成了'冬忙'。"

坐落于太行深处的骆驼湾村自20世纪90年代中期起就开始实施国家减贫计划。2013年，整个阜平县登记在册的贫困人口数大约11万，占总人口的48%。

2012年12月，习近平当选为中共中央总书记后不久，这里开始发生重大变化。

在2012年访问该村期间，习近平告诉官员们要努力帮助贫困村民，让他们尽快过上好日子。

新家新生活

来自骆驼湾的73岁的唐荣斌和顾家台村的65岁的顾成虎，都是习近平在2012年走访过的。

"我现在的生活条件几乎和城里人一样。以前我住在土房子里，搬新家的时候，我一开始还有点不适应。”顾成虎说。他的新家有 4 个卧室、1 个客厅和 1 个厨房。

从 2013 年开始，顾成虎和他的儿子干起了村里的建筑活儿，每天赚 200 元，每年还能获得 4000 元的农田流转费。

唐荣斌的房子是用政府的资金翻新的。

他说："我以前从没想过我能住这样的房子。"他还把其中的三间屋子租给了旅游公司。

骆驼湾的农民如今不再种植传统的土豆和玉米，这些作物曾是他们主要的收入来源。他们通过两家公司的投资种植苹果和蘑菇，除了土地流转费，他们还多了薪水和奖金收入。

2012 年，该村人均收入不到 1000 元，而 2015 年提升到了 3000 元。仅 2015 年一年，就有 48 个家庭摆脱了贫困。

徐向东是省住建厅的一名官员，作为扶贫工作组的一员被派到这里。他说："减贫不能只依赖于'输血'，我们要利用现有资源发展产业。"

选派官员进驻村庄帮助扶贫在中国十分常见。

阜平县委书记郝国赤说，在过去的 4 年里，阜平县农民人均收入从 3262 元提升到 2015 年的 5815 元，贫困人口减少到 6 万。

中国的目标是到 2020 年消除贫困，使剩余的 5500 万农村贫困人口摆脱贫困，这意味着每年大约需要减少 1000 万的贫困人口。中国的贫困线是年收入 2300 元。

农家乐和产业扶贫

自 2012 年起，习近平访问了中国多个村庄，一再强调减贫和出台扶贫政策的重要性。

朔州市朔城区神头村的虹鳟鱼养殖场。（新华社记者曹阳摄·2018 年）

山西省右玉县小南山森林公园一角。（新华社发·2016 年）

山西省右玉县小五台风力发电场一架架风车正源源不断输出“绿色电能”。（新华社记者詹彦摄·2017年）

朔州市平鲁区双万亩种苗基地。（新华社记者曹阳摄·2018年）

上图为治理前，朔州市右玉县的荒凉沙地（资料照片）；下图为右玉县小南山森林公园。（新华社记者曹阳摄·2018年）

朔州市右玉县小南山森林公园一角。（新华社记者曹阳摄·2018年）

承包安太堡露天煤矿复垦区温室的李瑞平（前）、韩育珍夫妇在采摘西红柿。（新华社记者曹阳摄·2018 年）

上图为治理前，山西省右玉县随处可见半流动沙丘（资料照片）；下图为山西省右玉县威远镇治理后的荒沙地，如今已郁郁葱葱。（新华社记者詹彦摄·2017）

河南省兰考县一家乐器厂的工人在车间里制作古筝。（新华社记者李博摄 · 2016 年）

河南省兰考县大河乐器厂工人袁排朵在制作古筝。（新华社记者冯大鹏摄·2017 年）

河南省兰考县一家乐器厂的工人在车间里制作古筝。（新华社记者李博摄 · 2016 年）

河南省兰考县一家乐器厂的工人在车间里制作古筝。（新华社记者李博摄 · 2016 年）

河南省兰考县大河乐器厂工人何素英正在检查即将销售的古筝。（新华社记者冯大鹏摄 · 2017 年）

河南省兰考县徐场村的徐亚冲在自家小院弹琴。（新华社记者冯大鹏摄·2017 年）

河南省兰考县焦裕禄干部学院门口茂盛的焦桐。（新华社记者冯大鹏摄·2017 年）

河南省兰考县一家乐器厂的工人在车间里制作琵琶。（新华社记者李安摄·2015 年）

在河南兰考黄河滩区易地搬迁扶贫社区谷营镇姚寨新村社区，居民黄玉英展示搬迁前的老房子照片。（新华社记者冯大鹏摄·2018年）

左图：2002年10月6日，6岁的李傲星在河南省兰考县桐乡街道盆窑村的老式砖房前打拳。他的身后是李傲星一家居住的80多平方米老式砖房。右图：2018年11月14日，河南省兰考县桐乡街道盆窑村，22岁的李傲星在新房子前打拳（新华社记者冯大鹏摄）。李傲星一家曾经做过一些小生意，后来在政府的扶持政策下，专心经营建材生意，收入和生活条件得到极大改善。2010年，村里集体建房，李傲星一家得到一套150平方米的房子。

星期三，天刚亮，26岁的梁强就开始在自家院子里扫积雪。他预计这天有十几名游客来他的农家乐用餐住宿。在中国兴起的农家乐，是将娱乐元素融入到农业和乡村旅游中去。

梁强是陕西省梁家河的一名村民。从1969年到1975年，习近平在这里度过了7年务农岁月。2015年5月，总书记到访三个月后，梁强开始创业。

走访期间，习近平提到，革命老区是党和人民军队的根，我们永远不能忘记自己是从哪里走来的，永远都要从革命的历史中汲取智慧的力量。

“我们实现第一个百年奋斗目标、全面建成小康社会，没有老区的全面小康，特别是没有老区贫困人口脱贫致富，那是不完整的。”他说。

梁强100平方米的农家乐里，有18张大桌子和3张小桌子。忙碌的时候，每天有近200人在同一个屋檐下就餐。

他请了6名厨师，并调整了菜单，突出本地特色。顾客在等菜的时候还可以连接高速无线网络。

“今年的净收入将超过20万元。”他说。而三年前他还是一名月入5000元的矿工。

梁家河今年预计接待的旅客90万人次，实现收入1300万元，人均收入将达到1.8万元。

2013年11月，习近平考察中国中部省份湖南时提出了“精准扶贫”。他说：“发展是甩掉贫困帽子的总办法，贫困地区要从实际出发，因地制宜，把种什么、养什么、从哪里增收想明白，帮助乡亲们寻找脱贫致富的好路子。”

湖南湘西土家族苗族自治州花垣县十八洞村因村内有18

个天然溶洞组成的巨大溶洞群而得名。但更为有名的是这里的“穷”，因山高路远耕地少，当地村民世代难以摆脱贫困。

村支部书记龚海华说：“我们资源稀缺，但不缺丰富多彩的文化和自然风光。”

在习近平精准扶贫方略指引下，十八洞村因地制宜发展特色养殖、特色种植、苗绣加工、特色乡村游、劳务输出等产业。

十八洞村第一书记施金通介绍，为解决十八洞村土地稀少制约发展的难题，我们探索出“飞地经济”，在村外流转 1000 亩土地，建成高标准猕猴桃基地，并引进龙头企业与村民共建合作社进一步扩大产量，帮助他们脱贫。

十八洞村的旅游业也在蓬勃发展。2015 年，村里的人均净收入为 3580 元，相比 2013 年增长了 115%。

79 岁的施成富告诉记者，总书记来后不久，儿子施全友就结束多年在外打工的生活，回家开设了村里第一家农家乐“成富家厨房”。2015 年，他家第一个成功脱贫。儿子也娶上了媳妇，结束了“大龄光棍”生活。

在这场扶贫战役中，中国尝试通过各种途径，如电子商务、小额融资、易地搬迁以及基础设施提升等，来赢得胜利。

（李来房　曹槟　曹国厂）

21. 习近平给贫困户算账

张北县农民徐海成家，窗外冬风凛冽，窗内却温暖如春。小小客厅的沙发上，坐着一位特殊的客人，面前摆放着账本。

徐海成的客人，是中共中央总书记、国家主席、中央军委主席习近平。习近平正在帮徐海成一笔一笔计算着一年的收支账。

习近平已连续 5 年在春节之际看望基层群众。2017 年农历腊月二十七和腊月二十八，总书记来到河北省张北县德胜村。

习近平多次在新春考察中深入中国脱贫攻坚战最前线。

2013 年，习近平到甘肃和北京；2014 年，他到内蒙古自治区；2015 年和 2016 年，习近平分别考察陕西和江西。

刚刚过去的一年里，有大量贫困人口的青海、安徽、宁夏也都迎来了总书记的考察身影。

此次的考察地张北县位于北京以北 200 多公里。这里是国家扶贫开发工作重点县。德胜村在 2013 年被列为贫困村。在国家大力推进精准扶贫的背景下，一系列支持政策在这里落地，包括推广种植经济作物、引进光伏项目等。

徐海成告诉习近平，家里种了 30 亩马铃薯、甜菜、莜麦。

习近平看起了徐海成家的收支清单。

“种植马铃薯原种 3 亩，亩产 2000 斤，一斤收入 2 元；

一般的商品薯种了15亩，每斤是5毛钱。这价格差得很多啊。”习近平说。

县干部介绍说，张北全县马铃薯育种占到全国五分之一，当地农民都主动扩大了自家马铃薯的种植面积。

习近平点点头说：“你们下一步的路子都有了，就是怎么把它市场化、规模化发展起来。”

接下来，习近平继续算起徐海成家的收支账。

他说：“粮食综合直补2500多元，退耕还林补贴306元，草原奖补1140元……这些都算下来，一年收入43000元。”

“我看你家里的支出账，一年下来生产性支出12700，家庭花销29000。两项加起来42000？”习近平问。

徐海成答道，家庭花销主要是老伴看病，再有就是二女儿上学学中医，一年学费18000元。

徐海成的二女儿徐亚茹告诉习近平，她每学期能够领到1500元助学金。

总书记有些不解，接着说，收入43000、支出42000，除了医疗和孩子上学，那日常生活的开销呢？这个账有点不合理啊？

“日常生活花不了多少钱。”参加座谈的村民们解释道。

“粮食是自己种的，亚麻油也是自己榨的。”“也就一冬天烧600块钱的煤。”村民们你一言我一语。

这些回答令总书记沉思了片刻。

“在农村，主要是大病的医疗保险要兜得住，不至于因病返贫。”习近平强调。

“再一个就是孩子上学，通过‘三免一补’来保证。”他补充道。

考察期间，习近平还听取了县干部关于脱贫政策落实情况的汇报，包括引进光伏扶贫项目、打井修路、联系科研院校开展农技培训。

习近平说，火车跑得快，全靠车头带。脱贫攻坚的火车头就是党支部。2020 年全面建成小康社会，脱贫是一个底线任务。我们现在决心有、目标有、措施有，关键在落实。

中国政府立下了到 2020 年确保农村贫困人口实现脱贫的军令状，并已取得显著成绩。

4 年来，中国贫困人口减少近 6000 万。2016 年，中央和省级财政专项扶贫资金投入创历史新高，第一次超过 1000 亿元。其中，中央投入资金 667 亿元，同比增长 43.4%；省级投入资金超过 400 亿元，同比增长 50% 以上。

2016 年底，中国发布《“十三五”脱贫攻坚规划》，将目标瞄准 5600 万建档立卡的贫困人口。

“新年之际，我最牵挂的还是困难群众。”在 2017 年的新年贺词中，习近平动情地说。他的每个字都说到了成百上千万像徐海成一样的贫困群众心坎儿里。

新年将至，中国的贫困民众可以怀揣新的希望，期待日子过得一天比一天更好。

（罗宇凡　孙铁翔　白林　曹佩弦）

22. 精准扶贫成为中国减贫新战略

2015年酷暑时节，四川凉山彝族老乡阿作吉落再也不用像过去一样，和牛羊同住一间破旧土房了，而是搬进了有独立厨房、卧室的彝家新寨。

在四川，数万户贫困村民与阿作吉落一样，得益于因户施策的精准扶贫开发，住进了新房。2014年，四川省优先安排中央农村危房改造资金建设彝家新寨2.39万户，藏区新居2万户，秦巴山区、乌蒙山区农村危房改造3.9万户。

在中国西部的另一个省份——甘肃，来自陇南市礼县新合村的“90后”小伙康维起用了1年时间，就实现了苹果网店销售额870万元的不俗业绩。如今，他的网店带动当地一批贫困户通过电子商务致富。

康维起创业的成功，同样得益于精准扶贫政策——甘肃省的电商支持计划。甘肃将实现省内贫困村宽带网络全覆盖，七成以上的贫困乡能用电商销售当地土特产。

湖南、广西、贵州、云南等多个省份也因地制宜地推出了各自的精准扶贫具体政策，“精确打击”已成为中国消灭绝对贫困的新战略。

2015年6月，习近平总书记在贵州召开部分省区市党委主要负责人座谈会时强调，在扶贫攻坚上进一步厘清思路、强化责任，采取力度更大、针对性更强、作用更直接、效果更可持续的措施，特别要在精准扶贫、精准脱贫上下更大功夫。

改革开放以来，中国扶贫脱贫工作成绩斐然。从1978年到2014年，中国累计减贫逾7亿人。但截至2015年，中国仍有7000余万贫困人口，约占农村居民的7.2%。

国务院扶贫办主任刘永富表示，目前条件稍好的地方基本已脱贫，剩下的都是“最难啃的硬骨头”。

专家认为，减贫到一定规模后，其难度会边际递增，效应呈现边际递减，加之余下的地方往往底子薄、条件差、开发难，相同的投入很难再有之前的产出。

国务院总理李克强在2015年的政府工作报告中指出，当年要再减少农村贫困人口1000万以上。不仅如此，中国明确要在2020年全面建成小康社会时，实现全面脱贫。

国务院扶贫开发领导小组专家咨询委员会主任范小建表示，随着中国经济发展步入调结构、转方式、中高速增长的新常态，扶贫工作面临一定的挑战。

分析人士认为，“减贫效应”递减现象和中国经济增长放缓的客观现实，要求中国必须创新扶贫方式，从粗放“漫灌”向精准“滴灌”转变，以解决中国扶贫开发中长期存在的贫困人口底数不清、情况不明、针对性不强等问题。

2014年，中国完成了规模浩大的贫困人口建档立卡工作，为推进精准扶贫奠定了基础。

“以前没有建档立卡，扶贫政策大多像大水漫灌，一享受都享受，一不享受都没有。”刘永富认为，现在是让有限的扶贫资源更精准地指向真正需要的人，发挥出最大效益。

与此同时，2014 年，中国各级政府向贫困村派出了 12.5 万个工作队、驻村干部达 43 万人，他们成为精准扶贫的“传感器”和“带头人”。

龙六球是湖南湘西土家族苗族自治州凤凰县追高鲁村村民，这个村是典型的高寒山区贫困村，2012 年农民人均纯收入只有 1900 元。

在当地扶贫工作队的帮助下，龙六球流转承包了 50 亩菜地种辣椒，算下来每亩纯收入有两三千元，连在外打工的儿子也返家一起种菜。

“在扶贫工作队的帮助下，种植高山富硒蔬菜，真是走对了路子！”龙六球说。近两年，湘西土家族苗族自治州通过精准扶贫脱贫的人数超过 24 万人。

除了上述的居住扶贫、电商扶贫、驻村扶贫等手段，刘永富表示，2015 年开始推进的精准扶贫十大工程将是有力抓手。“比如整村推进工程，整合各类涉农资金来完善村组道路等基础设施、推进公共服务和发展特色经济。再比如扶贫小额信贷，给他们启动资金，就能给生计带来很大变化。还有旅游扶贫、光伏扶贫等，都能有效增加农民收入。”

2015 年，中央财政预算安排扶贫资金补助地方部分 460.9 亿元，比上年增长 8%。据了解，2015 年，中央财政将重点支持集中连片特殊困难地区的扶贫攻坚。

此外，中国不少省份还调整了对扶贫工作的政绩考核，推动精准扶贫措施落到实处：甘肃取消了对绝大多数集中连片特困地区县（市、区）的 GDP 考核，而完不成扶贫攻坚任务的县级领导干部，将面临一票否决；广西也对贫困县采取了取消或降低GDP考核的举措，把考核结果与贫困县领导干部年度考核挂钩……

分析人士指出，随着中国各地陆续改革贫困县考核机制，扶贫开发成为基层干部政绩考核的“指挥棒”“硬指标”，加之中央与地方的扶贫决心和力度不减，只要坚持区域发展与精准扶贫相结合，扎实推进扶贫攻坚，中国就能如期实现全面小康。

（刘明洋　石莹）

23. 中国扶贫工作队长们的一天

2017 年 6 月 14 日是国务院正式将 14 个连片特困地区列作中国新阶段扶贫攻坚主战场 5 周年。

清晨 6 点，湖南省湘西州腊尔山镇夯卡村驻村扶贫工作队长胡丕宇从村部小屋里醒来，泡了一碗方便面当早餐。今天他的日程依然紧凑：去贫困户家串门，查看村内基建项目完成情况，到产业基地转转，还要和村干部交流扶贫政策。

胡丕宇所在的夯卡村位于 14 个连片特困地区之一的武陵山片区境内，全村 1107 人中有建档立卡贫困户 426 人，贫困发生率达 38.5%。

驻村前，胡丕宇是湖南湘西州接待处副主任。他说："刚从州上下来的时候，老百姓对我们不信任，不愿意配合工作，好几次动员会都因为争吵而被迫中断。"

但他坚持每天走村串户，一家家上门宣讲政策，认真记录老百姓的愿望和需求，帮助他们规划脱贫路径。同时，整合扶贫资金，对村内的基础设施进行规划和建设，平均每个月有 24 天在村里工作。

如今，夯卡村不仅建成了逾千亩集辣椒、猕猴桃、黄桃、烤烟、黑猪等为一体的产业集群，还建成了光伏发电站，完成了灌溉水渠、自来水、路灯照明、上网宽带等项目。2017年初，35户147人还搬入了新家。

临近中午，在武陵山片区腹地的让烈村，来自湖南省委组织部的扶贫工作队长宋敏已经走访完4户贫困户。他随身携带的工作本上密密麻麻记录了老百姓们的建议和他的感想。“这是我驻村后的第四本工作日记。”宋敏说。

为了迅速跟老百姓打成一片，他一有时间就提着当地酿的“包谷烧”酒和下酒菜主动到老百姓家里“做客”。“这边少数民族老百姓爱喝酒，你进他们家门要是不喝一点，他们会觉得你摆官架子。”

就这样过了两个月，老百姓才逐渐接纳了他。到2016年修建光伏电站时，他只花了不到1个月就完成了征地，村里人见到宋敏都会亲切地用苗语打招呼。“进村后我们做的每一项工作都会和老百姓商量，听取他们的建议，让他们感受到我们是真心为他们做事，这样才会信任接纳我们！”宋敏说。

如今，宋敏脸庞晒得黝黑，穿着和村民一样的苗族土布衣服。“现在村里产业园已经成形，基础设施建设也已经全部完成，我的任务就是带好村委，给让烈村留下一支永不撤退的工作队。”

傍晚，罗霄山片区水源村，驻村扶贫工作队长肖诗军刚刚结束了一天的走村串户。一闲下来，他就拿起手机写工作简报和第二天的工作安排。

在肖诗军的手机里存着上百条“待办事项”：贫困户黄秋生双目弱视独居，请每天过河探望；村民周晚华突发脑溢血送市中心医院抢救，无力支付医疗费用向帮扶领导求助……

“老百姓因病因灾致贫返贫的特别多，我是在农村出生，驻村前又是省人大信访办的，常常和老百姓打交道，看在眼里十分痛心。”肖诗军说。

《中国农村扶贫开发纲要（2011—2020年）》提出，中央和地方财政逐步增加扶贫开发投入，中央财政扶贫资金的新增部分主要用于连片特困地区。2012年6月14日，国务院扶贫办公布14个全国连片特困地区分县名单，六盘山区、秦巴山区、武陵山区、滇桂黔石漠化区等14个连片特困地区被列为新阶段扶贫攻坚主战场。

胡丕宇、宋敏、肖诗军是中国千千万万驻村扶贫干部中的一员。数据显示，中国共有超过200万人参与贫困人口建档立卡工作，超过50万名各级干部进驻贫困村。2013年至2016年，中国每年农村贫困人口减少超过1000万人。

湖南有6924个贫困村，每个村都有一支3到5人的帮扶工作队，每个贫困户都有一个帮扶责任人，且每个帮扶责任人帮扶最多不超过5户。

每天饭后，肖诗军都会散步到村支书家聊聊工作。他笑谈：“刚驻村时压力来源于老百姓的不信任，而现在的压力则是源自老百姓对我们的完全信任。”

（张玉洁　曹槟）

24. 东西部扶贫协作补“短板”

贫困户阿牛吉木原本生活在四川凉山州越西县申果乡达布村，房屋破旧。由于地处高寒地区，村民仅靠种植马铃薯和苦荞勉强度日。去趟82公里外的县城，得走泥巴路、转两趟汽车，花六七个小时。

几个月前，阿牛吉木一家和村里其他62户贫困户从山上搬了下来，住进了新房。这个集中安置点由广东佛山市投入695万元并配套国家扶贫资金建设，地处平坦的山间盆地，交通便利。

这是中西部扶贫协作的一个例子。

在对西南地区多个贫困村进行实地走访后，国务院精准扶贫工作成效第三方评估组专家成员乔陆印说，东西部扶贫协作正在补齐脱贫短板，深入推进区域协调发展。

乔陆印所调研的广西百色市、云南昭通市、贵州毕节市和四川凉山州等地，或是革命老区、或是民族地区、或是集中连片特困地区，贫困发生率高，贫困程度深。

广东是上述地区的对口帮扶省。2016年以来，广东已选派93名挂职干部进驻当地扶贫一线，投入超过15亿元资金用于易地搬迁、产业扶贫等项目，数千名贫困学生和贫困家庭的劳动力，分别进入广东到技校学习、到工厂就业。

东西部扶贫协作启动于1996年，中央确定9个东部省市和4个计划单列市与西部10个省区开展扶贫协作。

2016年，中央调整了东西部扶贫协作结对关系，扩大帮扶范围，加大帮扶力度，实现对30个民族自治州结对帮扶的全覆盖。这让阿牛吉木这样的贫困农民直接受益。

“搬得出、稳得住、逐步能致富”是我国实施易地扶贫搬迁的目标。如今，阿牛吉木的丈夫和儿子分别在成都和江西务工，一年能挣两三万元。她参加了村里组织的彝绣培训班，平常在家绣点手工艺品。“前几天到县里的集市上卖了3个绣包，赚了300多元。”阿牛吉木说。

与四川、贵州交界的云南昭通市地处乌蒙山区，全市11个区县中有10个属于集中连片特困地区。产业落后、市场化水平低，乌天麻、土蜂蜜、乌骨鸡等特色农产品“养在深山人未识”，“大资源、小产业”成为困扰当地的“穷根”。

广东东莞、中山两市对口帮扶昭通后，双方在农业、旅游等8个领域开展协作。通过广东驻地工作组的牵线搭桥，中山健禾中药饮片公司在昭通建设了中药材种植基地，昭通祺祥食品为中山咀香园公司代工生产农副食品，投资12亿元的东莞市润丰国际蔬菜交易中心也即将在昭通市昭阳区动工建设。

“昭通有资源优势，广东有市场和技术优势。通过东西部扶贫协作，充分对接了两地的优势，促进了昭通的产业发展。”昭通市农业局扶贫办主任谭付松说。

挂职昭通市副市长的广东省第五扶贫协作工作组组长邓浩全认为，产业扶贫是增强贫困地区“造血”功能的有效方式。他说，“有了产业，贫困群众才能让土地赚钱，实现稳定增收脱贫”。

除了易地搬迁和发展产业脱贫，东西部扶贫协作还涵盖了教育、劳务、医疗和旅游等多种形式。“经过20多年的发展，东西部扶贫协作已形成多层次、宽领域、全方位的格局。”广东省扶贫办主任梁健说。

专家表示，东西部扶贫协作已由最初的单向帮扶，拓展为东西部双向互动、共同发展；由最初的政府间对口帮扶，拓展为各类市场主体和社会各界共同参与。这些都有助于补齐脱贫短板，以全面打赢脱贫攻坚战。

（田建川）

25. 扶贫支书吴树兰

山里的春天来得晚，60 岁的驻村第一书记吴树兰翻过几道山梁，上午十点钟到达距村支部 5 公里外的碾盘沟时，空气中还带着寒意。一条大狗“汪汪”叫着冲过来，这里仅有的一户居民李相庭神色匆匆地从石头垒成的院落里迎出门。

“你的膝盖不好，咋又上山啦！”70 岁的李相庭嘴里嗔怪，脸上却掩饰不住欣喜。他是贫困户，住得又偏远，认识吴树兰之前，见过的最大干部是村民小组长。在中国的公务员职务体系中，级别最低的 12 级办事员都是村民小组长的上级，而吴树兰是 6 级厅官。

作为精准扶贫的一项重要内容，2015 年，中共中央组织部、国务院扶贫开发领导小组等发起动员，要求各地选派优秀干部到贫困村任第一书记，利用他们的知识和能力，帮助当地摆脱贫困。

李相庭所在的河南省确山县竹沟镇西王楼村就是这样一个贫困村。它地处山区，46 个自然村中有 10 个都是独户村，山上几乎没有能通车的路，孩子们每天步行数公里上学，中午就着凉水吃从家里带的冷馒头。初来乍到的吴树兰，感觉心被揪紧了。

她并不是第一次驻村。早在高层统一部署前，各地就有干部驻村帮扶的探索。2010 年，53 岁的河南省扶贫办干部吴树兰主动申请到“国家级贫困村”——河南省新蔡县孙召镇大吴庄任第一书记。那一年，全省共派出19名第一书记，她年龄最大，也是唯一一名女性。

“人家说我有福不享，非要回村遭罪，这我不同意，我心没离开过农村。”大吴庄是吴树兰的故乡，年轻时她在村里养牛喂马，后来走出去深造，从市农牧局副局长一直干到省扶贫办副厅级巡视员。父亲去世前总念叨，“农村培养出一个人不容易，一定得多为穷人办事”。

事实上，帮助农民过上好日子是中国共产党的传统。新中国成立前，共产党就领导农民“打土豪、分田地”，让饱受剥削压迫的农民翻身获得解放。现在，帮助农村贫困人口摆脱贫困，提高生活水平，仍被共产党当作使命。

吴树兰回村的时候，大吴庄人均收入只有2642元。“村里没有什么变化，没有可以行车的路，村小学依然破旧，乡亲年复一年耕种。”吴树兰在驻村日记里写道。

三年里，她筹资创办了村里第一家企业，引资1300万元建奶牛小区、针织公司，还争取各类专项资金，修了11条共29公里长的路，建起700多平方米的标准化卫生室和1300多平方米的敬老院。

大吴庄的1700口人喜气洋洋，吴树兰却是另一番光景。她原本就患有高血压，心脏也不好，驻村期间又查出了糖尿病，每天要自己动手打两针胰岛素，村里一桩桩大事都得她拍板定夺，辛苦程度可想而知。

她不敢接家人电话。2011年中秋节，女儿林博特地回家团聚。时值秋收，奶牛场也刚运行，吴树兰凌晨4点就起床了，招呼奶户挤奶，又帮一户村民打了 4 小时秸秆。“女儿的电话一个接一个，我不敢接，接了该咋说？”

家里人也怕接她的电话，因为话题离不开借钱。奶农没钱买草料了，蔬菜大棚差一点就搭好了……几年下来，吴树兰垫进去几十万元。

驻村结束时，大吴庄彻底终结了村无企业、无集体收入的历史，人均收入增至 5600 多元。吴树兰走的那天，很多村民抱着她哭成了一团。

2014 年，吴树兰再次请缨驻村，来到了李相庭所在的西王楼。平原地区脱贫的路子已经在大吴庄蹚过了，她还想找找山区脱贫的办法。跟之前一样，挨家挨户走访是她必下的苦功夫。

“她来多少趟我记不住，但是画的有杠杠，来一趟我拉一道。”李相庭不识字，吴树兰每去一次，他就在纸上画一道线。2014 年，他画了 25 道，2015 年，画了 42 道。这次间隔快 2 个月没画，他才知道吴树兰病了。

短短两年多，吴树兰把 2000 多口人的村庄摸得门儿清，成立了畜牧养殖协会和养老扶贫协会，养羊 5 万多只，仅 1000 只以上的养羊场就有 7 个，一条 28 公里的旅游公路也在紧锣密鼓施工。

“大姑，我最近也想养鸡，你得帮我操操心。”30 岁的村民夏翠萍亲热地挽住吴树兰。她只在刚认识时喊过几次“吴书记”，熟悉以后就改叫“大姑”了。她说：“就跟自己家姑姑一样，亲得很。”村里的年轻人几乎都这么喊，年龄大点的就叫“大姐”，吴树兰答应得很开心。

（双瑞）

26. 严查腐败：中共扶贫的重大任务

现行标准下农村贫困人口实现脱贫是中国 2020 年实现全面建成小康社会的必要内容。

针对扶贫过程中出现的腐败问题和不正之风，中国正多方面采取措施，以确保这一目标的达成。

中央纪委印发通知，决定从 2018 年到 2020 年持续 3 年开展扶贫领域腐败和作风问题专项治理，为脱贫目标的全面实现提供坚强有力的纪律保障。

随着中国扶贫开发进入攻坚阶段，中央和地方政府扶贫资金投入不断增加，一些贪腐“黑手”伸向了贫困户的“救命钱”“活命钱”，严重影响了“精准扶贫”的有效进行。

在陕西省眉县汤峪镇，多位村民反映，一些“贫困户”其实并不是真的贫困，都多多少少和村委会干部沾亲带故，甚至有个别 2017 年才退出的“贫困户”原来都有私家车。

眉县纪委成立 8 个监督检查组深入全县 8 个镇街 122 个村暗访调查，截至 2017 年 11 月，共查处违纪问题线索 413 件，立案 58 件，60 人受到党政纪律处分。

眉县纪委审理室主任李伟说，从目前查办的案件来看，扶贫腐败很多都是因为农村的人情关系而滋生的，有的基层干部扶贫成了“扶亲”“扶权”。

眉县只是一个代表，2017年以来，全国各地对扶贫领域腐败问题的通报和查处力度不断加大。

2017年12月24日，河北省委书记王东峰主持召开专题会议，通报对张家口市及蔚县、康保县扶贫领域突出问题责任追究情况及其教训，并对相关责任人作出严肃处理。

在海南省，自2017年7月份开展扶贫领域违纪问题专项整治以来，各级纪检监察机关共受理扶贫领域问题线索637件，立案审查扶贫领域违纪问题226件267人，目前已结案180件，处分213人。

中国社科院廉政研究中心副主任王田田说，脱贫攻坚违纪问题的背后是“四风”顽疾以及工作制度和操作环节中的重重漏洞。

中国审计署审计长胡泽君表示，对于2016年度中央预算执行和其他财政收支的审计工作报告中涉及扶贫资金的问题，已有970人被追责问责。

2017年以来，中央纪委已经3次集中曝光25起扶贫领域腐败问题典型案例，总计通报76名党员及领导干部，其中，县直机关以上党员干部占比超过一半。

“随着国家监察体制在全国的全面推开，作为群众自治组织的村干部，特别是两委干部，已经被纳入监督的范围。”王田田说。

中国延安干部学院教学科研部党建教研室教授王涛指出，必须坚决防止“四风”问题让惠民政策变形走样，防止“精准脱贫”被扭曲成“数字脱贫”，扶贫工作的考核必须更加科学和公开，除了靠数字说话，还要把舆情调查作为重要依据。

国务院扶贫开发领导小组2017年12月27日发出通知，明确在扶贫考核中切实减轻基层工作负担。根据通知，除党中央、国务院确定的督查巡查、考核评估外，不再组织开展其他考核。通知明确，要改进考核方式方法，要减少填表报数，要强化作风要求。

中国社科院农村发展研究所研究员李国祥认为，通知的出台是积极有益的，近年来，基层不同程度地出现了“数字脱贫”“材料脱贫”的现象，这实际上是一种形式主义，是变味的扶贫工程，百害无一利。

广西大化瑶族自治县是中国南方一个深度贫困县，因其地处大石山区，贫困发生率极高。该县共和乡第一书记陈红升说，规定的出台很及时，很受基层干部欢迎。一方面，有利于减负减压，另一方面，如果能从大量的工作材料中抽出身，将这些时间花到帮助贫困脱贫上，将大大提高扶贫的工作效率。

“扶贫是为了让群众过上实实在在的好生活，而不是完成任务和取得政绩。”重庆社会科学院研究员王秀模认为，扶贫验收的工作程序可以减少，但验收标准不能变。

李国祥指出，资料填写少了，并不代表扶贫压力小了，扶贫标准也不会因为少填写表格而降低。扶贫干部要深入一线，精准施策，才能使“精准扶贫”落到实处。

“对贫困地区起码一村一策，制定详细、可行的方案，包括为什么会贫困、怎样脱贫、如何防止返贫等，多管齐下确保扶贫目标的达成。”王秀模说。

2017年中央经济工作会议强调，要保证现行标准下的脱贫质量，瞄准特定贫困群众精准帮扶，向深度贫困地区聚焦发力，激发贫困人口内生动力。

中国社会科学院2017年12月27日发布的《扶贫蓝皮书：中国扶贫开发报告（2017）》显示，2013年以来，贫困人口每年平均减少1309万人。

十九大报告中强调，确保到2020年中国现行标准下农村贫困人口实现脱贫，贫困县全部摘帽，解决区域性整体贫困，做到脱真贫、真脱贫。

按照现行贫困标准——农民年人均纯收入2300元，中国已有超过6000万人口实现稳定脱贫，相当于一个中等国家的人口总数。

广西东兴市万尾村村民阮春华期待着，能有更多机会与扶贫干部真正交流，在干部的帮助下，争取能够早日脱贫。

（任沁沁　潘强　姚友明　程千懿）

27. 中国针对困难群众实施普惠金融服务

出身贫困家庭的“90后”女孩赵雅丽没想到，自己从农村商业银行贷了3万块钱，盘活了村里的传统竹制品加工业，成了当地脱贫致富的带头人。

赵雅丽说，以前村里人个个有手艺，但巧妇难为无米之炊，没钱进料，进不了原材料，加工厂运转不起来。

赵雅丽申请到的银行贷款，是中国实施普惠金融服务惠及困难群众的扶贫小额信贷。手续简便，贫困户不需要向银行提供抵押或担保；成本低，银行按照基准利率放贷，享受财政贴息；期限长，贷款最长期限可达3年。

安徽省灵璧县大庙乡沟崖村是赵雅丽的家乡。这里家家都有编制竹制品手艺的传统，然而许多村民曾经生活贫困。

针对当地有编制竹制品手艺，但不少困难群众缺乏发展资金的情况，村干部主动帮助贫困户办理扶贫小额信贷，现已有19户贫困户利用贷款作为启动资金从事竹制品加工，成功挖掘了地方传统产业助推脱贫攻坚的潜在力量。

2016年11月，赵雅丽从灵璧当地的农村商业银行贷款3万元，购买原料、添置设备、生产扫帚，当年获纯利5000元。2018年初，她牵头成立雅丽竹枝合作社，对接电商平台成功打开销路，并带动当地18户贫困户就业，现在一年人均有近2万元的收入。

据安徽省扶贫办主任江洪介绍，截至2018年6月末，安徽省扶贫小额信贷已累计发放270.51亿元。扶贫小额信贷有力支撑了产业扶贫。全省贫困人口由2012年底的679.1万人，下降到2017年底的120.2万人，贫困发生率由12.6%下降到2.2%。

不仅仅在安徽，中国的普惠金融服务在江西、湖南、河南、湖北、四川、宁夏回族自治区等有扶贫开发工作的贫困地区均有序开展，扶贫小额信贷已成为帮助带动贫困户发展生产、增收脱贫的重要手段。

在宁夏回族自治区盐池县，通过运用普惠金融，创新开展“信用·产业·金融”的“三位一体”金融扶贫“盐池模式”，走出了一条“依托金融创新推动产业发展、依靠产业发展调动贫困群众增收”的富民之路。

为确保贫困户贷得到款，中国多地还设立了风险补偿金为贫困户增信。河南省的三门峡市对银行设立金融扶贫补偿资金池，县级风险补偿金按各主办银行放贷比例合理分配、存入放贷行，并随放贷规模扩大及时追加，目前，各县级财政已累计安排金融扶贫风险补偿资金1.51亿元。

在四川省，160个有扶贫任务的县100%建立扶贫小额信贷风险基金，截至2018年6月末，风险基金总规模已达34.1亿元。

国务院扶贫办副主任洪天云表示，截至2018年8月，扶贫小额信贷已累计发放4700亿元，支持建档立卡贫困户近1900万户（次），有效激发了贫困户的内生动力，在帮助贫困户发展生产、增收脱贫等方面取得了明显成效，已成为中国精准扶贫、精准脱贫的金融服务品牌。

（吴慧珺）

28. “扶贫银行”助农民脱贫

54岁的郭有财是山西省大宁县昕水镇小冯村的村民，多年以种植蔬菜为生，经验丰富，但是苦于没有资金无法扩大规模。

“以前想弄个啥产业，准为缺钱而犯愁，没有抵押银行不给贷款，向亲戚朋友借上三五千元，咱保证一年半载就还了，问题是，谁借给咱？”他说。

缺资金一直是农民创业致富最难突破的瓶颈，对于贫困农民来说更是如此。从2006年开始，山西在部分贫困乡村探索建立村级发展互助资金，探索解决农民发展生产资金短缺的问题。

位于吕梁山腹地的大宁县2007年开始实施村级互助资金项目，政府给一些贫困村注入15万元扶贫资金“铺底”，鼓励村民自主、自愿，以自有资金入股的形式，成立“扶贫银行”——资金互助社。资金互助社以低于银行利率的借贷方式供加入互助社的农民使用，从而解决农民发展生产资金短缺的问题。

小冯村资金互助社成立之后，郭有财投入300元入股成为社员，随后向互助社借款5000元，他用这笔钱承包了3个蔬菜大棚，现在一年净赚近万元。“自从村里有了互助资金，就好像俺们农民自己办起了银行，算下来比向银行借钱还合算。”

郭有财说。

当被问及如果借的钱还不上怎么办，郭有财脸一红，说道："有乡亲们替我担保，都是熟人，就算砸锅卖铁我也得把互助社的钱还上，要不然以后在村里还怎么抬起头来？今天他们替我担保，明天我给他们担保，互帮互助脱贫致富才有希望。"

在运行上，互助资金试点村普遍通过民主选举的方式，推选正派、有责任心的村民，依法成立村级资金互助社作为互助资金的村级管理机构，资金在当地的农村信用社存放，互助社只管账不管钱，为资金安全提供保障。

山西已有 57 个县 155 个村开展了贫困村互助资金项目试点工作，有 9742 户农户加入互助社，互助资金总规模达到 4660 多万元，累计向贫困户发放借款近 3000 万元，"滚动发展、长期受益"的扶贫资金良性循环机制逐步建立。

（王飞航）

29. 当互联网与贫困相遇：马化腾的“创世纪”

当马云率领阿里巴巴进军美国华尔街时，腾讯的马化腾却在做一件不同的事情。

“小马哥”的团队来到中国西南贵州省的铜关村，说服这里的贫困村民，让他们通过微信与外部世界交流，并在网上销售土特产，包括茶叶和有机稻米。

“我们正在建设中国第一个移动互联网村。”腾讯负责“筑梦新乡村”公益项目的陈圆圆说。

在铜关村背后的山上，矗立着一座由该项目的合作伙伴中移动捐建的基站塔。

在青草和猪粪的气味中，铜关村于 2014 年 11 月 22 日举行了一场迎接网络入村的盛大典礼。腾讯宣布，中国第一个山村自此被 WiFi 覆盖。

千百名村民——绝大多数是侗族，载歌载舞赶来庆祝，还放起鞭炮。他们背上驮着好奇的孩子。

典礼开始前举行了一场宗教活动，一名寨老把猪头和公鸡血献祭在剪纸做的小鬼前，目的是防止这些精灵破坏互联网的运行。

“你们谁有智能手机？”当陈圆圆向参加典礼的群众发问

时，只有很少的村民举起手。

“你们大都没有吗？在中国的城市中，几乎每个市民都有一部手机……你想看到在城里打工的儿女吗？用微信吧。你想把手工刺绣卖给城里人吗？用微信吧。你想立即收到村委会的通知吗？用微信吧……”陈圆圆说。

她说，这是一个完全的公益慈善活动，它将给村子带来财富和名气。

“感谢党，感谢腾讯。”寨老代表吴邦灿说，“你们唤醒了沉睡千年的山村。”

随后几天，智能手机由项目的另一个合作伙伴中兴公司发放给了村民。56个村民被选来参加腾讯组织的首轮培训。当他们学到基础的网络知识后，就进行考试。考题包括，“手机带来的一切事物都是新鲜的、美好的吗？”“和外出打工的亲人可以通过视频见面吗？”“可以在手机上参与村寨的选举吗？”等。

有一个村民退出了培训，因为他完全听不懂。7名文盲妇女中，5人没有完成考试，但有2人在腾讯员工的帮助下，得到了高分。

中兴公司一位负责人说，460户村民将免费获得手机。腾讯要求每名村民交200元押金。假如他们到明年5月31日还在用这个手机，并且没有用它去赌博，或干别的“坏事”，钱就会返还。

中国移动为每位村民提供20个月每月1G的上网流量。

这都要追溯至2011年，那时陈圆圆第一次有了用互联网帮助铜关村的想法。她听到了村里的侗族大歌，惊为天籁。2009年，侗族大歌被联合国教科文组织列入人类非物质文化遗产。铜关是人们仍在传唱侗族大歌的少数地方之一。

侗族是55个少数民族之一，人口约300万。他们有自己的语言、传统服饰和宗教观念，尤以能歌善舞著称。

陈圆圆悲伤地发现，侗族大歌的传承正受到威胁。越来越多的年轻侗族人离开村子去城里打工，不再唱歌。她于是建议腾讯在村中捐资兴建一个侗族大歌博物馆来保护这门艺术。

这个花费了1500万元、仍在建设中的博物馆，不仅仅是村民练歌和学者做研究的平台，并且装备着先进的信息技术设备，可以把铜关与外部世界联系在一起，把侗族大歌在网上传播，并帮助村民把土特产卖出去。

“这样穷人就能变富，年轻人就会回到村里，在这里愉快地工作和歌唱。”陈圆圆说。

但仍有不少人对项目表示疑虑。“我们是汉族，连自己的传统都丢弃了。我们穿西服，毛笔字都写不好，能保护好侗族文化吗？”腾讯的一位项目负责人贺捷说。

有人担心互联网会让侗族大歌更快丧失原生态，因为它注入了更多现代元素；有人害怕旅游业的兴起会破坏小山村的宁静；还有人认为，腾讯一旦撤走，村民们将无法自主经营博物馆；还有人觉得，“移动互联网村”会不可避免地像电影《侏罗纪公园》描述的一样进入混沌失控。

“互联网给这个村子带来的究竟是什么？我们是名垂青史，还是千古罪人？”北京来的建筑专家杜孝民说。

陈圆圆说，她已经考虑到了所有困难。在铜关村播下的种子，终会撒向中国其他农村。

“我们开创了用互联网管理一个村子的先例；我们鼓励年轻人回到村里；我们帮助贫困村民有尊严地挣钱；我们正在寻找一条利用高科技留住乡愁的途径。”她说。

在村民的宗教仪式上，一名寨老告诉她，互联网开通的地方，原来有村里的一座庙。“我希望有一天，能帮助他们恢复那座庙——不是在网上。”陈圆圆说。

（韩松　石新荣）

30. 一根草绳上的脱贫路

种了 25 年水稻的广西农民何元志没有想到，多年来一直让他头疼的稻草，如今竟变成了脱贫致富的“宝草”。

广西农村以前大量养牛，稻草可以拿来当饲料、垫牛栏。随着农业生产机械化的推广，牛越来越少，稻草成了没用的“废物”。

“处理这些稻草很麻烦，拉回家里没地方放，只能在地里打碎了或者烧掉做肥料。”家住富川瑶族自治县城北镇矮岭村的何元志说，“烧稻草的时候烟很大，邻近的人会骂，过路的人也会埋怨。”

一次偶然的聊天，扶贫干部提到可以用稻草来编织草绳，这令何元志动了心。不过，这个长年在地里耕作的汉子连 70 公里外的贺州市都没有去过，更没见过草绳编织机长啥样。

广西本地不生产这种编织机，所以政府帮何元志联系江苏的厂家网购了一台。

何元志过去在砖厂打工时有过摆弄机器的经验，草绳编织机这样的小型机器对他来说并不复杂。他按照说明书试了几次，很快就成功了，2017 年 2 月就正式投入生产。

何元志在家里安装了 2 台编织机，一天大约可以生产 18 卷草绳。产品很快被订购一空，而且供不应求。看到销售如此火爆，尝到甜头的他打算另找场地，安装10台机器扩大生产。

“贺州市是全国最大的人造岗石生产基地，像大理石、瓷砖的防震包装，园林绿化都用得到我们的草绳，不少厂商上门来订货。”何元志说。

看到何元志“小试牛刀”初获成功，城北镇政府决定把稻草编织作为2017年脱贫攻坚的重点产业来扶持，让更多的农民，特别是贫困户都能抓住这个商机。

城北镇一共有1208户贫困户，贫困发生率将近23%。在政府的帮扶下，2016年有475户脱贫，2017年的目标是帮助500户实现脱贫。

作为城北镇的扶贫后盾单位，富川瑶族自治县人大常委会办公室和县林业局对草绳编织项目也很支持，决定提供50台编织机“送机上门”用于扶贫。这些机器将通过村委会以租赁的方式发放给石狮、泗源等贫困村的贫困户。

“这个项目最大的优点是把贫困户的投资风险和成本几乎降到了零。”分管扶贫工作的富川瑶族自治县城北镇人大副主席肖芳说，“一亩稻草的原料成本只有100元，加工一亩稻草可以挣到400元。由于机器操作简单、生产速度快，农民可以用空闲时间来做，不耽误下田。”

利用采购设备的这段时间，当地政府准备对农民进行培训，组织劳动技能竞赛，评选编织能手。没有租赁编织机的农民，可以去帮工，按每天80元工资、全年100天农闲计算，一年下来也可以赚到8000元左右的劳务工资。

“厂商都是整车整车订货，量少了肯定不行。”何元志表示，愿把自己调试机器的经验拿出来跟大家分享，或者上门帮助安装设备，让更多的乡亲参与进来。

眼下，最让何元志担心的是原料短缺。制作一卷 14 斤重的草绳，需要消耗大约 18 斤稻草，一台编织机一年需要 30—40 亩的稻草作为原料。

“下一步我们准备由镇里出面，跟外地来的‘稻客’团队及其他村镇的农户建立联系，请他们打稻子时把稻草留给我们，打稻子的部分费用则由我们来支付。这个工作量大面广，需要由政府出面协调。”肖芳说。

临离开时，肖芳再次叮嘱何元志，第二天又有一车草绳要发运，一定要按时把货备好。“这是个好项目，政府多扶持一下，农民就可以少走一些弯路。”肖芳说。

（王作葵　钟泉盛）

31. 小小地瓜种出上亿产业

进入 2017 年 4 月，地瓜（红薯）迎来采收季节，海南澄迈县桥头镇沙土村地瓜种植大户王文克不断接到来自全国各地的订单电话，忙得应接不暇。

“市场上普通地瓜两三元一斤，而我们的地瓜最高可以卖到 26 元一斤，几乎是国内价格最高的地瓜了，有人称之为地瓜中的‘劳斯莱斯’。”他说。

地瓜能卖出“天价”，源于一场“供给侧改革”实验。

被联合国老龄所等机构联合授予“世界长寿之乡”的澄迈县，土壤富含硒元素。然而，数年前，当地老百姓并不知道富硒对于农产品意味着什么。沙土村，村如其名，大部分土地都是沙土，不适宜种植经济作物，村里大片大片的土地撂荒。

村党支部副书记杨英春回忆，1996 年，海南东洋水产有限公司引进日本种苗，在村里投资种植 150 亩地瓜，开始推广优良品种。但因缺乏品牌效益和带头人，无法大规模推广。2007 年，村里走出的大学生王文克接触到该品种地瓜后，意识到其中的商机，决定回乡创业，种植地瓜。

创业伊始，王文克便将自己的地瓜定位于高端市场，打生态健康牌，从育苗开始就跟传统种植不一样。以前土法种地瓜，是直接用地瓜块或者地瓜藤种，而王文克采用的是脱毒苗，在网箱里需要经过剪苗、炼苗、繁苗等程序。其中，剪苗需要在显微镜下操作，剪出 0.2 毫米的幼苗进行繁育。因为有效地去除了植株体内的病毒，亩产可以提高 30% 左右，而且果实的形状、口感、味道都要好很多。

优质良苗增加了地瓜抗病虫害的免疫力，而良田则提供了绝佳的成长环境。王文克介绍，在土地选择上，他们严格要求水旱轮作的沙土地，一方面保障及时灌溉，另一方面增加土地的有机质含量。

“这只完成了前期种植，‘良法’同样重要。”王文克带着记者来到地瓜地，指着近处的一株地瓜藤说，我们种植方法有着严格的标准，必须实行单行种植，要求垄高 40 公分、垄距 90 公分、株距 20 公分。

传统一亩地可以种植 7000 株，而在这里，一亩地只能种 3000 株到 4000 株。

“这其中还有一个奥秘。”王文克蹲下身子将一株地瓜苗拔起，“我们种植的时候地瓜苗是水平放置的。两头裸露出来，中间用沙土轻轻盖上。这样的好处是保证一棵藤上长的地瓜营养均衡，个头相对均匀。”而传统的种植则是斜插或竖插，产出的地瓜中间个头较大，其他的较小。

王文克介绍，采收环节他们是人工采收，不使用锄头等工具，好处是不伤害到果皮，保证地瓜的外观。他们还在田间地头分选，按照大小、品质等分为七个级别。

经过近十年探索，地瓜从种到收，王文克形成一套严格的生产技术规程，包括产地环境、栽培季节、育苗管理、收割检验、包装运输等，大大小小几十条。

种出优质地瓜，销售怎么办？桥头镇党委书记沈新霞介绍，2009年在县政府的指导下，沙土村委会将“桥沙地瓜”正式注册为商标，同时，组织成立了桥头地瓜产销协会，集中统筹桥头地瓜的产销渠道，统一印制地瓜鲜果包装。

澄迈县农业局副局长王泰吉说，当地还大力推广“地瓜文化”，连续举办5届桥头地瓜推介活动，并建立了专门研究地瓜种植技术的地瓜研究所，为当地种植户提供强有力的科技支持。

从生产种植到终端销售，经过一场“供给侧改革”实验后，小小的桥头地瓜“种”出了大产业。2016年桥头镇地瓜产量4.2万吨，产值达4.2亿元，户均年收入8万元。沈新霞介绍，地瓜产业也使得镇里的贫困户数量从2007年的1390户减至2016年的19户。

“将农产品的生产标准化、流程化，像生产一个工业零部件一样生产农产品，是澄迈县生态农业的一个特色。”澄迈县县委书记杨思涛说。

（李金红）

32. 女性在扶贫攻坚中不让须眉

看着村里养猪场活蹦乱跳的小猪仔，山西省吕梁市方山县大西沟村村民张改平显得格外激动。之前，她在当地政府帮助下从银行得到了 3 万元低息贷款，并入股到养猪场，2016 后每年能得到近 4000 元固定分红。

“我家里有 4 个孩子上学，丈夫一条胳膊残疾，靠种地和打工一年只能挣 1 万多元，这个养猪场搞起来对我帮助很大。”她说。

像王改平这样的贫困户，在大西沟村还有 69 户，平均收入只有 2300 元。而在这个大型养猪场的带动下，他们有望在 2017 年实现脱贫。

“这个项目是驻村第一书记李颖帮我们引进的，别看她是个女子，却干成了很多男人干不成的事。”大西沟村老党员侯春林说。

李颖是吕梁市政府接待办的一名干部。2015 年 8 月驻村后，她就四处争取支持。仅在 1 年多时间，她就帮助大西沟村建起了一个 1.5 兆瓦的光伏发电站、一个万头养猪场，还建起了村幼儿园、红白理事厅等场所，带领全村走上脱贫致富路。

大西沟的脱贫依然在路上。与之相比，相隔 400 多公里的山西省长治市壶关县刘寨村，在女干部程玉珍的带领下，已经实现了整村脱贫。

这个太行山深处的小村庄，一共有建档立卡贫困户 108 户、270 人。“我们村穷，主要是没有好的带头人，村干部换了一茬又一茬，但村里始终是穷样子。”村民张雷平说。

2011 年，刘寨村村支两委换届，急于脱贫的村民们想起了在外做生意的程玉珍，先后 10 次进城请她“出山”。最终，程玉珍几乎全票当选刘寨村村主任。

上任第一件事，程玉珍就调动社会资源，并发动村民开山炸石，将村里不足 2 米宽的道路拓宽到 4 米。“修路是扶贫的头等大事，没有路就拔不掉穷根。”程玉珍说。

尽管只有 4 公里长，但这条新路却按下了刘寨村脱贫的“快进键”。不仅村里的农产品能及时卖出去，政府的扶贫政策也真正落了地。

5 年来，在程玉珍的带领下，刘寨村完成了易地搬迁，建起了 100 多座蔬菜大棚，成立了农业种植专业合作社，终于在 2015 年底整村脱了贫。

站在刘寨村的展板前，旧刘寨村的样子清晰可见。窑洞破旧不堪，土路狭窄不平，到处荒草丛生，一派萧条景象，与现在欣欣向荣的刘寨村形成巨大反差。

在中国贫困地区，像李颖、程玉珍这样的女干部既普遍，又有作为。与男性相比，她们的刚与柔更有感染力，往往能收到事半功倍的效果。“巾帼不让须眉”“妇女撑起半边天”在这场扶贫攻坚战中得到了充分印证。

（吕梦琦）

33. 贫困山区“居家打工”助脱贫

布料和织线成堆摆放，等待加工成服装；缝纫机一旁，半成品的黄色药包等待外翻；已经加工好的药包和服装，即将打包走向市场。

这不是加工厂，这是胡相容的家。

胡相容一家4口，如今住在县城。她的老家在贵州省习水县土城镇齐心村，山区条件较差，挣钱门路不多。2017年，她和丈夫到县城谋生。2017年6月，她辞去服装店工作，开始在家中上班。

家，成了工厂的一部分，岗位就在家中。公司提供布料、缝纫机，山区妇女经过短期培训，就可以加工产品。

“在家里既可以照顾两个娃娃读书，一个月又有3000块收入。”胡相容说。

地处中国西南的贵州，是目前全国贫困人口最多的省份之一。而今，在贵州部分贫困山区，像这样的“居家打工”模式，既助贫困山区群众脱贫致富，又解决留守老人、留守孩子问题。

在贵州省安顺市，农村妇女在家中加工适用于车内、家居的茶枕，获取收入。年过六旬的苗族妇女叶明芬，一年大约可以加工160个枕套，能挣1万多元。

在安顺，像叶明芬这样的妇女，有 1000 人左右。

近年来，贵州一些贫困山区引导企业“车间下沉”“技术下沉”，将原材料和设备送到农户家中，让没有能力发展产业的贫困户和行动不便的残疾人在家中实现就业。

中国改革开放以来，不少西部贫困山区群众为了改变生活面貌，要到几千里外的沿海发达地区务工。像贵州这样贫困偏远的少数民族地区，一家两三口人出去打工，在过去较为普遍。

而如今，随着经济社会发展和政府服务能力转型，群众在家也能实现“上班梦”。

对于习水县永安镇团结村贫困户邓泽珍来说，“打工”这个概念，在脑海中一直代表“出门到外地”。

2017 年 6 月，一家制衣厂给她送来一台缝纫机，还教会了她缝纫加工技术，在家里搞简单的服装加工，第一个月就收入 3000 多元。

邓泽珍一家 6 口，孩子在上学，丈夫外出打工，母亲年逾八旬。“上有老下有小，只能守着家过日子。”她说。

在中国大多数山区，以纺线织布为代表的传统农耕文化，在妇女群体中基础深厚。只要经过短期培训，她们就能熟练上手。

邓泽珍有信心，成熟练工后，一个月挣 4000 元，应该不会有问题。

习水企业家商会会长李彬介绍，初步统计习水县已有 3 家企业采取“送货上门”的帮扶形式，带动 200 多户贫困户脱贫。

（汪军　杨洪涛）

34. 侗乡“毕加索”用画笔“抹掉”贫穷

来自中国中部湖北省的熊庆华在朋友和邻居眼里曾是个怪人，但如今的他是一名靠艺术赚钱的农民。

“我不是毕加索。我是熊庆华，我有自己的风格。”41 岁的熊庆华说，没有任何讽刺的意思。

有点沉默寡言的熊庆华如果不是因为坚持不懈，就不会有今天。他住在永昌河村，6 岁时就开始对绘画产生兴趣。

“每个人都嘲笑我，说我只不过是一个农村男孩，没有任何理由去画画。”但他坚持了下去。

他临摹漫画书中的图画，一开始用钢笔画，后来用毛笔。

他上初中的时候，有一位“很厉害”的艺术老师说他“非常有才华，会成为一名伟大的画家”。

“在老师的鼓励下，我练习得越来越多，甚至在其他科目的课堂上也是如此。”熊庆华说。他的绘画技艺提高了，其他科目的成绩却下降了。

初三的时候，他决定辍学。“我发现课程很难，我也受不了写作业”，他说。“我对课程没有信心，只有绘画能让我有些自豪。”

不画画时，他也做一些农活。

“你为什么不学点技能呢？”其他村民问道。当然，他们说的“技能”不包括绘画。

媒人曾给熊庆华介绍过对象，但对方发现他总是画画，毫不客气地抛弃了他。

1999年，23岁的熊庆华爱上了傅爱娇。她是少数几个欣赏他的才华的人之一。

在他们第一个孩子出生后，傅爱娇让他出去挣点钱。熊因此跟着妻子到深圳找了份工作。

“我在装配线上工作，抛光金属片。”他说。“这项工作没有任何创造力，我觉得自己就像一台机器。我讨厌这样的生活，三天后就不做了。”

他告诉妻子，宁愿饿死也不愿做这样的工作。

“她对我大喊大叫，然后瘫倒在床上哭泣”，他说。“她越哭，我越下定决心要成为一名优秀的画家。”

他回到老家，再次拿起了画笔。“我开始描绘真实的风景和我看到的人。”熊庆华说。“如果你将自己看到的东西画下来，就会很棒。”

当他感到沮丧时，他会听流行歌曲来麻醉自己，把迈克尔·杰克逊的歌曲开到最大音量。

2009年是个转折点，熊庆华和以前的同学雷才兵在分隔18年后再次见面。

“我很惊讶看到他如此憔悴。”雷才兵说。

熊庆华带着雷到他的“工作室”。在那里，油漆和草图散落一地。

一幅画着黄色花田上飞过两个大风筝的画给雷才兵留下

了很深的印象。还有一幅画展示了一名蓝天下鞭打着拉车牛的男子。

“这些都是我们过去的场景。”雷惊叹道。

雷才兵在网上发布了这些画的照片，很快熊庆华就有了他的第一个顾客，一位来自上海的女士。

可熊庆华不是商人，所以雷才兵出面跟对方谈价，最终以5000元（约合750美元）卖出了五幅画，这也改变了其他村民的态度。“他们惊讶地发现一幅画可以卖到1000元。”他说。

2010年，熊庆华有了10个买家。他关于童年游戏的两幅画作以1万元的价格卖给了成都的一家画廊。

2015年，他与北京的一家画廊签订了合同，在那里他卖掉了大约200件作品。一些买家来自海外。他甚至还在北京著名的艺术社区798举办了一次展览。

尽管成功了，但熊庆华还保留着以前的习惯。他每天都不间断地工作，午饭只吃几口馒头。

“有人建议我找家公司或学校（去上班），但我只想提升自己的画技。”他说。

熊庆华发现他16岁的儿子在绘画方面也很有天赋，但并不怎么勤奋。“他喜欢玩网络游戏。他说画画没用，是浪费时间。”

（白旭　罗鑫）

35. 送女人进城当护工：山西吕梁开出扶贫“新处方”

在北京燕达养护中心，来自山西吕梁市石楼县裴沟乡21岁的崔杨利耐心地护理着老人。再过几天，她就将领到第一笔薪水。

2016年11月16日，她与557名姐妹一起乘坐大巴，分别到北京、青岛、呼和浩特等地从事护工工作，开始了崭新的生活。这是吕梁市一年多来向外地输送的第六批护工。

如今，年轻的崔杨利对未来充满期待。“在这里，我可以得到更高的收入，改变家里的贫穷。”她说。

与崔杨利相比，吕梁市第一批输送到北京的护工、42岁的王林娥，生活得到了巨大改善。虽然工作繁忙，但每月6000多元的收入，让她丝毫不觉得疲倦。

“我过去在家里只做家务，负担很重，却一分钱也帮衬不了，总觉得自己没用，但现在我两个月的收入就比过去我们家一年挣得都多。”王林娥说，外出打工让她开始重新看待自己，觉得更有尊严。

把农村妇女培训成护工，然后输送到外地打工，撑起脱贫“半边天”，这就是吕梁市开出的扶贫“新处方”。

吕梁山区十年九旱、土地贫瘠，很多地方亩产收入只有

100多元，是中国14个集中连片特困区之一。吕梁市至今仍有48万贫困人口，其中妇女占了近一半，而且都是深度贫困。

“要想让这些家庭顺利脱贫，必须要把家庭妇女的作用发挥出来，护工行业门槛低、收入高，是最适合她们的选择。”吕梁市扶贫办主任陈林强说。

2015年9月，吕梁市启动了山西省首个家政护理扶贫培训项目，成立了专门的护工实训基地，确定了5所合作院校，免费为贫困农民提供培训。为了保障就业，吕梁市还在北京、太原等城市设立了吕梁山护工联络部，并与多家家政公司、福利院签订了合同。

截至2016年底，吕梁市已培训护工8112人，实现就业3203人，月收入从3000多元到上万元不等。

“现在国内护工需求很大，一个贫困家庭有这样一个护工就能脱贫，她们在外面见识多了，观念也会发生改变，对贫困地区的未来发展也会产生促进作用。”吕梁市护理护工就业服务中心主任尹桂前说。

“十三五”期间，吕梁市将力争培训6万名护工，外输3万名，本地就业3万名，引导广大农村妇女积极参加脱贫。而为了改变当地对护工的偏见，吕梁市还邀请已经脱贫的护工回村交流经验，用实实在在的效果引导人们改变观念。

“我一个月挣6000多块钱，比很多体面工作的收入还高，有什么能比改变自己的贫穷更体面的呢？”王林娥说。

（吕梦琦）

36. “赤脚”教授用知识改变贫困农民的命运

灰白的头发、黝黑的皮肤、矮小的身材、粗糙的双手、浓重的方言……如果在中国西北农村的果园里遇到61岁的李丙智，你一定不会想到他是一位发表过25部专著的资深大学教授。

隆冬时节的午后，纷纷扬扬的雪花飘落在位于陕西西部的宝鸡市千阳县。李丙智喊上同事李高潮，冒着风雪从他工作的西北农林科技大学宝鸡千阳苹果试验示范站出发，去走访三合村44岁的贫困户景彦荣。

“李老师，2016年啥品种更适合市场？”

“行距3米5，株距1米。你家这6亩地是老果园，2016年在枝长、密度和品种上再做一些调整才有好收益。”

一个大学教授和一个农民，因为“精准扶贫”的苹果话题，在风雪天的地头热切地聊个没完。

“我很乐意将科研成果这样零距离传授给农民，帮助农民脱贫是我们的职责。”从2012年开始，李丙智担任千阳苹果试验示范站首席专家，重点进行苹果矮砧集约高效栽培技术的示范推广。他每年有近300天的时间待在千阳，妻子这两年也来到千阳，支持李丙智全身心投入到农业技术推广工作中。

苹果试验示范站有另外一个名称，叫“田间大学”。作为示范站的首席专家，李丙智带领团队组建的这所“田间大学”，2016 年组织了 30 多场次的培训，给当地 8000 多农民送去“新手艺”。

景彦荣的妻子乔秀英就从“田间大学”拿到了中级专业技术证书，李丙智笑称：“你这就算是大学毕业了。”而乔秀英则有些羞涩地说：“你是我们大家的老师。”

刚刚过去的 2016 年，对这个千阳县的贫困家庭来说非同寻常：家里的苹果产量从过去的每亩 1000 多斤提升到现在的 4000 多斤，一年能带来近 5 万元的收入；通过两个孩子的参与，夫妇俩第一次“触网”，将自家的苹果卖到了四川、湖南、山东等地。

“教授到田头，博士走乡间”成为中国西北农村新景象。如今，西北农林科技大学结合陕西及西北区域农业主导产业发展需要，建立了苹果、红枣、甜瓜、核桃等 25 个试验示范站和 40 个示范基地，在带动当地农民增收致富方面发挥了重要的作用。

陕西省清涧县双庙河乡枣农惠国海和白水县林皋镇可仙村果农曹谢虎是试验站指导的科技户，在试验站专家的帮助下其生产水平不断提高，收入连年稳步提升，成为当地有名的“土专家”。

在千阳县南寨镇南寨村，由镇村共同投资建设的 80 亩矮砧苹果示范园已平整好土地，搭好了苗木架，村里 70 多家贫困户每户出资 2000 元就可以认领 1 亩地。在示范站的指导下，来年果园就可以挂果创收。

“精准扶贫需要投资少、见效快的项目。”李丙智说，“今年，我们要在苗木培育上下功夫，可以帮助农民把每亩投入成本减少一半。”

（沈虹冰　许祖华）

37. “水上讲习所”助农民脱贫

20世纪20年代，中共的革命先驱在广西边远山区兴办农民运动讲习所。他们宣传革命理论，进行军事训练，开展武装斗争，为此后的百色起义胜利以及革命根据地的建设奠定基础。

90多年后，在百色市隆林各族自治县的一座水库上出现了“水上讲习所”——上百名渔民坐在自家渔船船头，听党员干部用当地话讲述新时代新思想。不仅如此，“水上讲习所”也是渔民们学习养殖技术实现脱贫致富的课堂。

位于隆林西北部的天生桥镇水库地处滇、黔、桂三省（区）交界，以壮、苗、仡佬为主的少数民族占当地人口的大多数。水库周围住着6000多村民，以船为家，靠水生存。

从山上远望，水库中漂浮着渔民养鱼的大小网箱，把碧绿的水面装饰得犹如棋盘。

水库中央搭起的一座红顶小屋格外醒目，这便是“水上讲习所”。每有宣讲，渔民就驾渔船而来，停靠在讲习所旁。有的渔民胸前佩戴党徽，有的穿着民族服饰；有满头白发的阿婆抱着小孙女，也有农妇边听边织布，还有人一直拿着笔在记录。

在“水上讲习所”之前，每次进行宣讲时，乡镇党委都是通知百姓从水库赶到乡镇政府的会议室。因为路远，还耽误生产，来参加宣讲的人不多，效果也不好，老百姓还不满意。

“百色是‘老、少、边、穷’地区，当地渔民吃住都在船上，流动性大，接触外界信息不灵通。”天生桥镇党委书记刘剑说。

2014 年，乡镇党委把讲习所搬到水库——渔民身边。此后，水上宣讲几乎每月都有，每次大约 40 分钟，停靠的渔船一般有二十几条。

“我们过去坐在讲台上，现在主动走到老百姓中间，宣讲党中央的政策和脱贫致富的技术，很受欢迎。”刘剑说。

离开讲台站上渔船的宣讲人，与渔民沟通的方式也接地气了：语言从普通话变成了桂柳话和壮语，外乡人听不懂，但当地老百姓却听得津津有味；厚厚的理论读物被“翻译”成了通俗易懂的语言；宣讲人不再照本宣科“做报告”，而是增加实例和互动，为百姓了解政策答疑解惑……

在最近的宣讲中，刘剑重点介绍了“乡村振兴战略”“建设美丽中国”“支持和鼓励农民就业创业”等十九大报告中的“三农”政策。他还向渔民解释当地政府出台的脱贫指标，以及申请医疗保障的好处。“把抽象概念通俗地解释，让老百姓尽早了解政策。”他说。

在“水上讲习所”，宣讲人大多脱稿发言，声音洪亮，并多有手势配合，很会调动气氛。渔民也听得认真，“抬头率”将近 100%。由于内容生动，贴近生活，渔民们不时发出笑声。

讲习所也是普及养鱼知识的课堂。建水电站前，大部分村民是种植水稻、玉米的庄稼人。由于水库建设，农民没有了土地，转而成为渔民。但起初大家并不懂如何养鱼，导致鱼病频发，渔民损失巨大，还给库区造成了污染。

时忠语是隆林县畜牧局水产技术推广站的技术员。他和同事每年要进行三四次水上讲习。“过去渔民养殖相对零散，规模小，且缺乏知识和培训。”他说。

在他看来，水上讲习所讲授知识更加直观，可以现场指导。比如每到冬季气温低时，他就告诉渔民降低渔网密度，喂食不要太饱。他甚至可以在现场示范喂食量，这是过去在会议室里给渔民讲课时无法做到的。

水上讲习很见成效。天生桥镇的渔民从 2012 年的 15 户人家，发展到现在的 200 多户。通过网箱养鱼，渔民年人均收入从 1000 多元提高到 1 万多元。

隆林各族自治县共有 31 个讲习所，水产养殖成为当地支柱产业，2016 年已有两个贫困村脱贫。

毗邻越南的广西各地，“因地制宜”建立起各种特色讲习所，并采取诸如小品、快板、山歌等文艺表演形式宣讲中共的民生惠农政策，用当地百姓听得懂的语言解释国家大政方针。

刘剑说，为提高讲习效果，当地还将从少数民族干部、致富能人中抽调人员，扩充讲师队伍，有针对性地设计讲习内容。

（袁全　曹祎铭）

38. 护鸟让贫困村走向繁荣

这是观鸟爱好者苏国民第一次到广西弄岗观鸟点拍摄。在为期3天的行程里，他有十足把握拍出精彩的作品，这多亏了当地村民的帮助。

弄岗村村民为他提供了接机、住宿和餐饮等服务。更为重要的是，村民们可以带他走到深藏于广西龙州县森林间不为人知的绝佳观鸟地点。

来自广东的王国庆刚刚退休不久，他说："弄岗在我们观鸟爱好者圈子里很有名气，在这里不仅能拍到珍稀鸟类，而且村民提供的观鸟服务也帮了大忙。"

弄岗村地处中越边境，毗邻弄岗国家级自然保护区，这里栖息的鸟儿有几百种，吸引着越来越多的观鸟爱好者前来一饱眼福。

2008年，广西大学鸟类学家周放和他的学生蒋爱伍在弄岗发现了一个新鸟种，并将其命名为弄岗穗鹛。从此之后，弄岗观鸟胜地的名声就渐渐传开了。

拳头大小的弄岗穗鹛全身大部分为深褐色，胸前有白色斑点。当地发现的弄岗穗鹛数量不超过2000只，它是已被列入国际自然保护联盟物种红色名录的近危物种。

当地村民以往都是靠种植甘蔗来维持微薄的收入，然而观鸟爱好者的到来为村民带来了商机，他们的生活也因此发生了改变。

自 2014 年以来，村民农伟宏开设的客栈每年收入超过 10 万人民币。而在这之前，他家每年务农的收入只有 2 万元左右。

每天清晨和下午，农伟宏和他的母亲都会把小虫放在他家旁边林子里的一块大岩石上。农伟宏也是弄岗国家级自然保护区的一位护林员，他说："这个地方每天都会有数十种鸟类前来觅食、洗澡。"

农伟宏家的房顶就是一个理想的观鸟点，在这里还可以看到黄黑相间的珍稀鸟类——冕雀，每天都有大批的摄影师来这拍照。

村民蒙振海做全职"鸟导"已有三年时间了。他发现了三个绝佳的观鸟点，能拍到白翅蓝鹊等珍稀品种。

像蒙振海这样的鸟导们还会用独特的口哨声把鸟儿吸引过来，这也为观鸟者节省了不少路途上的时间。

2017 年"五一"劳动节的那天，孟振海就靠当"鸟导"挣到了 4000 多元。

目前，弄岗村发现了 20 多个观鸟点，有全职专业"鸟导" 18 人，开设客栈 10 多家。共有 57 家贫困户参与提供观鸟服务。

2017 年到弄岗观鸟的人数有 8000 多人，是 2016 年的 4 倍。

如今村民们把鸟儿视为珍贵的财富，而在几十年前，不少村民打鸟、吃鸟，甚至是贩卖珍稀鸟类。

村民黄远程说："当时山里穷啊，有句话说'靠山吃山'，打几只鸟来吃对我们来说和杀鸡宰羊是一样的。"

新兴的观鸟产业改变了村民对鸟类的认识。农伟宏说："现在我们知道了，森林和鸟儿是我们的金山银山。我们要爱护每一棵树，呵护每一只鸟，这也是为我们的后代着想。"

（王若遥　张周来　曹祎铭　周华）

39. 救猴先救人

现年 81 岁的中国传奇动物学家潘文石认为，他成功拯救濒危动物白头叶猴的秘诀不仅仅在于他热爱动物，也在于他热爱人类。

20 年来，他与北京大学的团队致力于从人类手中拿回白头叶猴的栖息地，使其曾经急剧下降的种群数量稳步恢复。不过，他的方案不是强制驱逐村民，而是提升他们的生存质量，让他们与白头叶猴变为朋友，而非争夺资源的敌人。

这种头顶标志性白色冠毛的叶猴是世界上最濒危的 25 种灵长类动物之一，也是中国独有物种。

赤贫

潘文石以早年对大熊猫研究的卓越贡献被称为“中国大熊猫之父”，随后他将学术重心转至白头叶猴，于 1996 年来到广西崇左的喀斯特深山潜心研究。

“我想探索动物社会向人类社会发展的演变。”他说，人猴共生的崇左无疑是绝佳选择。

起初，他在弄官山脚下寻得三间弃屋作为基地。在那里，他搭土灶煮水，睡在草垫上。

潘文石很快发现：猖獗的树木采伐、草地火灾和采石业摧毁了白头叶猴的栖息地，导致它们在20世纪90年代几乎绝迹。问题根源明确：极端贫困迫使村民以当地环境为代价过活。

“除了小块贫瘠土地，他们一无所有。”他说。

潘文石曾雇用一位当地农民做助手。一天，潘文石把从北京带来的点心给他，作为送给他孩子们的礼物。第二天，潘文石问：“孩子们喜欢点心吗？”农民不好意思地回答：“实在太饿了，点心被我在路上吃了。”

潘文石十分震惊，一个成年人竟然抵挡不住一包点心的诱惑？来到这位农民的家后，潘文石才明白原因——一盆稀粥就是全家八口人一天的食物。村里的其他家庭也遭受着同样的饥饿威胁。

经过深入的入户拜访，他还了解到，村民们赖以生存的水源任由牲畜粪便污染，村里许多男性患有肝脏疾病，妇女则深受宫颈癌之害。

村民需要生存而别无他选，所以他们砍伐野生植物，从山上取石，残酷对待白头叶猴。一些村民杀死叶猴，炮制成药酒治病。甚至，一张电影票便可以换到两只猴。

潘文石意识到，如果村民生活没有改善，那么白头叶猴很快就会灭绝。“如果我们延迟100或200年研究叶猴，也不算太晚，但是如果不先拯救村民，猴子的栖息地就会彻底毁灭。”他说。

救人

首先，他鼓励村民使用沼气替代柴火，恢复当地植被。

2000年，他用美国福特基金会给他的10万元环保奖金在邻近三个村庄建造了沼气池。随后，他从中央政府和其他捐助者处筹得214万元，为弄官山周边14个村庄1800多户家庭全部设置沼气池。

之后，他四处奔走，呼吁当地政府积极解决农民温饱问题，用种植经济价值较高的甘蔗取代原先的水稻、杂粮，并劝诫村民为保护环境和降低成本减少使用农药。当地村民平均人均收入从1996年的不足400元涨到2015年的6000多元。

此外，20年来他从海内外友人、私营公司和政府等处筹集1370万元，建立了一所小学、两个诊所、三个饮用水项目和一条两公里长的村道，并设立了一个生物博物馆、一个教育中心和一个以白头叶猴为特色的生态公园。

伴随村民生活越来越好，山林也渐渐葱郁，白头叶猴种群蓬勃发展。崇左的白头叶猴数量从1996年的96只上涨到现在的800多只。

潘文石说，“世界上有很多濒危物种，但并不意味着它们的末日已经到来。只要我们给予它们足够的时间和空间，他们就可以恢复。白头叶猴就是一个成功案例。”

（王若遥　熊红明）

40. 从免费午餐到社会赋能：联合公益在行动

7岁的强子（化名）每天走两个小时崎岖的山路，才能到达学校，但他依然喜欢上学，一个重要原因是“能吃到免费的午餐”。

强子说的是“免费午餐”计划。该计划2011年落地湖南省怀化市新晃侗族自治县前，很多贫困山区的孩子，中午常常以水充饥，这意味着从早上6点到下午4点，他们经常吃不到一口饭。

在中国农村贫困地区，6岁以上接受义务教育的学生普遍吃不到营养午餐。

曾供职于媒体的邓飞对乡村儿童的午餐困境感到震惊。2011年，他联合500位记者、中国数十家媒体和中国社会福利基金会发起“免费午餐”基金公募计划，倡议为贫困学童提供免费午餐。6年来，该计划已募款2.7亿元，在26个省区市的700多所学校开餐，受惠人数超19万人。

“一方面我们与县级政府联合，筹资补给那些不能完全开展热食午餐的学校；另一方面，我们还对缺少成熟帮扶政策的学龄前儿童开展‘免费午餐’项目。”邓飞20日在“免费午餐”六周年发布会上说。

2011 年 5 月，为了让“免费午餐”计划更好地惠及新晃乡村的孩子们，邓飞团队和新晃县政府一起建立了“新晃模型”——一份 3 元午餐中，政府出 1 元，负责厨房建造和午餐执行；公益组织出 2 元，负责传播、筹款和监督。

6 年来，免费午餐覆盖了这个省级贫困县所有山区腹地的教学点、村小、农村公办幼儿园。

新晃侗族自治县副县长姚海燕说，如今，学生们的营养好了，也爱学习了，我们的教学成绩已经位居怀化市的领先行列。

“免费午餐”只是中国贫困乡村儿童生活链条上的一环。在开展“免费午餐”行动的数百所学校里，孩子还面临其他一些困难。

“因为家庭贫困，父母不在身边，很多孩子生病得不到及时救治。农村家庭存在因病致贫、因病返贫。”邓飞说，发起中国乡村儿童大病医保公益基金，旨在通过购买商业保险的方式为孩子们找到救命钱，“让乡村儿童能有尊严地病有所医”。

大病医保基金让众多农村儿童在新型农村合作医疗和国家大病医保基础上，又多了一份医疗保障。

据项目首个试点县湖北省鹤峰县副县长熊敏介绍，大病医保基金确定了政府、家庭、社会医疗在患儿医疗救助中合理的负担比例，为乡村患儿提供医疗保障，使政府、公益、公众等多种社会力量有机结合起来。2012 年 7 月至今，仅在鹤峰县，就已挽救 400 多个患儿家庭。

随着“免费午餐”、大病医保项目的成熟，邓飞一边忙着复制推广项目走进更多贫困地区，一边思考并实践了一系列新的公益项目，比如帮助贫困地区学童募集生活、学习所用物资的暖流计划，提升城乡儿童自我保护意识和能力的“儿童防侵”项目，为贫困地区上学路途遥远的中小学生提供可移动、智能和模块化宿舍的“会飞的盒子”，帮扶单亲失依孩子的“拾穗行动”，还有帮农产品出村、提高乡村家庭收入以便让留守儿童父母回家的“e 农计划”。

几年来，从免费午餐到“e 农计划”，邓飞团队逐渐开展的一系列公益项目，尝试联合政府、爱心企业等多方资源，针对乡村儿童的多种需求来解决实际困难。

“公益组织不会代替政府去治理社会，但政府、企业、公益联合起来，就创造了社会赋能的模型。”邓飞说，“我们在新晃县、鹤峰县的成功经验是最好的证明，相信这一模式也能在中国任何一个贫困县生根发芽。”

在地图上，把新晃、鹤峰连线在一起，会发现恰是一个武陵山片区，也就是中国 14 个连片特别贫困地区之一，覆盖湖南湘西、张家界，湖北恩施州，贵州省贵阳市、铜仁市，重庆东南地区等 71 个县的 3600 万人口。

中国现有标准下 7000 多万贫困人口全部脱贫是第十三个五年规划（2016—2020 年）的目标之一，但如何实现精准扶贫对每一个县级地方政府都是重大考验。

姚海燕认为，社会力量撬动政府资源，或者政府联动社会力量开展扶贫，都是为了提升地方的经济社会发展水平，改善百姓生活。“政府与公益组织都有着共同的目标，那就是关注民生需求，因此政府要保持开放的心态。”

“孩子在哪里，我们就到哪里去。我们的公益目标是希望赋能当地政府和社会，让本地人的问题由本地人解决，实现社会的自我治理、自我发展和自我成长。”邓飞说。

强子是这场社会赋能行动的直接受益者。如今，他不仅有了营养午餐、覆盖大病的医保，而且他的父亲也因为参与“e 农计划”的农产品开发项目而回到了他身边。

（刘伟）

41. 消灭贫困"从娃娃抓起"

从北京到云南楚雄彝族自治州大姚县三台乡三台中学支教的余润涵，还记得学期之初，收到学生的一张小纸条，上面写着："老师，我已经一个多月没听过普通话了，现在听到就头疼。"

她恍然大悟，放完暑假的孩子们为什么对新老师精心准备的教学兴味索然：三台中学的学生绝大多数是彝族，平时交流都用彝语，对普通话的理解比较困难，自然也提不起学习兴趣。

在这样的民族贫困地区开展教育，23 岁的余润涵觉得是"一种挑战"。

三台中学学生面临的窘境，是中国贫困地区儿童发展遭遇的诸多困难和挑战之一。在推行全面深化改革的当下，中国政府渴望通过切实可行的具体措施来缓解和解决这些问题，让广大儿童享受更多福祉，让贫困不再代代延续。

国务院办公厅近日印发的《国家贫困地区儿童发展规划（2014—2020 年）》，明确了以健康和教育为重点，对集中连片特困地区 680 个县的农村困难家庭儿童给予从出生开始到义务教育结束的关怀和保障。

"这是促进贫困地区儿童发展的关键之举，也是切断贫困代际传递的根本途径。"中国社科院农村所研究员党国英说。

根据发展规划，其主要任务包括新生儿出生健康、儿童营养改善、儿童医疗卫生保健、儿童教育保障、特殊困难儿童教育和关爱等方面。

改革开放以来，中国儿童发展水平明显提高，但总体上看，儿童事业发展还不平衡，城乡儿童“成长鸿沟”客观存在。目前，中国集中连片特困地区儿童约4000万人，其健康、教育水平明显低于全国平均水平。

党国英表示，当前中国不少贫困人群由于在成长阶段教育缺失，长大后难以拥有足够的知识和技能摆脱贫困。儿童健康和教育不仅是私人问题，也是公共领域问题。

根据规划，中国将推动各地制定义务教育阶段学校标准化的时间表、路线图，解决农村义务教育中寄宿条件不足、上下学交通困难、基本教学仪器和图书不达标等突出问题。

余润涵选择阅读作为她激发学生兴趣的切入点。“工作一学期以来，我发现许多学生不喜欢上学，每年只有约40名学生考上高中，其中还有不少人放弃继续就读，选择回家务农或外出打工。”余润涵说，学生的“厌学”情绪一度令她感到苦恼。

为了帮助孩子们“看见”外面的世界，余润涵尝试在班级成立图书角，这也让她收获意外的惊喜。

“这里的孩子虽然不爱上学，但喜欢看书。我募捐了一些旧书籍、旧杂志，每次一放上书架，很快就都被借走。初中生里不乏一些调皮好动的孩子，但在阅读课上，教室里比平时要安静得多。”余润涵说。

她认为，如果能及时培养儿童爱好阅读的习惯和兴趣，将来即使他们离开校园，也能具备基本的自学、思考能力，而国家层面的规划将为贫困地区儿童提供更多的保障。

教育专家指出，对贫困地区儿童健康的关心是这一规划的另一大亮点。毕竟，拥有健康的体魄，是成为身心健康公民的前提条件。

规划要求，改善贫困地区婴幼儿营养状况，倡导 0—6 个月婴儿纯母乳喂养，扩大贫困地区困难家庭婴幼儿营养改善试点范围；完善农村义务教育学生营养改善工作机制，切实加强资金使用和食品安全管理；提高儿童营养改善保障能力，建立儿童营养健康状况监测评估制度。

国家卫生计生委的数据显示，中国儿童营养状况存在明显的城乡差异和地区差异，特别是贫困地区的农村儿童营养问题更为突出。农村地区儿童低体重率和生长迟缓率为城市地区的 3 至 4 倍，而贫困地区农村又为一般农村的 2 倍。

按照规划，到 2020 年，贫困地区 5 岁以下儿童生产迟缓率降低到 10%以下，低体重率降低到 5%以下，贫血患病率降低到 12%以下。

北京师范大学教育学部教授辛涛表示，这是扶贫工作的继续深化，对儿童成长的薄弱地区、薄弱环节进行具体规划，在国家层面通过政策调控的方式，有针对性地解决贫困地区儿童成长的问题，这符合教育公平的本意。

21 世纪教育研究院副院长熊丙奇指出，规划落实的关键点是经费保障，建议加大转移支付力度，在基础教育方面加强省级财政统筹。

（谭喆　张芽芽　刘奕湛）

42. “豆腐西施”扶贫记

42岁的石清香是“坪朗豆腐”的第四代传承人，被当地人称为“豆腐西施”。西施是中国古代的一位美女，但石清香并不是因为美貌获得这个称号的。

石清香的家乡在坪朗村，这个距离湖南湘西土家族苗族自治州首府吉首市20多分钟车程的苗寨依山傍水，民居仍保留青砖黑瓦、飞檐翘角的古朴造型，有“湘西苗族风情第一寨”的美誉。

坪朗村有的不仅是美景。清代，坪朗豆腐因其独特的口感为人称赞，成为“名品”。《湘西州志》记载，清雍正年间，清政府在苗区实行“改土归流”，沟通苗汉交易，引进和推广汉族地区的生产技术，此时湘西开始有黄豆种植与豆腐制作工艺。

坪朗豆腐“后来居上”。石清香81岁的父亲石光耀说，他祖父的时候，坪朗因峒河水利资源，曾是官道必经之地，很多人路过时都会点名要吃坪朗豆腐。

如今，坪朗还在做豆腐的家庭已屈指可数，仍坚持手工制作的作坊仅有石清香一家。

坪朗豆腐有名，在于制作技艺独特，讲究原料，手工传承限于坪朗村内，有限的传承范围确保了制作工艺的严谨。选料、脱豆皮、浸豆、磨浆、泡浆、洗浆、煮浆、点卤、包豆腐以及压豆腐，缺一不可。

“用料、磨浆力度、泡浆时间都有讲究。”石清香说。

坪朗豆腐之所以有“坪朗味道”，最重要的因素在水。本地青豆与村后大山中涌出的山泉水结合，让豆腐口感爽滑、嫩而不散。

“我们的豆腐有弹性，不蘸任何调料吃，都香甜。”她说。

20 世纪 50 年代初，当地政府决定在矮寨设第二行政区，将过去因水路盛极一时的坪朗集市整体迁往矮寨。没了集市，沿河筑起的拦河大坝又终止了水运，坪朗村一下陷入沉寂。

村里还是有人在做豆腐，但更多只是自给自足。

20 世纪 90 年代末，随着改革开放的深入，务农不再是苗区百姓第一就业选择，越来越多农民外出务工。

“人生有三苦，撑船、打铁、磨豆腐。”石光耀说，磨豆腐收入低，年轻人不愿意做。

坪朗村一度几乎没人做豆腐了。石光耀的四个儿女也纷纷外出务工，最后一个离开家的是老幺石清香。但石光耀舍不得从父亲手中接过来的石磨，每当过年儿女回来时，还是会磨豆腐给他们吃。

2009 年，石清香用多年打工攒下来的积蓄和丈夫在吉首开了家餐馆。她知道父亲对豆腐的执着，同时也忘不了儿时的味道，抱着试一试的态度将祖传工艺做的豆腐作为餐馆主打菜。

没想到反响出奇好。“有人排队几个小时就为了吃一口豆腐。”石清香笑着说，那时，她萌生了要把“坪朗豆腐”品牌做起来的想法。

她的这个想法直到 2011 年省里联合驻村扶贫工作队的到来才得以真正落地。

时任驻村扶贫工作队长罗正茂说，工作队进村后看到村里的自然环境，又听说了石清香家的故事，决定打造“坪朗豆腐”品牌并结合乡村旅游，帮助当地百姓脱贫致富。

在工作队的推荐下，石清香和父亲一起带着家中的百年大石磨参加了 2012 年在长沙举行的年货博览会，现场展示“坪朗豆腐”的制作工艺，深受欢迎。“原本打算花一周时间卖的豆腐，第一天就被抢购一空。”石清香回忆说。

不少客人留了石清香的电话和地址，她活泼爽朗的个性令人印象深刻，媒体和顾客纷纷称她为湘西“豆腐西施”。

有了这次在外地销售的成功经验，石清香对打造“坪朗豆腐”品牌更加有信心了。在工作队的帮助下，村内饮水工程全面完成，山泉水顺着水管流入每家每户，做豆腐再也不用上山挑水了。

精准扶贫的深入推进更为“坪朗豆腐”品牌的打造添了一把火。湘西确立了以乡村旅游助推精准扶贫的发展思路，并加大对各个传统村落和非遗保护的力度。

乘着这股东风，2013 年，“坪朗豆腐”制作技艺被列为吉首市第四批民族民间传统文化保护名录，石光耀被评为项目传承人。村里也修好了供游客游玩的跳岩、步道等设施。

次年 12 月，石清香带头成立专业合作社，为弥补鲜豆腐量小、保存时间不长的短板，又主打了可密封保存的豆腐干和熟食等产品，以“公司 + 合作社 + 农户”的模式，带动村里 30 多人参与，其中 20 户为贫困户。

2017 年，石清香卖豆腐的纯收入达 80 余万元，为村民分红 8 万元。如今，石清香不仅有了“非物质文化传承人”称号，还成为湘西州和吉首市的人大代表。

“以前别人叫我‘豆腐西施’，我觉得不好意思。但现在我觉得这个称呼是大家对我的肯定，我要努力对得起这个称呼。”石清香说。

（张玉洁　高文成）

43. 中国农村“借鸡生蛋”

你想要免费的鸡苗吗？这不是骗子的把戏，而是中国革命摇篮延安市的一种扶贫模式。现如今，该模式已经帮助数百贫困家庭脱贫。

对于53岁的张春谱来说，今天的生意和15年前大不相同。他再也不用趁着夜色偷偷潜入农户的院子里，放下鸡苗，拔腿就跑。

通过他的“借鸡生蛋”项目，农户可以免费租到鸡苗，然后通过二海家禽散养专业合作社，将绿色鸡蛋卖到大城市。

过去十年，“借鸡生蛋”项目已经帮助了延长县生活在黄土沟壑中的800多户贫困家庭。之前，他们人均年收入不足2500元。

2003年，张春谱看好“土鸡蛋”的市场行情，想自己养鸡，就弄了6000只鸡，放到山上养。但养鸡比他想得难，绝不是散养在山上那么简单。

“没想到这些鸡把半架山的草都吃光了。它们互相斗殴，最糟糕的是还不下蛋。眼看就要赔得一塌糊涂。”张春谱说：“我不能看着它们活活饿死。”

他只能找亲戚朋友、乡里乡亲，挨家挨户送鸡。其中，大部分人却不愿意接受，觉得这是居心叵测。有时，他不得不把鸡扔在人家院子里就走。

刘学金是十多年前为数不多的愿意接受张春谱鸡苗的人。刘学金家曾经是村里的贫困户，老伴患病，3个儿女年幼，只靠他一人种地。

家里除了空荡荡的窑洞几乎没有什么收入，但还离不了人照看，刘学金不能跟别人一样外出打工；想搞点养殖，却连几百块钱也拿不出来，日子眼看过不下去。

当时他接收了50只小鸡。鸡生了蛋，每个蛋上门收购价1元。第一年这些鸡就为刘学金带来了几千元的收入。

“虽然都说借鸡生蛋，但我当时想世上还真有这样的好事？”刘学金说。现在，刘学金家的果园里已经“入住”了150多只鸡。养鸡每年能给刘学金带来2万至3万元的收入，远远超过2500元的脱贫标准。

每周，合作社的工作人员上门来收鸡蛋，照标准拣选，包装后打上商标，运送到400多公里外的省会城市西安。

张春谱说：“越来越多的城里人喜欢健康食品，散养鸡的肉和蛋在大城市是紧俏货。”农户的庭院、果园、荒山，都能作为“养鸡场”。这样散养的鸡，吃的是南瓜、白菜和昆虫。

扣除成本，每个鸡蛋合作社的纯利润仅为0.1元，农户赚0.15元。在鸡蛋方面，合作社最大限度地让利于农民。

张春谱坦言，合作社要扶贫，但也要生存发展，这就需要赚钱。合作社最大的赢利点并不是鸡蛋，而是鸡。

他借给农户的，是两个月大的鸡苗。两年半后，鸡过了产蛋高峰期，合作社负责回收，免费给农户更换新鸡。合作社每

50 只鸡回收 35 只，剩下的鸡就是农民的。这期间，农民不仅能靠鸡蛋挣钱，养得好的人家，还能落下数目不等的鸡，这几乎是“无本的买卖”。扣除损耗和各环节成本，一只鸡合作社最少赚 30 元。

“养鸡不需要很高的技能和很大的劳动量。对于没有受过教育或者身体残疾的农民来说，很容易挣钱。”他说。一只鸡每年的纯利润就是 100 元，一个农户只要养 50 只鸡每年就能有 5000 元的收入，就能脱贫。

中国的贫困人口中，劳动能力弱、体力差、身体有残疾、因各种原因无法外出打工等，这样的弱势群体并不在少数。据延安市老区扶贫开发局统计，延安的贫困人口中的 60%都是此类情况。

如何让最难扶持的人口脱贫，是横亘在地方政府面前的一道难题。

“‘借鸡生蛋’模式恰好破解了这一问题。合作社需要产品的稳定供给，农户需要把自家的苹果、鸡蛋、小杂粮卖向市场，这样的结合互补短板，让产业链条完善起来，夯实了脱贫的基础。”延长县副县长张明说。

中国计划到 2020 年全面建成小康社会。各地政府都在寻找或创造不同的方式，来实现这个共同目标。“借鸡生蛋”项目就是他们需要的。

为了鼓励和扶持合作社扶贫，延长县政府还设立专项资金，实施“以奖代补，双向激励”政策。合作社每带动 1 户贫困户脱贫，县政府就以奖代补 1000 元，并落实扶贫贴息贷款给予扶持；同时根据发展产业类型给贫困户补助 1000 至 3000 元，激励合作社与贫困户建立利益联结机制，带动贫困户发展产业。

延长县在册的贫困户 20038 户，截至 2016 年，已有 19667 户实现脱贫，贫困发生率由过去的 12% 下降到 0.26%。

“更多的人将通过我的这个项目脱贫。”张春谱承诺说。他的目标是，在 3 年内把社员养鸡的数量从 7 万只扩大到 30 万只。

（程露　姜辰蓉　李勇）

44. 千年稻花鱼有了“新任务”

夏秋交替的八九月间，是地处湘西的怀化市辰溪县收获稻花鱼的时节，在这片青山秀水中，稻田养鱼的传统已延续千年。过去，稻花鱼是满足当地人味蕾的一道时令美味，现在，稻花鱼有了自己的扶贫“新任务”。

每年水稻插秧时，农人会投下一批当地原生品种“健鲤”的鱼苗，由着它自然生长。等稻子黄了，鱼儿吃下飘落的稻花后，便可起鱼。健鲤一般长到三两，最多半斤，鲜鱼可煮汤、生煎或干烧。吃不完的，可加盐和料酒腌制两个钟头后再蒸半小时，最后用木炭和米糠烘烤，制成可存放一年的鱼干。

长田湾乡方家湾垸子 60 岁的贫困户方万伍用这样的方法养了、吃了大半辈子稻花鱼，从没想到还能靠它挣钱。两年前的一天，村干部带来的“十几个开着车的城里人”，跟他商议后便跳入田里捉起鱼来。那天，城里人捉了 200 斤鱼，老方得了 5000 元现金。前几天，为了方便客人捉鱼，老方提前在田里开了沟，还做了栅栏，把馋鱼的鸭子拦在田边。这一次，捉走的 400 多斤鱼给老方带来了 8000 多元收入。

同乡的张忠愿在前年成立了合作社，吸纳一百多户贫困家庭参与。游客们捉不完的鱼可以按每斤 18 元的保底价全部交给他，一部分供应给定点餐馆，一部分送往水产市场，剩下的按古法制成鱼干。“四斤鲜鱼出一斤鱼干，2017 年我们以每斤 128 元的价格在网上卖了 5000 斤鱼干。”张忠愿说。他们还通过电商以每斤 15 元的价格卖出 1.6 万斤稻鱼米。

今年 2 月，辰溪稻花鱼获得国家地理标志产品称号。辰溪人知道，这鱼之所以能“担负”扶贫重任，在于保持了千年的原生态养殖方式和独特的养殖环境。县农技推广中心主任黄世聪介绍，为此，全县不仅划定了 5 个高山瑶乡核心养殖区，还制定了专门的养殖技术规范。

“一亩田的鲜鱼产量不能超过 80 斤。”田湾镇选场村贫困户张茂根说，村里禁止大家投饲料和其他鱼苗，更不许往田里打农药。“哪个要是违反了，不仅要被罚款，还会被取消卖鱼和接待游客的资格。”张茂根说。

辰溪县在全部 8 万亩稻花鱼稻田中，创建了 66 个百亩集中连片示范基地，其中有 51 个位于贫困村，带动近 3 万贫困人口受益。“稻花鱼的规模不会一味扩张，但产业链却可以延长。”辰溪县委书记杨一中介绍，“除了扶持电商和加工，‘捉稻花鱼、吃农家饭、看田园景’的乡村旅游模式才是辰溪稻花鱼的核心价值。”

2017 年，第一届稻花鱼文化节吸引了 15 万人来辰溪旅游，今年节日期间，光田湾镇就接待了 6 万人。看到捉鱼的游客在田里玩得不亦乐乎，张茂根和乡亲们知道，这条鱼一定能带着大家“游向”脱贫致富的新生活。

（周勉）

45. “魔术村”脱贫记

作为抗日战争时期重要的军事基地，位于中国北方山西省太行山深处的李峪村，曾以自制地雷而闻名。

每个中国学生都熟知李峪村的故事：村民王来法因为制造并铺设了数百枚地雷，奋勇击退日本侵略者，被朱德授予“地雷大王”的光荣称号。

70年过去了，李峪村正面临另一场“战斗”——要战胜贫困。跟前一次相同，这次的“战斗”也充满了砰砰响声、闪光和惊喜元素，但这一次，它是魔术！

2009年初，当村支书王竹红正挖空心思寻找能让村民增收的办法时，他看到了台湾魔术师刘谦在春节联欢晚会上的表演。节目开始前，几乎没人知道刘谦是谁，但一夜之间，他成了家喻户晓的明星。

“我过去真没想到，一个魔术师能‘火’到这种程度、挣这么多钱。”王竹红于是萌发了把李峪村打造为中国“魔术村”的念头。

面包与马戏团

一分耕耘一分收获，面包不会凭空变出来。在过去6年里，王竹红带着村民一起走过一段“奇幻旅程”，同时填满了他们的钱包和肚皮。

在很小的年纪，王竹红就对街头魔术表演和马戏表演感兴趣。通过电视节目和互联网搜索，他学到了一些魔术技巧，但仅仅停留在爱好，从没考虑过可以用这来做其他事。

说服村民用魔术谋生并非易事，甚至还遭受了阻力，特别是村长的反对。她认为魔术表演“不体面、令人尴尬”。

“他们说表演魔术的收益还比不上种一小块地。”王竹红对记者回忆。

在挨家挨户做了工作后，村里只有两个8岁小孩愿意跟王竹红学习魔术。不过，王竹红还是想办法上了当地的电视节目。电视的传播效果让王竹红和他的两个小徒弟也尝到了走红的滋味，尽管只是在村里。一时间，来报名加入魔术表演队的村民踏破了门槛。

“更多孩子找我学习魔术，但我骗他们说，除非他们父母也加入，否则没用。”他笑着说。

到了当年年底，王竹红的队伍已经有了表演服和道具，开始接受婚礼和公司活动的预订。

“一开始我们表演不收钱。通过这些表演，我们在舞台上越来越自信。”王说。

变废为宝

起初郝兰英认为王竹红的魔术表演队就是一帮游手好闲的人在瞎玩，但后来她发现每个表演者每场演出能挣100元到200元。于是，70岁高龄的她决定从头学习并加入王的魔术队。

“一开始我还担心因为演不好被笑话，但经过成千上万次练习后我自信多了。”郝兰英说。

现在李峪村 900 名村民中，大约一半的人能够登台表演一些魔术。超过 200 人定期在附近的城镇进行表演。通过魔术表演他们每年能增加收入 3000 元，是种地收入的三倍，更何况种地是风霜雨雪、全年无休。

“即使是当初强烈反对的村长，也让她女儿来学了。”王竹红说。

村魔术队还上过几次电视节目，包括在 2015 年登上了央视舞台。

不仅村民们的经济收入有了实质性增长，村里的精神面貌也有了很大改观。

“以前人们农闲时就是打扑克、赌博，现在人们聚在一起就练习、排演魔术。”王竹红说。

“变出”游客

村民们现在可以表演很多魔术项目：他们能从火中掏出鲜花，能从绳索中逃脱出来，把人锯成一半，甚至把男人变成女人。但最大的“魔术”还未到来。村民们是否可以摆脱贫困的枷锁，将家乡从一潭死水变成一个不容错过的旅游目的地呢？答案是肯定的。

除了一个“地雷之王”纪念馆之外，李峪是通往太行山革命根据地 40 多个历史遗址的唯一门户，其中包括抗日战争期间由中国共产党领导的八路军总部遗址。

村里建起了一个 600 平方米的演艺大厅，2016 年 5 月已经开门迎客。每到周末和市集日，这里都会有表演。除了魔术外，村民们还自己创作了情景剧，讲述“地雷大王”王来法英勇抗敌的故事。

村民的眼中满是乐观，脚步也变得轻快。他们开始从事筏漂和水果采摘的生意。家庭旅馆如雨后春笋般涌现。这段时间是旅游旺季，王竹红和村民们就拒绝了其他地方的演出邀请。

“既然观众都上门来看演出了，我们何必还要出去呢？”王竹红说。

（吕秋平　王菲菲）

46. “一体化医疗保险”让贫困户看病“有底气”

地处青藏高原的青海省，自然条件恶劣、经济发展滞后，是中国脱贫攻坚的重点区域之一。近年来，当地将保险制度融入到脱贫扶贫中，建立“基本医保 + 大病保险 + 政府救助 + 商业补充医疗保险”的方式，为困难群众提供兜底式的医疗保障。

“以前看病贵、花钱多，把家里拖垮了，这事儿我们村的人都知道，后来村主任打电话跟我说，县里给贫困户买了保险，以后我再报销医疗费就能便宜不少，没想到这次她（妻子）看病住院 1 分钱都不用花。”望着大病初愈的妻子，青海省西宁市大通回族土族自治县逊让乡尕漏村村民王全福对记者说。

王全福是村里建档立卡的贫困户。据他初步计算，如果单靠基本医疗保险和大病保险，能报销看病花费的 60%，有了“健康保”之后，保险公司又赔偿了 10780 元，妻子这次看病没有花钱。

“我们从过去啥都没有，后来有了‘新农合’，再到大病保险和现在的‘健康保’，感觉这些年看病的负担减轻了不少，底气也足了。”王全福说。

据青海保监局统计，青海省“因病致贫、因病返贫”贫困户占建档立卡贫困户总数的 44.1%。为进一步扩大全省贫困人口的医疗报销比例，青海省 2016 年起将商业补充保险纳入医疗保险扶贫范围，在部分地区试点建立“基本医保 + 大病保险 + 政府救助 + 商业补充医疗保险”的“一体化”保障模式。

“建档立卡的贫困户在经基本医保、大病保险报销后，不设起付线，剩余合规医疗费用，给予 80% 政府救助（其中特困供养对象给予 100% 救助），最后，再通过商业补充医疗保险再次对相关费用进行报付。”青海保监局人身保险监管处处长邱志江说。

“我的小儿子 8 个月就查出患有血友病，现在每个月仅打针就需要一两万元。”西宁市湟源县和平乡董家脑村的董存基，尝尽了疾病带给生活的苦味。

董存基的母亲和姐姐都是残疾人。作为祖祖辈辈种田为生的庄稼人，巨额的医疗费用和微薄的收入曾一度让他感到绝望。

去年，董存基听亲戚说政府为建档立卡贫困户统一购买了“健康保”，抱着试试看的心态，儿子出院后他来到县保险公司办理理赔。

“2015年小儿子的医疗费总计28万元，2016年总计30万元，按过去的政策，报销的费用只有总花费的一半，现在报销了差不多 90% 的费用，2017 年只花了 2 万元左右。”董存基说。

提升大病报销比例，是扶贫工作中引入保险机制，实现统筹利用社会资源、放大财政扶贫资金效用的体现。

目前青海针对贫困人口的商业补充医疗保险，由政府或帮扶企业全额出资购买。根据保险运行机制，经济补偿仅限于被保险人发生特定风险事故造成的损失。

“扶贫保险锁定致贫风险，解决了以往大水漫灌式扶贫带来的问题，谁住院给谁报，扶贫资金运用更为精准。”中国人寿青海分公司副总经理胡志宁说，保险有效发挥了金融杠杆作用，“健康保”个人保费100元，但保险金额为14万元，花较少的钱为贫困群众带来了更为全面的医疗保障。

青海保监局提供的统计数据显示，2017年青海省大病保险覆盖建档立卡贫困人口近40万人，赔付约3000人次，赔付金额近1600万元。其中西宁市、海西蒙古族藏族自治州等地开展“健康保”“扶贫保”等商业补充医疗保险扶贫试点工作，覆盖9万余建档立卡贫困户，支付赔款超过800万元。

（徐文婷 王金金）

47. 键盘上的脱贫路

24岁的刘琪2016年从乡镇调到县城，成为甘肃省成县扶贫办的一员，从事电商扶贫。

虽然刚上岗，他的实践经验却令人刮目：经营两家卖核桃、蜂蜜、木耳等土特产的网店，一年销售额近150万元，帮扶了100多家贫困户。

“因为他电商做得好，所以被调到了扶贫办。”他的新同事王向红说。

四年前，刘琪大学毕业回到家乡成县，在县辖的索池镇财政所工作。由于觉得一千多元的上网年费比较高，他把之前靠网络自学开张的淘宝店停了。

2013年5月，经常下乡的他注意到索池村农民樱桃丰收，却发愁销路。

刘琪想到了自己的网店，决心试试网上销售。

结果，他和40多位村干部和农民卖掉了1吨樱桃，销售额4万元。

此后，一到樱桃成熟的五六月份，刘琪都忙到没有周末，一天只睡4个小时。

“每年樱桃上市就那么几天，错过就坏了、卖不掉了。”他说。

2016年，他带着索池村及周边的果农在网上卖出5吨樱桃，进账20万元。

“我们每斤收购价比市场高两块，农民一亩地就能多收入一两千块。”

在成县900多家网店中，刘琪的销售业绩最优。不过，他更愿意谈的是自己因此带动了100多户贫困家庭脱贫。

能够让他做到这一点的是路通、网通。

地处西北的甘肃省是中国最贫困的省份之一，288.5万人生活在贫困线以下，占全省人口近14%。

成县隶属甘肃与四川交界处的陇南市，秦岭、岷山、大巴山在此交汇。被大山包围的成县是国家级贫困县，所辖行政村四成是贫困村。

陇南市委书记孙雪涛7年前从水利部下派到这里工作，头两年回趟北京的家，由山路车行至西安，再换飞机到北京，花的时间“比北京到洛杉矶还长”。

当地人用“好山好水好生态，山大沟深销路难”形容发展经济遇到的交通瓶颈。

随着中国的扶贫攻坚进入冲刺阶段，孙雪涛回家的路正在变“短”：陇南不仅有了高速公路，近九成的行政村公路畅通，机场也在筹建中。

“现在移动网络是有的。2017年宽带进了3000多个村。”孙雪涛说。

这意味着宽带将覆盖陇南全市，刘琪在扶贫办的工作也会更忙了。

陇南是国务院扶贫开发领导小组办公室确定的首个“全国

电商扶贫试点市”，依托陇南电子商务职业学院等机构培训电商人员 12 万余人次。全市有网店 9100 多家，2015 年农产品网上销售额超过 39 亿元，直接带动贫困群众人均增收 420 元。

刘琪是陇南电商学院的兼职讲师，为大学生村官等学员讲授淘宝的宝贝发布，教他们如何在网店发布产品，吸引买家。

每天上班，他要跟踪全县 17 个乡镇、245 个村的电子商务动态，梳理相关数据报送上级。

回到家，他要帮妻子看看自家网店，有时还要技术运维。为此，他在家里、村里和仓库分别拉了网线，一年网费近 4000 元，但他不觉得贵了。

刚毕业时，刘琪想“工作好好干，以后当个领导”。现在，他希望用自己的技术专长和电商经验帮助更多的人。

“农民感觉（电商）这个东西比较虚幻，要看到效益才会跟进。”他说。

刘琪帮扶贫困户的名声传开后，农民见到他下乡，都争着拉他到自家吃饭。

2015 年，陇南获得“中国消除贫困创新奖”。公路和网路的畅通，令这块中国历史上第一个封建帝国秦王朝的发源地，与现代发展如此接近。

刘琪期待宽带早日全覆盖，让贫困户都有条件上网销售农产品，尽早脱贫。

“然后，我们就继续带领农户奔小康。”他说。

（黄燕）

48. 驯马致富

落日的余晖洒在呼伦贝尔草原，牧家升起袅袅炊烟。“嗒嗒嗒”，一个蒙古族小伙子策马而来，到牧群旁猛地一拉缰绳，马蹄高高抬起，在空中划出一道弧线。

在内蒙古自治区新巴尔虎左旗罕达盖苏木巴音布日德嘎查，29 岁的巴德玛朝格图是远近闻名的驯马手。但他从来没有想过，驯马——这个从小玩到大的业余爱好能帮助他摆脱贫困。

13 年前父亲去世，巴德玛朝格图与母亲相依为命，住在破旧的蒙古包里，养着为数不多的牲畜。但生活再艰难，他家也没有缺过马。

在过去的十多年间，草原发生了巨变，人们迈着奔向小康生活的坚实步伐，但巴德玛朝格图家因底子薄、缺劳力，生活一直没有得到很大改善，2014 年被列入建档立卡贫困户。

扶贫工作助力贫困户改善生产生活条件的同时，也给这位迷茫的青年指明了奋斗的方向。在与扶贫干部的频繁交流中，他意识到，在马文化重新流行起来的当今草原，驯马成为新的生财之道。

在草原上，驯马是勇敢者的“游戏”。那些草原上最有胆量的年轻人将充满野性的烈马捕获、驯服，短时间内调教成可以骑乘的马。但熟练掌握这门古老技艺的青年牧民越来越少，在巴德玛朝格图所在的苏木会驯马的人不超过10个。

在马蹄扬起的尘土中，巴德玛朝格图用套马杆套住一匹生马（未驯服的马），一跃而上，此马左冲右突，想摆脱束缚，巴德玛朝格图不断改变骑法来应对。他多次被甩下马背，但每次都迅速起身，又飞身上马。驯马是耐力的对抗，人与马连续几个小时的搏斗，马精疲力竭，最终被制服。但这只是他工作的第一步，接下来，他还要用大量的心力和时间，将它训练成兼具耐力和速度的赛马。

从20世纪90年代开始，草原上的交通工具愈加多样，马逐渐被摩托车和汽车所取代，草原上的马少了，驯马技艺也随之淡出历史舞台。但近年来，以养马、骑马、赛马等为主要标志的马文化重现繁荣，驯马技艺也再现荣光。

巴德玛朝格图说，一匹训练好的两岁赛马售价可达1.7万元，而未经训练的马只能卖几千元，他现在每年能卖二三匹赛马。

巴德玛朝格图还经常带着自己精心训练的赛马参加周边地区的那达慕大会，在大小赛事上总能名列前茅，各种奖牌挂满了卧室的一面墙，一年可得奖金累计2万元左右，还有一些价值不菲的实物奖品。

凭借驯马生财，巴德玛朝格图家的生活很快有了起色，2015年顺利脱贫。他用驯马挣来的钱逐步扩大畜牧业生产，目前他家养了50只羊、40多头牛和18匹马，而2014年，他家仅有30只羊、10头牛、4匹马。

巴德玛朝格图在草原各处参加那达慕时发现，这个盛会不再是当地牧民的“独角戏”，各地的游客蜂拥而至。他家的

7000 亩草场因靠近公路，也出现了越来越多的“陌生人”。他和妻子决定开一个“牧家乐”，搭起了新蒙古包，用提供肉奶食、骑马服务、驯马表演等传统的蒙古族文化招揽游客。

2017 年，巴德玛朝格图家的毛收入达到近 20 万元，一家人还搬离居住了 30 年的蒙古包，住进了在扶贫政策支持下盖起的 50 平方米砖瓦房。

远方来的游客听说巴德玛朝格图是草原上出色的驯马手，都去和他家的骏马合影，观赏他的驯马表演。得知他通过驯马脱了贫，纷纷向他竖起大拇指。这位憨厚的蒙古族青年不好意思地说：“也没啥特别的，我就是找到了适合自己的脱贫道路。”

（柴海亮　勿日汗　魏婧宇）

49. 无人机、新农具、互联网：革命老区科技创新助力脱贫

告别眼前一亩三分地，红土地焕发新活力。作为“三湾改编”诞生地，革命老区江西省永新县在科技部近30年定点帮扶下正式“脱贫摘帽”。

“太空36号”白莲生态种植、虾稻共作养殖、蚕桑科技超市……老区人民有了脱贫致富的“新法宝”。

炎炎夏日，莲子飘香。接天莲叶之上，无人机正自由飞翔。旋翼产生的气流将农药和肥料充分雾化，均匀洒在百亩莲田之上。在永新县“科技示范村”龙田乡荣天村，由科技部“星火计划”支持的“太空36号”白莲生态种植项目呈现出一派欣欣向荣的景象。

放弃福建高薪工作回乡鼓捣农活创业的村民贺晓忠，是当地有名的无人机飞手。两年前他回到家乡，在科技部扶贫干部、驻村第一书记郑迪的帮助下，开始用无人机为白莲施肥、洒药。他告诉记者说：“一上午3小时200亩，用无人机代替人来操作，高效、赚钱又省心。”

郑迪介绍，除了无人机开得溜，贺晓忠还完成了多项农用机具的发明创造，成为村里名副其实的“发明大王”，带着乡

亲们用科技创新的手段大大提升农业生产效率，共同脱贫致富奔小康。

在距离龙田乡不远的永新县龙门镇，城市里的宵夜主角小龙虾，在这里完成了一次“跃龙门”式的逆袭。

段丹丹是村里出了名的“动手达人”，养鸟对话、鼓捣电子设备……这一次，他将目光投向了“爆红”的小龙虾。

小龙虾虽好吃，养起来却不容易。水质、投饵、虾苗等都有讲究和学问，如何将养殖和脱贫结合，也绝非易事。从深圳归来的段丹丹，骨子里既有特区人敢为人先的创新精神，也有革命老区坚韧不拔的拼劲。

在经历虾苗存活不了等诸多挫折后，通过科技特派员的技术支持，段丹丹总结摸索出一套适合当地特点的养殖经验，并带着村里的贫困户成立农业专业合作社，使其成为当地有名的小龙虾养殖扶贫示范基地。

山雨即来，旁人正欲避雨，段丹丹却披上雨衣便冲进地里。他说，一场大雨之后，或许会有更多惊喜。

一根长长的丝瓜络，如何与面膜扯上关系？在科技创新的支撑与引领下，许多过去在永新人看来不可思议的想法正逐渐变为现实。

在“三湾改编”诞生地永新县三湾乡三湾村，以种养专业合作社为依托，采用“党建＋合作社＋贫困户”模式，带动村内周边8户贫困户加入丝瓜络种植，主要用于床上用品和面膜等化妆品的开发，亩均收益2000至3000元。同时，引入互联网实时监控的认种认购模式，让消费者预付费、参与生态丝瓜络产品生产全程，充分利用科技创新业态引领农业产业发展。

科技部农村科技司有关负责人介绍，多年来，科技部在永新县推进75项国家科技扶贫项目，2016年以来通过中央引导地方科技发展专项资金用于提高种桑养蚕、蔬菜种植、水产养殖等传统农业产业的科技含量，推广220余项新技术、新品种。同时，综合集成农业先进技术，推广机械化、规模化的现代农业生产方式，完善基础设施，发掘立体生态效益。

（胡喆　郭强）

50. 重点高校接纳更多贫困农民子弟

距离 2014 年高考不足百日，对于正在埋头苦学准备冲刺的中国贫困地区农村学生而言，此间举行的全国两会传来了好消息。

国务院总理李克强 3 月 5 日在十二届全国人大二次会议上作政府工作报告时表示，今年要促进教育事业优先发展、公平发展。贫困地区农村学生上重点高校人数要再增长 10%以上，使更多农家子弟有升学机会。

就在 2013 年，这一比例比上年增长 8.5%。北京大学历史学系大一学生王绪就是其中一位受益者。

"如果没有'农村贫困地区定向招生专项计划'，我会与北大失之交臂。"来自湖南贫困的湘西大山深处的王绪告诉记者，就读北大一直是他的梦想。此前，在他贫瘠的家乡几乎没有人能考上北大这样的顶尖大学。

"寒门难出贵子"的现象早就引起了社会广泛关注。据 2011 年的一项统计显示，中国城乡大学生的就读比例差距不断扩大，农村大学生占比已经不到 20%。而在 20 世纪 80 年代，高校中农村生源占 30%以上。

2013 年 5 月，李克强总理在一次国务院常务会议上提出，"提高重点高校招收农村学生比例，让更多勤奋好学的农村孩子看到更多的希望”。

随后，中国扩大了农村贫困地区定向招生专项计划，将计划数量增加3倍至3万名，招生区域包括所有国家级扶贫开发重点县，招生高校覆盖所有“211工程”高校特别是名牌大学。

分析人士指出，教育公平是社会公平的底线，中国大力推动贫困地区农村学生上重点高校，旨在打通底层上升通道，破解社会阶层固化的趋势，有助于缩小城乡差距，促进社会公平。

“决不让贫困代代相传。”李克强做政府工作报告时说。

勤奋好学加上国家政策，终于让从来没有走出过家乡的王绪圆了“北大梦”。他至今还清楚记得，2013年9月启程赴北京上学那天，家乡龙山县塔泥乡王家村的乡亲们全都特意聚集在一起为他送行，噼里啪啦的鞭炮声一直回响在山间。

“比过年还要热闹，”他说，“父老乡亲们把我看成改变生活命运的希望。”

怀揣着激动和喜悦，王绪带着简单的行李步行了近两个小时到乡里坐车，接着再辗转张家界搭乘火车来到北京。约30个小时的长途跋涉竟一点也没让他觉得辛苦。

“未来的生活会变好，这点累算什么。”王绪有些腼腆地笑着。他特别想让常年外出务工供自己读书的父母将来能够过上踏实安稳的日子。

中国的众多知名高校也乐于向这些积极向上的寒门子弟敞开大门。

全国人大代表、北京航空航天大学校长怀进鹏说，北航的贫困生数量超过3000人，占本科生比例达24%，学校重视对这些学生的扶持帮助，承诺他们不因贫困而辍学、不因贫困失去发展机会。

王绪在进入北大伊始，就收到了学校免费发放的电脑，但当看到其他同学在键盘上灵动跳跃的指尖，王绪仍不免有些沮丧。

“我以前哪有机会接触电脑，现在基本从零开始。”上学期电脑课和英语课的成绩都不太理想，这让他有了不小的压力。

王绪是中国众多寒门子弟的一个缩影，他的经历一定程度上反映出农村基础教育的短板。

全国人大常委会委员、清华大学校长陈吉宁表示，中国基础教育发展不均衡，政府需要向贫困地区加大投入。

“给予贫困地区学生更多机会进入重点高校学习，是教育公平的体现，需要提升基础教育资源作为保障，而信息技术是促进教育公平的有效途径之一。”怀进鹏说，应让更多贫困地区学生缩小信息鸿沟。

（谭喆　倪元锦　程迪）

年轻人告别光棍生活，村子里有了第一座厕所，昔日穷乡僻壤建起吉他产业园，闭塞的山区驶来了高铁，种地的手拿起画笔，拾荒妹进入最高国家权力机关……这一切变化，意味着一个全新的幸福新生活的开始。不仅物质，还有精神。

新华社记者王晓摄

第三部分

梦想成真

51. 脱贫攻坚给中国农村“光棍儿”带来婚姻希望

在中国传统的“情人节”七夕这天，31岁的罗勇终于第一次有爱人一起过节了。

罗勇住在中国西南山区广西壮族自治区东兰县东兰镇弄华村，这是一个位于中国云贵高原南麓的瑶族山村。

这些年来，因为贫困、封闭等原因，中国西部许多成年男子找不到老婆，成了“光棍儿”，成为西部农村较严峻的一个社会问题。

罗勇也是其中之一。他从小被姑妈罗荣山养大。61岁的罗荣山身形瘦小，一生未育。三个侄子的父母离世后，她来抚养侄子们。这些年，侄子们慢慢长大，却都找不到对象。

老大33岁，老二31岁，都没结婚，这成了罗荣山的心病。事实上，整个弄华村就是典型的“光棍村”。

多年前，这个700多人的小村庄，22岁没结婚的成年男子达80人，有年龄超过50岁的汉子，也没能讨到媳妇。弄华村逐渐成了远近闻名的“光棍村”。

“在瑶寨里，男人大多年满22岁就会成家，30岁还没讨老婆就很可能成‘光棍儿’，如果超过40岁没结婚，单身一辈子就几乎‘铁板钉钉’了。”弄华村党支部书记兰英说。

“这是中国中西部地区的一个缩影，尤其是贫困地区农村，‘光棍聚集’现象很常见。”华中科技大学中国乡村治理研究中心主任贺雪峰和他的团队，曾对这一现象进行研究。

“中国男性人口比女性人口多出3000万人，这是根据最近两次人口普查数据以及相关分析得出的数据，在人口学上已成不少专家的观点。”团队成员之一博士生刘成良说。

“传统社会流动性不强，人们有固定通婚圈。如今，人口发生巨大流动，突破了传统通婚圈，最后在最弱势的地区产生了聚集，最边缘的地区娶媳妇就很困难，出现了‘光棍’聚集效应，形成了一个个‘光棍村’。”贺雪峰说。

弄华村也是最弱势的地区，成了“光棍儿”聚集的地方。“现在女人们外出打工，都嫁在外地。”罗荣山说，这些年，台中屯只有一个姑娘嫁在本村，别的全嫁去外地，却没有一个姑娘嫁进村来。

村民们认为，贫困仍是村里“光棍聚集”的最主要原因。“你看，这里11户农户大多住着木瓦房，逢雨就漏。平日村民们靠着石头缝里种玉米，才能基本维持温饱，谁愿意嫁过来呢？”5年前，记者探访弄华村，兰英对一贫如洗的村子也束手无策。

当时不少山坳路都不通，沿着弯弯曲曲的山路走近2小时才能到公路边，再坐车到县城。这让村子里与外界接触甚少。

不久前，记者再访弄华村，台中屯只有1间木瓦房，其他全变成了楼房。“村里变化大着哩，水泥路直接通到屯里，从县城开车进来只需半个多小时。”兰英说。

党的十八大以来，如何帮助中国7000万贫困群众脱贫，成为各地最关心的事之一。中国贫困地区开始加速脱贫。

一些扶贫干部专门来到弄华村，住在村里，帮助村民脱贫。他们联系相应部门，改善村里基础设施。村子里不仅通了水泥路，木瓦房也变成楼房。

“青壮年的村民都外出打工，年长的村民和留守在家的妇女养鸡、养猪，一年也能挣上不少钱。”弄华村驻村扶贫干部陈忠永说。

建起了楼房、发展了产业，脱贫攻坚让弄华村面貌焕然一新。一些“光棍儿”竟开始谈起对象，有了媳妇，戴了多年的“光棍帽”开始“松动”了。

2016年，罗勇30岁时，县里扶贫干部鼓励他多与外界接触。腼腆的罗勇认识了附近乡镇的一名“90后”女孩。

“他比女孩大了12岁，女孩妈妈反对，可女孩喜欢。女孩来我们家，这里既通了路又建起楼房。她很满意，2016年两人结了婚。”说起侄子罗勇，罗荣山笑得嘴都合不拢了。

扶贫干部们动员村民们外出务工，如今，村里已很难见到年轻人，人们不再窝在家里，主动到外面谋出路。

“这两年，起码10个‘光棍儿’讨到了媳妇。”兰英掰手指数着说，路通了，生活条件好了不少，村民们思想也活络起来，出去打工的也多了。

41岁的“光棍儿”兰胜勇又娶了媳妇。村民们说，兰胜勇的前任媳妇，生了两个儿子，可家里太穷，一家人长期住在危房里，媳妇受不了，跑了。“村里帮他争取了危房改造的指标，他建起砖瓦房，这些年打工也存了不少钱，经济条件大为改善。2015年在附近大化县娶回一个22岁的女孩。”村民们说。

如今，弄华村 30 岁以上的“剩男”只剩下 34 人。“只要村里更快脱贫，不少‘光棍儿’还有机会脱单呢。”兰英说，要改变“光棍儿”扎堆的现象，关键还是要发展，要出去打工，村子里发展了，生活变好了，女人们就愿意来过日子了。

（夏军）

52. 石头寨除掉穷根

新房拔地而起，房前屋后都有菜园地，屋顶装了太阳能热水器，公路直达村口……这是云南省屏边县玉屏镇平田村委会石头寨新村，自 2016 年整村完成易地扶贫搬迁以来，全村实现脱贫。

从山上到山下，旧貌换新颜，石头寨整村脱贫之路并不容易。

汽车在蜿蜒崎岖的山路上缓慢地移动，不足 3 米宽的土路在雨水冲刷后变得泥泞不堪，车窗外是陡峭的山坡……从屏边县城出发，颠簸了 9 公里后，记者来到石头寨老村。这里是典型的山洪灾害危险区，平均海拔达到 1700 米，周边植被覆盖面少，常年多发山体滑坡，山谷多乱石，故名“石头寨”。

站在村口，只见木棚房和土墙房破旧不堪，摇摇欲坠。村旁土地已被连片开发成猕猴桃种植基地，一些村民在地里忙着锄草。

初见村民王华英是在她家的老房子里，因搬迁后还留有土地，王华英时不时要回到老房子处从事生产活动。

“上山下山很不方便，一来一回需要大半天时间。”王华英打开话匣子。

“丈夫 7 年前去世了，3 个女儿都嫁出去了，日子过得真苦。”

帕玉村玩智能手机的藏族牧女。（新华社记者觉果摄·2018 年）

放假期间在帕玉村里玩耍的孩子。（新华社记者觉果摄 · 2017 年）

帕玉村新貌。昔日的“乞丐村”开启了迈向小康之路。（新华社记者觉果摄 · 2017 年）

帕玉村集体所有的牦牛。（新华社记者觉果摄 · 2017 年）

帕玉村牧民措姆的小超市。（新华社记者觉果摄 · 2018 年）

在“铁日孜窝孜”夏牧场，喀拉塔什其木干村村民阿依古丽·博热瓦依拿着点燃的牛粪回家生火做饭。喀拉塔什其木干村的 195 户牧民有 132 户是贫困户，年收入不到 2500 元，是克孜勒苏柯尔克孜自治州阿克陶县的深山特困区域。（新华社记者江文耀摄·2017 年）

在“铁日孜窝孜”夏牧场，喀拉塔什其木干村的村民们聚在一起分享美食。（新华社记者江文耀摄·2017 年）

在“铁日孜窝孜”夏牧场，喀拉塔什其木干村的村民们清晨将羊群赶到牧场上吃草。（新华社记者江文耀摄·2017 年）

喀拉塔什其木干村村主任艾沙买买提·居马牵马走过上山的牧道。（新华社记者江文耀摄·2017 年）

喀拉塔什其木干村村民驮队沿着崎岖的山路前往夏牧场。（新华社记者江文耀摄·2017 年）

喀拉塔什其木干村的村民古丽尼莎在家中用奶油分离机分离奶油。（新华社记者江文耀摄·2017年）

喀拉塔什其木干村村主任艾沙买买提·居马带领大伙儿涉水过河，前往“铁日孜窝孜”夏牧场。（新华社记者江文耀摄·2017年）

喀拉塔什其木干村村民在夏牧场。（新华社记者江文耀摄·2017年）

在“铁日孜窝孜”夏牧场，喀拉塔什其木干村村民吐尔第·库里抱着孙女在门前小憩。（新华社记者江文耀摄·2017年）

开学就该上高三的喀拉塔什其木干村村民图润塔依·艾沙买买提用木棍和简易的网子在家门口的空地上划了一块排球场。（新华社记者江文耀摄·2017年）

2017年7月21日，喀拉塔什其木干村村民在夏牧场合影。

南疆四地州是国家确定的14个集中连片特困地区之一，贫困程度深，而帕米尔高原则是南疆脱贫攻坚中最难啃的“硬骨头”。易地扶贫搬迁，成了改变帕米尔高原牧民生活的可行路径。

2016年，搬迁方案传到距离新疆阿克陶县克孜勒陶乡喀拉塔什其木干村村委会不到30公里的“铁日孜窝孜”牧场后，得到了全体牧民的支持。这个夏季将是这里的牧羊人在“铁日孜窝孜”牧场度过的最后一个夏季。到2020年，世代游牧于帕米尔高原深山牧场的数万柯尔克孜族贫困牧民，都将通过易地扶贫搬迁，走出深山，定居平原，结束延续了千年的游牧生活。（新华社记者江文耀摄·2017年）

王华英回顾这几年的苦日子，略显沉痛。

王华英家是典型的因病致贫户，70岁的母亲多年瘫痪在床，每年的医药费至少花销3000元，同时由于劳动力短缺，多年来收入很低，长期处于贫困状态。

屏边县玉屏镇平田村党总支书记陶保明介绍，石头寨共有42户213人，其中建档立卡贫困户27户108人，人均年收入在3000元以下。除了因病致贫外，自然条件恶劣是导致整个村贫穷的主要因素。

“因石头寨处于地质灾害多发地段，全村房屋均出现不同程度断裂，大部分房屋已变为危房，加之村民出行极不方便，镇党委政府2015年启动整村搬迁工作，2016年4月正式竣工。”屏边县玉屏镇镇长吴先洪说，现在石头寨全体村民均已搬迁至安置点，住房标准均达到A级，符合国家脱贫标准。

“既要让村民搬得出，还要让村民稳得住。”玉屏镇平田村扶贫工作队队长马继东说，按照“五个一批”脱贫规划，村委会在中长期产业发展中，通过土地流转，在石头寨建成一个猕猴桃种植基地，农户每年收取地租，到猕猴桃种植基地打工增加收入。在短期产业发展中，大力支持农户开展养殖业，其中养鸡每羽补助20元，养猪每头补助400元，养牛每头补助3000元。

通过生态补偿增加农户收入。玉屏镇通过实施退耕还林项目，按照每亩1500元的标准对农户进行补助。扶持农户发展枇杷产业，在枇杷地中，农户可套种生姜、玉米、砂仁等作物，提高亩产收益。

所有石头寨村民均参加新农村合作医疗保险，能够确保大病有所保障。残障人士和老年人均能按照不同档次，享受国家低保。

针对农户搬迁后居住地离农田较远的问题，当地政府对农户进行专业培训，其中包括农业种植知识、厨技、装修等多项内容，在提升农户技能的同时，鼓励年轻劳动力外出打工。

“现在生活过得去。”王华英给记者算了一笔账，家中有10亩地，流转了7亩，每年可收1万元土地流转金，自己在猕猴桃种植园里打工，一年大概有1万元的劳动收入，加上家里种植的1亩八角和饲养的4头猪，大概有1万元的收益，所以总的年收入达到3万元以上。

“石头寨不再是贫困村，对全县起到了很好的带动示范效应。”元阳县副县长李洪新说，到2018年底，全县要通过易地搬迁脱贫10460人。

石头寨村小组组长牛友华表示，整村搬迁之后，石头寨拔了穷根，摘了穷帽，家家户户鼓足了劲，一定要把日子过得红红火火。

（字强）

53. 三峡“四无村”从无到有

沿着海拔1500多米的山路开车前行，约半小时能抵达长江北岸的夔门之巅。这里风景秀丽，曾是第五套人民币10元纸币的背景图。

然而，这里却有一个曾经异常贫穷的村庄——重庆奉节县大溪乡平槽村，一个总人口264户869人的村庄。

平槽村过去是“四无村”：没水、没电、没路、没产业。村民们居住在泥巴砌成的土房里，每天都为吃水、吃饭犯愁。如今，村里打碎了“贫穷碗”，即将实现整体脱贫。

在一块蔬菜田里，村民黄志祥正在摘黄瓜、四季豆。他听说记者来了解情况，就热情地介绍：1999年以前，这里无水、无电、无路、无通信，全村人都居住在土坯房里。2014年时，这里仍然不通公路，全村有一半人饮水困难，只有一户砖混平房，没有什么产业。

黄志祥的说法，在平槽村党支部书记杜立康那里得到印证：“2014年，我们村人均收入4380元，在全县各行政村排名垫底。村里44户188名贫困人口，人均收入仅2800元左右，全部居住在破旧的危房里。”

脱贫摘帽，一个都不能少。2015年，全县脱贫攻坚启动，该村被列入2016年脱贫的贫困村。当地党委政府多次实地调研走访，根据平槽村的实际情况，为村里定制了脱贫方案：修路、建水池、发展产业。

“一是修路。两年来，新修村级道路3公里，整修17公里，硬化2.3公里，基本实现了社社通公路。二是修水池。新修水池18口，安装饮水管网3万米，解决了全村饮水难问题。三是搞产业。村里发展了板栗等干果1000亩，反季蔬菜1000亩，养殖牛羊等1000头。”杜立康说，既有近期脱贫产业，又有长远脱贫产业。

村民黄志祥家种了3亩反季节蔬菜。他算了一笔账：“现在，黄瓜能卖2元一斤，四季豆2.5元一斤，我家3亩反季蔬菜，一年收入1.5万元以上。再加上两个儿子在外务工，一年能挣四五万元。2016年全家就脱贫了。”

然而，在村支书杜立康的心里，平槽村的目标绝不仅仅是脱贫。他悄悄地告诉记者：他们村是奔着小康而去。

杜立康指了指不远处。那里是距离平槽村不足8公里的神女峰机场。“以前，村里经常有很多背包客来看夔门峡。机场修好后，会有更多游客前来。我们正抓住这个机会搞乡村旅游。”杜立康说。

在县扶贫办、旅游局的帮助下，平槽村整合生态扶贫搬迁资金、乡村旅游发展帮扶资金等，已经集中建起了19家农家乐。

36岁的李金登常年在江苏打工，是村里见过世面的能人。2015年春节回家，他看到村里有乡村旅游发展前途后，就留下来和父亲、兄长一起开了金登、兴旺、金勇3家农家乐，现在每逢假期都会接到大量客人预订。

“2016 年 10 月，我们村全村脱贫。现在乡村旅游业发展得也越来越好了，不久还会有翻天覆地的变化。”杜立康说。

（韩振）

54. 西藏牧民的“云端”定居生活

藏北牧民布地的家在帕玉村，是西藏那曲地区聂荣县色庆乡的一个行政村，距离那曲镇约40公里。这里海拔超过4800米，接近大部分直升机的爬升极限。置身其中，犹入云端。

32岁的布地自小跟随父辈游牧。他曾认为，牦牛驮着帐篷、一家老小背着锅碗瓢盆寻找更好的牧草，是牧民“命中注定”的生活。如今，这里24户97名牧民能够在“云端”安居乐业，用布地的话说，离不开安居房。

晨曦的忙碌

早上8点，藏北的天刚刚微亮。珠吉穿上厚厚的棕色氆氇，裹上红色的头巾，提着黄色的塑料小桶，快步来到村里的母牦牛舍。

这座2016年建成的牛舍投资140多万元，是专为母牦牛和小牛修建的“暖棚”，面积千余平方米，可容纳200头牛。

钢管隔开的栏柱间隔里，拴着70头牦牛。珠吉走到自己管理的牦牛前，解开小牦牛的绳子，让小牛嘬一会儿母牛的奶头，然后把小牛撵到一旁，再用绳子捆住牦牛的两个前脚，开始挤奶。

挤牛奶，是藏北女人最拿手的劳动技能之一。每隔5分钟，珠吉就换一头母牛。她是帕玉村挤奶组 9 人中的一员，平时负责 6 头牛的挤奶工作。

用了半个多小时，挤奶的女人们完成了所有工作。已经在此等候的拉加，在一片尘土飞扬中，驱赶着牛群奔向草场。

拉加身着米黄色的羽绒服，戴着厚厚的棉帽，紧随牛群。他要把牛赶到附近的草场上。

草原上的味道

拉加赶着牛群前往牧场的同时，布地已经在牛奶加工坊里忙碌着。

女人们提着鲜奶来到这里，等待布地登记重量。珠吉将过滤纱布盖在一个米黄色瓷盆上，同伴们提着塑料桶将牛奶缓缓倒入其中。

5.8 斤 /6 头牛。布地将这一数字登记到记录本上。这些记录将关系到牧女的年终分红。

按照村里的规定，每个村民每天可享受 1 斤鲜奶的福利。珠吉接过同伴用玻璃酒瓶装满的 1 瓶鲜奶，倒进自己的塑料桶里。

这时，加工坊的另一间小屋里，32 岁的次仁珠往炉子里添了一铲牛粪，让火烧得更旺。次仁珠是布地的妻子。灰色羽绒服下着蓝色氆氇，裹着紫色头巾，典型的藏北牧民装扮。

称重后的鲜奶全部倒进一个铝锅里，铝锅放到了炉子上。约 10 分钟后鲜奶煮开，次仁珠将鲜奶分别倒入七八个小的瓷盆里，放入发酵菌。这是西藏牧区制作酸奶的传统工艺。

“一般发酵 12 个小时，就成为帕玉味道的酸奶了。”次仁珠说，牛奶和酸奶经常供不应求。

临近 11 点，次仁珠忙完酸奶加工的活儿，回到自己的家里。

牧场上的男人

从帕玉村出发，沿着 20 公里的牧道，就来到了帕玉草场。这里海拔 5000 多米，面积超过 3000 亩。每年的藏历 12 月中旬，他们就会来到这里。

21 岁的扎西贡布，是布地的弟弟。2017 年 1 月，他和另外 4 名男人轮到放牧组里，放牧 200 多头牦牛。

草场上一间简易的土石房，是他们生活起居的地方。藏式长椅边，整齐地叠放着厚厚的被子。中间的火炉烧得正旺，房间一角堆着装满牛粪的袋子。墙边的石头上，放着糌粑、大米、风干牛肉、土豆等。

扎西贡布说，每天早上 7 点半起床，从牛圈把牛赶到旁边的草场上，晚上 7 点多再把牛赶回圈里。

“牛放到草场上，我们就可以干别的。”拿起火炉旁桌子摞起来的经书，扎西贡布默读起来。帕玉一带的牧民主要信奉苯教。

卡松今年 53 岁，是 5 名牧人中年龄最大的一位，有 3 个孩子。30 岁的大儿子是青藏铁路的护路员，二儿子在家帮助操持家务，最小的女儿在县里读初三。

2012 年，当地驻村工作队筹资修建了草场上的土石房；2015 年驻村工作队筹资 50 万元修通了到帕玉草场的牧道。

卡松说，放牧组一年转场三次，6 至 8 月，他们还要把牛群转场到加布龙草场，那是帕玉村的夏季牧场，离此处约 10 公里；之后，转场至离村子不远的草场上。

布地的安居房

布地的藏式新房 2012 年建成，面积有 115 平方米，有客厅、卧室、佛堂、杂物间、阳光暖廊等，全框架结构，可以抗 8 级地震。房子造价 33.9 万，他只承担了十分之一的费用。

32 岁的布地是帕玉村村委会副主任，还是两个孩子的父亲。女儿格金措在县城读小学，儿子贡觉加在村里读幼儿园。

20 多年前，还不满 8 岁的布地，跟随父亲迁居到了位于聂荣县的帕玉草原，开始了四处奔波为人放牧的童年。

一顶帐篷，一群牲畜，常常食不果腹，夜晚寒冷难耐。这样的生活一直持续到布地 18 岁。

“很庆幸，孩子们不会有我那样的童年了。”布地说，2016 年，他家里收入超过 6 万元。

布地的客厅里，摆满了崭新的藏式家具。正前方的墙壁上，挂满了唐卡。桌子上摆放着当地群众信奉的活佛画像，还有家人的相框。

桌子的一角，摆放着超薄液晶电视。那是 2016 年底布地专程到那曲镇购买的新电视，花了 3000 元。

“这是我 10 年内换的第五台电视了。”布地说。2016 年，他还花了 4.5 万元购置了一辆皮卡车。

布地的妈妈泽宗，今年 60 岁。“我喜欢现在的生活，老人小孩不用折腾了，不希望再回到过去的游牧生活了。”谈起过去游牧的生活，她说“太苦了”。

帕玉村的合作社

20世纪90年代，聂荣县政府将色庆乡最贫困的18户73人统一搬迁到帕玉扶贫点集中定居，希望能够借助那里的区位优势脱贫致富。

然而，1997年百年不遇的特大雪灾让帕玉村损失惨重。“为了填饱肚子，几乎什么都干。”布地说，牧民去邻村人家放牧，15天才能得到一头羊的内脏作为“酬劳”。

2009年，帕玉村成立了专业合作组织，全村牧户以劳动力、草场和牲畜入股，生产积极性被极大调动。生活条件的改变从此开始。

合作组织理事会顾问伟托介绍，合作组织下设放牧、挤奶、劳务输出、销售等多个小组，采用劳动记分办法和分红机制，比如每天放牧7头牛记1分，给3头牛挤奶记2分。

“全村380多头牛只要5个人放牧就行了，剩下的牧民可以根据情况选择自己的工种。”伟托说，合作组织成立后人均年收入从2008年的不足800元提升到了2016年的15155元。

此外，自治区科技厅、农科院在帕玉村开展科技扶贫，科学养畜、科学加工的观念深入人心。为了鼓励教育，村里还设立奖学金，高中生每年奖励500元，大学生1000元。社员去世后，家人可以获得4000元的丧葬费和逝者生前所得牲畜股。

2012年，帕玉村成为那曲地区首个小康示范村，“小康新居”工程建设同年展开。考虑到牧民的生产生活习惯，全村被划分为生产区、生活区、公共服务区和未来发展用地，卫生室、小型超市、幼儿园、活动广场、兽防所等现代设施开始走进牧民的生活。

回忆起 1997 年的那场雪灾，布地仍然印象深刻。“走了整整 5 天将牲畜赶到周边的牧场躲避灾害，路上全是雪，每天都有牦牛被冻死饿死。现在我们有了畜圈暖棚，还有农科院研发的饲料，就算再大的雪灾也不怕了。”

（边巴次仁 张京品 曹槟）

55. 画在墙上的火车

2016年12月26日上午，汽笛声鸣，兰渝铁路（岷广段）通车，“渝新欧”国际通道的重要部分就此建成。这宏大工程的背后，还承载着一位中国普通农妇延续20年的火车梦。

梦想的起点藏在一张拍摄于1996年的老照片里。家徒四壁的土坯房，煤油灯微微发亮，一名妇女怀抱婴孩，坐在泥巴糊起的土炕上眺望远方。身后墙壁上，一列长长的火车穿行而过。

照片中的农妇叫杨尕女，是甘肃省陇南市宕昌县阿坞乡各竜村村民。

从地理版图上看，衔接甘肃、四川、陕西三省的陇南恰在中国几何中心。但层层叠叠的山岭却如屏障，将这里与外界隔绝开来，很多人一辈子都没去过几十公里外的县城。

20世纪八九十年代，这里曾是中国最贫困的地区之一。石头山多、可耕地少，当地人常要背着背篓四处拾土造田。有的田地面积极小，只有一头牛的容身之地，而被人戏称为“卧牛田”。

那时，杨尕女家的几亩薄田根本喂不饱一家四口人。20多岁的她常常要抱着女儿，去周边县城乞讨。“能讨到一点白面馍馍，就能高兴一天。”杨尕女回忆道。

1996年冬天，常年报道中国贫困问题的新华社摄影记者武斌，前往陇南采访时走进了杨尕女家。让武斌意外的是，“一个这么封闭地方的农民家，墙上竟然画着一列火车。”

在与杨尕女的交谈中，武斌得知，这列从大山中穿行而出、驶向远方的火车，是她喜欢画画的丈夫用烧过的木炭画在土墙上的。

“什么时候我们能坐上火车去富足的地方？让日子过得好些，钱赚得多些。”杨尕女的话，让武斌深受触动。他按下快门，记录下昏暗土房中杨尕女一家的火车梦想。

20 年后，一句“老朋友，你还记得我吗”，开启了杨尕女和武斌的重逢。

26 日，中国西部铁路骨架、“渝新欧”国际通道的重要组成部分——兰渝铁路（岷广段）正式通车。听闻家乡要通火车了，定居外地的杨尕女特地赶回来见证这一时刻。武斌也拿起相机，重走来时路，惊叹着山乡巨变。

“以前把火车画在墙上，现在火车竟然开到家附近。”杨尕女走进离旧宅只有 10 多公里的哈达铺火车站，这边瞅瞅，那边望望。

“等兰渝铁路全线通车，你回陇南就更方便了。”武斌对杨尕女说道。

这未曾相见的 20 年，火车从墙上幻想变成了轨上飞驰。中国经济的列车，也伴随着改革开放的深化，开始了高速前行。

2010 年，中国成为世界第二大经济体。同时，中国开始了大规模、有计划的扶贫开发工作。贫困人口从 1978 年改革开放时的 7.7 亿人，减少到 2014 年底的 7000 万人。中国政府承诺，到 2020 年，确保贫困人口全部脱贫。

过去5年，91万陇南人告别贫困，贫困发生率从53%下降到16%。信息高速公路的开通，更加速了陇南与外界互动。数千家当地网店，让陇南的特色农产品从大山深处走向全国各地，琳琅满目的商品也通过电商物流直接派送到远方的农家。

杨尕女家的日子也渐渐好了起来。夫妻俩有了居所，平时打点零工，医疗、养老等各项社会福利都能享受。她身上的花棉袄，是女儿前些日子从网上买来的。

老照片中还在母亲怀中的婴孩，如今已是20岁的大姑娘。看着老照片，杨尕女的女儿李有霞感叹连连。“从前家里穷，没有照片，我根本不知道自己小时候长啥样，原来我眼睛又大又圆。”

“以前听父母说起家乡又穷又破，没想到回来一看，家家户户有新房，生态环境又好，等路通了，我还想再来。”李有霞说。

这条串联起杨尕女20年火车梦的兰渝铁路，正线全长800余公里，穿越87条地质大断层，所经地区灾害多发，地质条件极为复杂，被国际专家认定为“国内罕见、世界难题”。8年的摸索实践，历经了一次次失败后，专业技术人员终于攻克这一难题。2017年9月，兰渝铁路全线通车。

如今，正奋力前行在脱贫路上的人们，大多像杨尕女一样，生活在自然环境较差的区域。日渐发达的交通网络，让他们走出家乡、走向富裕的愿望，变得可待可期。

（任卫东　张玉洁）

56. 拾荒妹和她的姐妹们

从拾荒妹到全国人大代表，从睡在街边的窝棚到建起崭新的厂房大厦，从留守儿童的母亲到带姐妹们返乡创业安居……苗族女性蔡群这样完成了自己人生的逆袭。

此次蔡群又带着提案建议来到全国两会，她有个心愿：建议扶持更多的小微企业，让更多的妈妈回到孩子身边。

放下绣针：背起背篓的拾荒女孩儿

2017 年 2 月下旬，在贵州省毕节市织金县大寨村，连绵的群山里油菜花开始绽放。过去，春天的到来意味着又一次分离。苗寨的姐妹们会在此时，告别老人和牙牙学语的孩子，外出打工，村庄再次变得沉寂。

这两年，寨子里的春天变热闹了，更多的男人开始农忙，更多的妈妈则背着孩子三五成群，相约去蔡群家做蜡染刺绣。

“现在她们每个月在家就能赚 3000 多块钱啦！”蔡群笑着说。36 岁的她，在老家开了一家苗族蜡染刺绣工艺品公司。

蔡群的快乐哀愁都跟苗绣有关。“小时候家里穷，只能在山上的石缝之间种点玉米。白天阿妈总是为吃饭愁苦，可到晚上，阿妈就会对着蜡烛，边做刺绣边哼苗歌。我靠在阿妈腿边，觉得阿妈的手和那些绣片是那么美。”

12 岁那年，蔡群已经是远近有名的巧手小姑娘。但为了能吃饱饭，她跟着姐姐走了 100 公里的山路，到了贵阳。那时，她们能想到的活儿就是捡垃圾。“我们在人家的屋檐下搭个棚子，棚子太破了还漏雨，衣服都要泡湿，根本做不了绣活。”蔡群说，那时偶尔会看看自己的手，心里隐隐地痛。

“一到晚上，我们就出去沿街翻垃圾箱，看看能捡到什么吃的和穿的。”说起那时候，蔡群有点心酸，“有一次，在贵阳火车站前的饭店门口，我捡了一块别人吃剩下的蛋糕，当时觉得怎么这么好吃。旁边有个穿着很体面的叔叔，看了一会儿就问我，‘小姑娘，你挺漂亮的，怎么不上学啊？’”蔡群说，“当时我眼泪一下就掉下来了，心里难受死了。”

“这位叔叔指点我，至少可以试试去浙江、广东的工厂打工，有饭吃还能有钱挣。”从此，蔡群成为了沿海城市打工大军中的一员。

拿起绣针：为孩子不再留守

2006 年的一天，和丈夫在深圳打工的蔡群接到姐姐的电话，女儿生病了，心律不齐，喘气都困难，怕是不好……姐姐用土方朱砂蒸猪心给孩子治病，太难吃了，孩子吃了吐，吐了吃，好不容易捡回一条命。

由于常年在外打工，蔡群的女儿从小跟着在老家的姨妈长大。“女儿小时候跟我不太亲，妈妈对她来说，可能更像个一年见一次的亲戚吧。那时候工厂不让请假，可一想起女儿，心就像拿绣针扎了一样疼。”

有一天蔡群上夜班到早上 4 点多，想女儿想得偷偷地哭，一不留神手指被机器轧到了。事后想省点钱，她就去小诊所止了一下血，没想到过了几天伤口化脓，右手小拇指再也伸不直了。

这些年外出打工，蔡群总是希望能弥补女儿。也是打工的那些日子里，蔡群终于有机会重新拾起绣针。每当想女儿了，她就拿出针线绣一会儿，想着这样慢慢做下去，等女儿出嫁那一天，一定能给她攒出一整套人人都羡慕的嫁妆。

2007 年春天，她回到寨子里，看着女儿难舍难分的眼神，蔡群做了一个艰难的决定，不走了。

也就在那一年，一个亲戚看见她给女儿绣的裙子，出了个主意：现在省里市里都有民族手工艺比赛，有奖金，还可能有多种扶持政策，不如去试试。

没想到，蔡群做的一幅“织金洞银雨树”蜡染一下就获得了毕节市二等奖，还拿了 2000 元的奖金。“我第一次意识到，原来我们祖辈传下来的手艺是值钱的！”蔡群说，这次比赛让她大开眼界，“别人能把民族手工工艺品开发成旅游商品，我们为什么不能？”

2009 年，蔡群大胆决定，在家创业。她拿出全部积蓄，东拼西凑了 5 万块钱，买了缝纫机和原材料，在自家门口挂了牌子，她的苗族蜡染刺绣工艺坊开业了。

众人拾针：我要把姐妹们都带回来

蔡群和几个姐妹们商量决定靠山吃山，做苗绣蜡染旅游纪念品。她们拿着绣片去附近的织金洞景区摆摊卖，许多外地的游客看了都赞不绝口。

蔡群的生意慢慢火起来了。当地政府得知她的情况，帮助提供了贷款，崭新的三层厂房也盖了起来。工艺坊越做越大，回来帮忙的姐妹越来越多，作品越来越美……

2013 年是蔡群人生里最难忘的一年。这一年她当选了第十二届全国人大代表。她不再是当年那个跟着姐姐们拾荒的“幺妹”，她有了更多的想法与使命感，她和丈夫一起试着在大山里“拥抱”互联网，开起网店，全国各地的订单源源不断……

这时候，在毕节发生的两件震惊全国的新闻，又勾起蔡群的心中隐痛：“出事的地方离我们真的不远，几个孩子在垃圾箱里生火取暖；还有一家几个孩子没人管，大的带着小的喝了农药，孩子们就那么没有了……”

看着寨子里蹒跚的老人，看着那些留守的孩子，大的带着小的在山野里游走，又想起自己女儿的病，“我心里实在是受不了，我一定要做点什么。”

从那时候起，蔡群立下一个心愿：“我要把厂子做大，让村子里的姐妹们都能回来，回到孩子身边。守着孩子和家的日子，才是真的好日子！”

蔡群所做的，正是许多人共同在做的一件事。

2013 年，贵州省启动“锦绣计划”，促进民族手工艺者在家就业，改善老人空巢、儿童留守的乡村现状。计划实施以来，从事手工业的妇女达到 50 万人，产值 50 亿元人民币，带动百万余人回到家门口就业。

“现在寨子周围 300 多个姐妹都回来跟我一起干了，2016 年公司营业额有 800 多万了。”蔡群眼睛亮闪闪的、兴奋地对记者说。

现在大寨村又变得生机勃勃，家家翻新房屋，建成了手工艺厂和农家乐结合的民族风情一条街，新的小学也盖了起来。

2017 年两会前，蔡群串寨子访乡亲，就提交什么样的议案建议，听听乡亲们的意见。

蔡群带上全国两会的，还是关于“进一步扶持小微企业，帮助留守儿童”的相关建议。但这次又有一些特殊：和新华社记者一起用最新的技术制作成 AR 互动视频建议，她要把漂亮的苗绣和苗寨，带到全国两会上去。

带着这份还“未解密”的议案建议，带着寨子里 300 多位苗族姐妹的期盼，为毕节市 26 万留守儿童和全国的留守儿童，蔡群又一次开始了全国两会的行程。

（陈凯星　宋玉萌　李春惠　向定杰）

57. 告别溜索

江河之上，一根铁索横跨两岸，或以皮带系腰间，或以方框载货物，借倾斜之势滑越至彼岸，称为溜索。至今，这仍是我国部分偏远山区群众重要的渡河方式。

近几年，四川投入12亿多元全面推进溜索改桥，规划的77个项目除3个工程量较大正在实施外，其他均已完工。当地老百姓从此彻底告别溜索，真正用双脚走出大山，踏上脱贫奔小康的新路。

“儿孙再也不用滑溜索了”

42岁的王文翔，从来没有经历过这么热闹的春节：乡里出嫁多年的女子回来了，许久未见的亲人回来了，进城打工的年轻人也回来了……还有不少小轿车、摩托车开进村里的院坝，家家户户都坐了好几桌。

此前，因为一条雅砻江，他所在的四川省凉山彝族自治州冕宁县健美乡已经和外面分隔了太久。“我们小时候过河都是靠渡船，后来才有了一根溜索。”王文翔说，“没有桥，想出的出不去，想回的回不来！”

以前的健美乡，出门靠步行，运货靠马帮，到最近的集市也要走两天的山路。渡船危险，溜索也不够安全，一些上了年纪的老人家一辈子都没到过对岸。直到 2016 年 8 月，一座跨江大桥拔地而起，健美乡不再是“孤岛”。

新修的健美乡大桥宽 7.5 米，跨度 163.5 米，是一座标准的公路桥。“我们都滑了几十年，不想儿孙辈再滑了，现在真的实现了。”王文翔说，这是翻天覆地的变化，刚通那几天，乡里的人都要到桥上走一走，像过彝族火把节一样高兴。

“走出大山生活更有奔头”

溜索改桥不仅改变了老百姓的出行方式，更打通了制约当地经济社会发展的瓶颈，成为边远山区群众脱贫奔小康的助推器。

健美乡党委书记高德彬介绍，以前物资流通全靠肩扛马驮，当地农民种的核桃和花椒必须先晒干了才能运出去，成本高还卖不上好价钱。由于山路太远，农民养了猪和羊，既不敢宰了去集市卖肉，怕在路上就坏了，也没法直接把活的猪和羊赶到集市。

如今桥有了，通村公路也修好了，种的养的都更容易变成钱。“收购的商贩直接把车开到家门口。”王文翔说，以后再也不怕李子、桃子烂在路上，喂的猪也不用全部做成腊肉，还可以直接送到县城去卖个好价钱。

四川省广元市苍溪县石灶镇红花村，也曾因为溜索无法运送大宗物资，失去产业发展良机。随着 2016 年溜索拆除以及红花大桥的建成，情况有了转变。村支书张传义说，溜索改桥后，村里成为一家丹参加工厂的原料供应地，不仅规模化种植有了方向，还能增加农民收入。

“桥修通了，人心就通了”

年还没过完，凉山州布拖县冯家坪金沙江溜索改桥施工点已经陆续有人返回。“时间紧、任务重，我们必须提前做好准备，等节后工人一集中就马上开工。”项目指挥长杨朝富说，这座桥涉及两岸近5万群众出行安全，要争取在2018年春节前修通。

溜索改桥是改善边远深山沿江沿河地区对外交通条件的重要举措，也是党和政府下决心推进的重大民生工程。有关部门及施工单位明确责任分工，加强督察协调，确保工期不误、质量过关。

凉山州交通运输局副局长林芳表示，当地针对溜索改桥专门成立领导小组，落实专人跟进，不定期对建设项目质量、安全及进度进行抽查，努力为老百姓修放心桥、筑放心路。

杨朝富说，工程都在山里，大型设备进不去，施工难度大，雨季断路塌方是常有的事，材料经常在路上一耽搁就是半个月，“但是工人们一年320多天在工地，一天干10多个小时，就是为了桥早点通，让老百姓早点走出大山，早日脱贫奔小康”。

（胡旭）

58. 羊小平砸缸

“山民”羊小平把家里的两辈人赖以生活的6口大缸给砸了。春暖花开的日子里，站在山下移民新村的二层小楼上，望着村外开始增多的游客，羊小平还难以相信自己真的不再需要这些大缸了。

就在2015年，羊小平一家还世代生活在甘肃省甘南藏族自治州临潭县冶力关的山上。冶力关是甘肃有名的自然景区，山下的日子一天比一天富裕，但崎岖的山路将羊小平一家和山下的繁华一分为二。山上不止住着羊小平一家，但山太大了，出门走一天也难碰见谁。孤单久了，人就消沉，羊小平说山上的人经常一两个月不洗脸。

靠天吃饭、土里刨食，山上的贫困像日出日落一样恒定，过了今天就知道明天是什么样。“一定要搬下去。”在羊小平的回忆里，父亲每当喝点酒就会点上一袋烟，对着山下嘟囔。

甘肃高原、山丘、荒漠等地形交织，能供耕种、适合居住的土地寸土寸金。父亲明白，往山下搬哪有钱？哪有地？搬下去又靠什么生活？烟抽完了，父亲便起身拉着十几岁的羊小平去挑水。

家里有6口大缸，是羊小平祖父和父亲两辈人置办的家里最重要的用具。山旱缺水，挑水要走很远的山路，女人干不了。而且那里的山泉也不是天天有，因此要尽量保持家里6口大缸满满的。羊小平记忆里，父亲最重要的活就是挑水、挑水、挑水。直到有一天，父亲在挑水时摔进山沟，挣扎着回到家，两个月后人就没了。

羊小平成家后，除了伺候家里的6口大缸，就是侍弄“挂”在山坡上的十几亩山地。山地很“薄”，种下一粒种子不见得能产出一粒粮食。眼瞅着孩子一天天长大，羊小平决定出去打工，给儿子攒娶媳妇的钱。大西北有一个定律，越穷、自然条件越恶劣的地方，娶媳妇越贵，因此要早下手。临走时，他把家里的6口大缸装得满满的，到外地找了份建筑工地的活，干了两个月，媳妇托人捎话：家里没水了。

羊小平坐上火车，又坐汽车，爬上山，挑满6口大缸，又坐汽车、坐火车，回到工地。过了一段时间，家里又没水了……临走时，老板告诉他，老请假不是个事，不用回来了。

羊小平又找了一个工作，当保安。但半年后，老板也嘱咐他：先顾家吧。

默默地接过结算的工钱，羊小平考虑是不是给家里再添几口大缸。但打量着逼仄的土房，羊小平还是放弃了这个念头，不再外出打工。几口大缸，像是世代传下的魔咒，将羊小平牢牢地拴在了大山上，也击碎了他的致富梦。

贫困的时间久了，便成了淡漠，羊小平仿佛在父辈的身上看到了自己的宿命。2014年，羊小平42岁了。这一年，扶贫奔小康步伐开始加速，甘肃的干部群众都在为早日脱贫干得热火朝天。

“这跟我又有什么关系呢？”一天，羊小平送走来家里摸情况的干部，转身拿起了扁担——家里的水缸又快没水了。

但这次真的跟羊小平有关系。为了不让一个贫困户在奔小康的路上掉队，甘肃省及甘南州针对羊小平们实施的搬迁扶贫工程也在加快推进，并定下了周密的扶贫搬迁方案，让山上的贫困户离开大山，拔穷根。甘南州委、州政府和临潭县相关部门经过谋划，在山下靠近冶力关景区的地方规划了移民新村，并制定了种植—养殖—住宿—农家乐一条龙的脱贫方案，让搬下来的人待得住、能致富。

钱不够，政府补贴；还不够，政府帮助贷款。身靠景区，只要不懒，奔小康的路就在脚下。羊小平不想和祖辈一样，活在大山、埋在大山。他拿出了准备给儿子娶媳妇的所有积蓄，领到了政府的4万元补贴，又在政府的帮助下从银行贷了20万。一年过后，统一规划、统一施工的二层徽式小楼在山下的移民新村盖起来了。

搬家的前一晚，吃过晚饭，看着太阳离地山头还有几米高，羊小平又习惯性地拿起扁担。直到走出家门，羊小平才愣怔过来，他在原地站了半袋烟的工夫，突然号了一嗓子，把扁担甩向山沟。

2016年，中国迎来了“十三五”全面建成小康社会决胜阶段的开局之年。在这个春天，羊小平的农家乐也安排停当，玻璃暖房映照着和煦的阳光。羊小平和妻子一遍遍收拾着家里的房间；在人社部门的培训下，儿子也厨艺学成回到家中。

虽然冶力关的冰雪还没融化，但就在前几天，羊小平迎来第一批客人。就连羊小平最挂心的儿子娶媳妇的事，春节也有了眉目。“拉着外债也有女娃跟，你说这事。”羊小平一边摸着后脑勺一边笑。

“对了，前几天回山上，想把那 6 口大缸搬下来，但年头太久了都长到地上了，我就全砸了。”羊小平盯着记者说，“我早就想砸了。”

甘肃省作为自然条件薄弱的贫困大省，搬迁扶贫是主要的扶贫方式之一。甘肃省采取全省干部联村联户、配套资金补助等方式，仅 2013 年到 2015 年三年间，就让 47.6 万名群众走出大山、荒滩、沙漠、戈壁。根据甘肃省的扶贫规划，2015 年到 2017 年甘肃将完成 62.4 万群众易地搬迁任务，2018 年到 2020 年对符合条件和有搬迁意愿的群众实现应搬尽搬。

（姜伟超）

59. 深度贫困县打造世界吉他“圣地”

指着一把正在装配的电吉他，郑传玖说：“这种吉他，国际市场上每卖出两把，就有一把是我们公司生产的。”那是日本的著名品牌依班娜。

这位曾经的贫困农民如今是中国最成功的吉他制造商之一。他担任总经理的遵义神曲乐器制造有限责任公司2016年生产了45万多把吉他供出口，供应的有世界十大吉他品牌中的6个，客户分布在30多个国家。

郑传玖按照外商提供的图样生产。“圣诞节前订单太多，目前出现了零库存。”他说。

被大山环绕，他的公司占地5万平方米，坐落在贵州正安县，是中国最贫困的地区之一。

县政府为帮助当地百姓脱贫，建设了国际吉他园，现有29家像神曲这样的吉他生产厂家入驻。正安已成为世界上最大吉他生产基地之一，年产500万把，产值50亿元。

神曲公司有600名工人，大都是附近村子的贫困农民。

“人们最早不相信像莫勒、马西纽这样的国际大师弹奏的吉他，是一群农民工制造的。”郑传玖说。

他不会弹吉他，却对生产一把吉他的186道工序很熟悉。

他说，是寻求生存把种庄稼的手变成了造乐器的手。

吉他作为一种西洋乐器，40 年前才逐渐在中国变得流行。

1993 年，郑传玖的哥哥郑传祥离开正安，来到 1000 多公里外的广州，在一家台湾人开的吉他厂打工。后来郑传玖也跟来了。

“我的村子很穷。我的家庭不能支持我和三个哥哥完成中学学业。”他说。

正安县 1992 年遭遇大旱，村民需要整夜排长队，去接从喀斯特岩石中渗出的地下水。

在广州的厂里，郑氏兄弟学会了造吉他。老板欣赏他们的娴熟手艺和勤劳品质，把他们提升到管理岗位。2007 年他们开了自己的吉他厂。

在 2008 年上海举行的一场国际乐器展上，他们获得了巴西第一吉他品牌塔吉玛 30 万把的订单。此后许多国际客户慕名而至。

“他们选择神曲，是因为我们的质量一流。”郑传玖说，厂里规定，一把吉他如不符合国际标准，就把它烧了，绝不降价出售。他们去过日本、巴西和欧洲学习管理和制造经验。

正安县党委书记邓兆桃说，中国的改革开放，以及经济全球化，为祖祖辈辈困在大山里的老百姓创造了机会。

2012 年，邓兆桃和正安的干部来到广州，劝说郑氏兄弟把生产线搬回家乡。“正安还没有工业，这是妨碍当地致富的主要因素。”邓兆桃说。

当时，正安有 12.5 万人生活在贫困线下，占全县人口 19%。

改革开放以来，中国使得7亿人摆脱了贫困。剩下的4000万人将在2020年前全部脱贫。

干部们承诺，为吉他生产者提供更好的贷款、厂房、服务等，帮助他们扩大生产。另外正安的温度和湿度也很适合生产吉他。

“我们决定回来，因为我们也想为家乡作贡献。”郑传玖说。

郑氏兄弟返乡后，更多外出打工的吉他从业者回来了。

“正安政府在我们资金紧张时提供了支持。”贵州贝加尔乐器有限公司总经理赵山说。这家农民工办的企业现在每天通过线上卖出2000把吉他，被阿里巴巴董事局主席马云称作“互联网经济的生动案例”。

2015年，高速公路修到正安。赵山说，公司产品能在3天内到达北京客户手中。正安距北京直线距离约1500公里。

“在正安，我能挣得像在温州的工厂一样多，更重要的是，我能每天回家照顾两个小孩。”27岁的神曲吉他女工叶欢说。

正安政府正计划打造世界上最大的吉他博物馆，还要在学校中开设吉他课。

“我们希望今后世界上喜欢吉他的人都来这里看一看。”邓兆桃说。

县长吴起说，吉他工人的成功解放了当地人的思想，改变了他们曾经的保守观念。

“在中国，奇迹随时随地都能发生，只要我们发挥党的强大领导力，为勤劳而智慧的百姓做好服务。”他说。

（韩松　王丽　卫彦红　夏晓　李平）

60. “蜘蛛女”的新生活

国庆节，对刚从108米的悬崖顶回到地面的罗登萍来说“忙得很”。如果不是发展旅游，她不会有这份攀岩表演的工作。

她来自贵州省紫云苗族布依族自治县格凸河村。她的家乡地处中国典型的喀斯特地貌区，溶洞群分布广泛，其中数燕子洞最为典型。

以前，那里有大量的燕子繁殖，藏在洞中的燕子粪是很好的肥料，悬崖上生长的植物也可作为药材，由此衍生出一种专门爬悬崖的“蜘蛛人”。

作为苗族后裔的罗登萍15岁时开始跟着父亲学攀岩，给土地寻找肥料来种好庄稼。“当时家穷得很，住的茅草房，我有个妹妹，也只上到小学三年级。”没上过一天学的罗登萍回忆。

“刚开始学，心里也有点怕，只能慢慢爬。”罗登萍说，在当地，有这种不佩戴绳索攀岩的传统，从安放棺材到掏粪采药，但男的学得多，自己家里没男娃，也要去学。况且，她认为，“男女应该平等，自己也能做到。”

技艺很快就学会了，但之后五年这技艺却没有用武之地，因为罗登萍跟随同乡去了广州建筑工地打工。2000年，罗登萍重新回到大山，和本村的男青年结婚，生育了两个孩子。

“生活过得还是苦，家里没经济来源。”罗登萍叹着气说，自己在家务农，只能依靠丈夫一个人出门挣钱。转机出现在2015年，让她没想到的是，村里那些让她受穷的石山悬崖，竟然正在被当地开发打造成景区。

“外面来的人多了，政府就想把我们这个作为一个吸引游客的表演项目。”罗登萍说，听说有钱挣，于是她果断加入了这个“蜘蛛人”队伍，和5个村民一起。其中，她是年纪最小的，也是唯一的女性。

燕子洞悬崖高达108多米，平均每天她都会表演一两次，虽说不到20分钟就是一个来回，但也十分费力，她的手上长满老茧。“景区提供中餐，我每天从家里走路十几分钟就到了，很方便，能够照顾孩子。”罗登萍说。

聊起待遇，她笑呵呵地说，每天上班从早上8点到下午6点，一个月休息4天。但是在像国庆这样的假期是没有休息的，因为人越多他们也能挣更多钱。“月基本工资1000元，一张门票提成3角。算下来，平均每月工资有两三千元。”罗登萍觉得，虽然不高，但比以前好太多。

对于自己的职业，她表示，起初家里人很不支持，后来可能看到自己熟悉了，也就没说什么了。“这个身份对我来说，改变了很多。”靠这门传承千百年的绝活每年吸引百余万人次游客观赏这一绝技。

（向定杰）

61. 藏装裁缝针脚中的新未来

尽管已经是一个 8 岁孩子的父亲，丁则曲脚还是更喜欢人们喊他的小名“地布”。

“地布，来给客人量衣服了。”地布 20 岁随父学手艺，现已当了 7 年的藏装裁缝。

丁则曲脚当裁缝的地方是海拔 4200 米的马它马村的高原民族服装制作农民专业合作社，合作社 2016 年 9 月开张。半年下来，丁则曲脚和马它马村的村民从合作社看到了脱贫致富的曙光。

成长的意外

马它马村位于四川省甘孜州雅江县红龙乡，全村 91 户 486 人中有 25 户贫困户，贫困户人均年收入不到 2000 元。在高原牧区，牦牛是牧民最贵重的财产，寻常牧民家中都会有二三十头牦牛。但在马它马村，有 5 户贫困户家中一头牦牛都没有，许多牧民家庭只能依靠挖虫草为生。

丁则曲脚的少年时代和这个贫困的村庄的其他小孩相比是幸运的。2001 年，他的父亲克确到理塘县开了一家小旅店。虽然不到 1 年时间，旅店就因为经营不善而倒闭，但精通藏装制作工艺的克确不久后便重整旗鼓，开了一家藏装服饰店，一家人过得红红火火。“爸爸是整个红龙乡第一个到理塘开服装店的裁缝。”丁则曲脚说。

丁则曲脚 18 岁时，家里用 3 万元给他买了一辆面包车，他做起了从红龙乡到理塘县的客运生意。高原地广人稀，许多村庄没有通村路和班车，能把村民送到家门口的面包车自然大受欢迎，丁则曲脚很快就有了近两万元的积蓄。19 岁，他迎娶了妻子甲央汉姆，又在同年生下了一个女儿。

然而幸福生活刚刚来敲门，一次车祸却给丁则曲脚的人生一记重击。

客运生意刚做两年，丁则曲脚在送乘客去邻乡时撞伤了一个骑摩托车的村民。赔偿医药费花光了丁则曲脚的积蓄。“自那以后，不管谁叫我开车拉他我都不敢去了。”车祸后，年轻的丁则曲脚再也没有开车载过乘客。

随父学艺

低价卖掉面包车，丁则曲脚带着妻子到了理塘，开始随父亲学习藏装制作。藏装要一针一线缝，藏装裁缝要一针一线教。量体、裁布、修氅、缝皮、绣花，一件藏装需要一个老练的裁缝做上一个星期，任何一个环节的失误都可能导致返工。

初学时，丁则曲脚连着剪坏了三匹布料。“爸爸是个好裁缝，也是好老师。”丁则曲脚回忆，当时克确并没有发脾气，而是亲自上手，把剪坏的布料改成了三件小孩子穿的藏装，衣服也顺利地卖了出去。在克确的指导下，丁则曲脚的手艺很快得到了顾客的认可，妻子甲央汉姆也掌握了藏装的制作技巧。

然而命运似乎总在向这个敦厚的藏族汉子开着恶意的玩笑，

丁则曲脚学艺不到半年，克确病倒了。因为肺结核，克确先后在甘孜州和成都住院治疗了 7 个月。

父亲的重病很快花光了家中积蓄，为了挣钱给父亲治病，丁则曲脚四处打工挣钱。到金矿开货车、到工地打小工、上山挖虫草，丁则曲脚把自己累倒了。在一场不明原因的重病中，丁则曲脚动了两次手术。

失去了劳动力，又要负担两个人的医药费，丁则曲脚一家很快欠下了 18 万的外债。

病好后，家里在理塘的服装店已经倒闭，丁则曲脚只好继续在工地打工还债。6 年时间，丁则还清了债务，在红龙乡修起了房子，一家人也从理塘搬回了家乡。

藏乡曙光

2016 年 4 月，马它马村突然热闹了起来。按照雅江县规划，马它马村要在 2017 年实现脱贫摘帽，为了让贫困牧民尽快脱贫，在村合作社的产业选择上让驻村干部王勇顺费尽脑筋。

最初，王勇顺提出养殖牦牛，但信仰佛教的藏区牧民不杀生，尽管多次跟村民沟通，千百年的宗教文化传统却难以在朝夕间改变，经过几次村民大会的讨论，村民们依旧不认可牦牛养殖计划。

养殖不行，种植没有气候条件，拿着三家军工单位的 16 万产业扶贫款的王勇顺没有想到落实产业成了最大的问题。

这时，有村民提出红龙乡有村民在理塘县开藏装店。红龙乡离雅江县城有近 100 公里，离理塘县城有 35 公里，平时村民购买服装都要去理塘县城，十分不便。王勇顺想，如果能在红龙乡开一家服装店，说不定能覆盖红龙乡和附近乡村的数千人规模的市场。

经过打听，王勇顺得知丁则曲脚的父亲克确精通藏装制作工艺，便找到克确，希望他能到合作社当裁缝。剪裁缝制藏装需要眼力、体力、耐力，年事已高的克确体弱多病，无法完成如此多的工作。但克确告诉王勇顺，儿子丁则曲脚和儿媳甲央汉姆在他的传授下，完全掌握了藏装的制作工艺。

王勇顺找到丁则曲脚和甲央汉姆，并请他们试做了藏装，两人纯熟的手艺让王勇顺吃下了定心丸。就这样，丁则曲脚和妻子成为了合作社的裁缝。2017 年 4 月，王勇顺还带领两人到四川绵竹的一家服饰公司实习了一个星期，掌握缝纫设备的使用和汉装的制作工艺。

2016 年 9 月 12 日，合作社在川藏公路边开业了。在有 3000 多人口的红龙乡，服装店还是头一家，许多村民都到合作社购买各种服饰。头一个月，丁则曲脚一个人就制作了 5 套藏装，而合作社的销售额也达到了 8114 元。而一个季度下来，合作社每个月也都能有至少 6000 元的营业额，高原上的马它马村，终于看到了脱贫的曙光。

不管是贫困户还是非贫困户，入股藏装合作社需要交 500 元，具体的分红方案还在讨论，分红会倾向贫困户。2017 年，马它马村的贫困户的人均收入将达到 3100 元。

合作社开门红，贫困户们得到了实惠。2016 年入冬前，王勇顺和村干部商议后，从合作社拨款给村里的每户贫困户捐赠了两套冬装。

马它马村的驻村干部告诉记者，为了让村民增收，除了进行藏装制作技能培训外，2017 年还在藏装合作社旁修建一个观景平台，让川藏公路上过路的游客能够在这里休息，观赏川藏线上的高原美景，同时为藏装合作社招揽更多的生意。

而裁缝售货员一肩挑的丁则曲脚把未来市场瞄准了年轻人，“我准备向合作社建议再多进一些款式新颖的服装，让乡上的年轻人不用到理塘就能买到好看的衣服。”

（李力可）

62. 小竹子撑起大天地

武夷山九曲溪两岸，曲曲山回转，峰峰水抱流，竹筏工王建明划着竹筏漂流而下。方竹、紫竹、斑竹、罗汉竹……参差摇曳的竹子一路散落点缀在缓坡浅滩之间。

“九曲溪是游武夷山的精华，武夷竹是游九曲溪的必备品。”和游客们聊起武夷山的竹子，王建明头头是道，“各位坐的筏是毛竹拼的，我戴的斗笠是箬竹编的，连撑排的竿都是苦竹做的。”

世界文化与自然双重遗产武夷山属典型的中亚热带混合竹林区，全市目前有大大小小的竹子 100 多种，全市竹林面积 63 万亩。长久以来，于武夷山区的民众而言，密布的竹海曾与连绵的大山一样，意味着贫穷。

“以前在家里种水稻，勉强能够填饱肚子，一年下来也没有什么积蓄。”王建明说，如今仅靠撑竹筏这一项，一个月可以挣到四五千元。

在九曲溪，像王建明这样的竹筏工有 740 多人。小小的竹筏，在过去的一年接待了来自世界各地 120 万人次的游客，为当地带来了近 1.6 亿元的收入。

曾经不起眼的竹子近年来却为武夷山区的脱贫致富注入了

新的活力。“毛竹全身都是宝，生长周期短，可以有效地替代木材，是不可多得的低碳产业。一年生的毛竹可以用来制作工艺品、造纸，四到五年生的毛竹则是不可多得的建筑材料。”武夷山市林业局高级工程师邵柏君介绍说。

在武夷山市一家竹木制品公司记者看到，1100多种竹制品分类排开，让人惊叹于小小竹子的“无限可能”。除了日常生活中常见的竹筷、蒸笼、果盘之外，竹子还被制成桌椅、沙发等家具，给人带来一种质朴与淡雅清新的体验。

这些竹制品不仅以年出口4000吨的规模远销日本、韩国等国家和地区，还借助当地政府搭建的武夷山竹业网这一电商平台，走向更广阔的市场。而竹产业中的大部分收入，将流入当地村民钱包。

“现在在岚谷乡，毛竹已经支撑起了村民们一半以上的收入，带动村民增收30%至40%。现在，我们乡的年人均收入已经突破了一万元，这在以前想都不敢想。”岚谷乡书记陆光明说。

“宁可食无肉，不可居无竹。”竹子是中国传统文化中一个重要的意象，然而，在武夷山市林业局产业发展股股长连东红看来，小小的竹子所连接的，不仅仅有传统，还有未来。

“中国人自古便与竹子有剪不断的情缘，在武夷山区，竹制品曾是祖祖辈辈们生活中不可或缺的。但是现在，竹制品的制作却面临着失传的危险，通过竹产业的带动，不少年轻人开始学习这项技艺，推动传统遗产的回归。”连东红说。

作为中国国家林业局授牌的“中国竹子之乡”，武夷山市2015年全市完成竹业总产值17.1亿元，同比增长91.7%，其中竹（笋）加工产值13.75亿元，同比增长123.6%。

“竹产业已经成为武夷山市经济最富生机、最具潜力的朝阳产业，繁荣了农村经济，成为农民受益面最广的产业之一。”武夷山市林业局局长杨立忠说，“我们将通过科学管护毛竹、发展竹下经济、培育龙头企业等举措，力争实现 2020 年全市竹产值 45 亿元的产值目标。”

（孟昭丽　尚昊）

63. 乱石村搬家

时近隆冬，塞外太行山下朔风凛冽，桑干河里薄冰一片。

半个多月前，山西省大同市阳高县鳌石乡乱石村的易地扶贫搬迁工程不得不暂停施工。但63岁的宋义还不时走到村口，往200多米外的工地驻足远望。

“搬进去以后不用担惊受怕了。”宋义说。

宋义和老伴两人住在40多年前建的土窑洞里。这三孔窑洞由黏土夯成，历经几十年风雨冲刷，已是顶部开裂，与邻居家相邻的山墙几近坍塌。“一到下雨天就得到处找地方住。”宋义说。

乱石村地处太行山下、桑干河边，在燕山—太行山集中连片特困区内。全村户籍人口266户589人，其中建档立卡贫困人口223户501人。

长期以来，恶劣的居住条件，成为乱石村脱贫致富路上最大的“拦路虎”。

村委员会主任曹立峰说，全村八成左右的村民都住在土窑洞里，有的土窑建成逾百年。雨季是村干部最忙的时候，得挨家挨户动员迁居，生怕土窑坍塌对村民造成伤害。

然而，虽然担惊受怕，但对于兜里没几个钱的村民来说，搬迁建新房仍是遥不可及的梦想。

乱石村村民主要以种植玉米为生。“这两年玉米价格低，还减产，种地不挣钱，甚至贴钱。2016 年一亩地只能产 1200 斤左右，一斤卖 6 毛钱，但投入就得 600 多元。算下来每亩地只能挣个百十来块钱，能干个啥？”宋义说。

不过，这一切有了变化。2016 年 9 月，中国印发《全国“十三五”易地扶贫搬迁规划》，计划五年内对近 1000 万建档立卡贫困人口实施易地扶贫搬迁。山西省也将易地扶贫搬迁作为脱贫攻坚的头号工程。

“我们赶上了好时候。”宋义说。乱石村被列入易地扶贫搬迁计划，并于 2016 年 10 月在村子外的 210 亩荒地上动工新建移民小区。

新小区每户 3 间房，每间房面积近 23 平方米，按照贫困人口一人一间分配。根据山西省相关规定，贫困人口可获得人均 2.5 万元的建房补贴和 1.8 万元的基础设施建设补贴。曹立峰说：“再加上村集体的部分补贴，贫困户只要在标准范围内，都可住上新房。”

自己和老伴都是贫困人口的宋义免费获得两间搬迁房，自己又掏了 2.5 万元，分得一个三间房的宅院。“新小区规划的还有超市、文化广场、洗浴中心、幼儿园等设施，以后生活起来很方便。每户住宅还包含一个长 20 米的小院子，也不用担心农具、玉米的堆放问题。”他说。

“搬出土窑洞，腰包还要鼓起来。”不想一直戴着“穷帽子”的乱石村村民，对未来的生活有着更多向往。

然而，长期以来，对于只有 3000 来亩薄地、只会种玉米的村民来说，致富和搬迁一样艰难。

“土地是农民最大的资源。致富还是要从地上下功夫。”鳌石乡乡长张铭说。在各级党委政府的帮助指导下，经过反复考察思量，乱石村决定发展寒富苹果产业。

通过流转、调换等方式，乱石村在村庄外集中了近1000亩耕地，全村200多贫困户户均四亩，全部改种寒富苹果，由村干部领办的农民专业合作社负责技术管理和市场运营。少数有耕种能力的贫困户可以在合作社指导下耕种；剩余70%以上的贫困户没有劳力也没有技术，可以将土地托管给合作社，三年挂果后与合作社五五分红。

“在日常管理中，合作社用工也要优先使用贫困户，保证部分贫困户有两份收入。”曹立峰说，按照目前的市场价格和预期产量计算，苹果进入盛果期后亩均纯收入能达到8000元以上。加上苹果产业分红和务工收入，一个贫困人口每年能挣2万元左右。

虽已进入冬季，但地里今年栽种的耐寒抗冻的苹果树苗仍在茁壮生长。

“这些树可都是‘摇钱树’啊！将来摘掉‘穷帽子’就全靠它们了。”宋义满怀期望地说。

（晏国政）

64. 贫困苗村的“最美乡村梦”

在湘西花垣县十八洞村，73 岁的苗家阿公施齐文在堂屋里笑眯眯地看着液晶大彩电，电视机上方挂着一张照片，是他的老伴儿石爬专穿着苗服在北京天安门前的留影。

湘西土家族苗族自治州十八洞村位于武陵山腹地，是一个纯苗族村寨。这里山高林密，民风淳朴，风景独特，村里人引以为豪的十八个溶洞，洞洞相连。但近千人的村子，2013 年人均纯收入仅 1668 元。以前不少人家中除了电灯，没有别的电器，用泥巴和竹篾、木板糊起来的墙壁，一到冬天四处漏风。

施齐文的家就位于十八洞村第六组的村口。以前他家堂屋地面是凹凸不平的泥巴地，灶台破破烂烂，雨天上露天茅坑还要披斗篷……

而如今记者在施齐文家采访时看到，在当地政府的帮助下，新添的液晶彩电挂在墙上，堂屋铺上了水泥，清澈甘甜的自来水流进家中，水冲式厕所取代了简陋的茅坑，两座铁皮粮仓里堆满了粮食。

几天前，施齐文家刚刚杀了年猪，猪头和带着尾巴的一只猪腿悬挂在窗前。在苗家风俗里，猪头用来祭祖，带有尾巴的猪腿用来孝敬岳父母。“以前一年养一头猪自己不舍得吃卖掉换钱，今年年猪杀了吃，不卖了。”施齐文乐呵呵地说。

2014 年 5 月，党员施进兰在十八洞村的全民选举大会上当选为村主任。长期在沿海打工的施进兰被村民认为“有头脑”，能够将发达地区的经验做法带进来，帮助大家脱贫致富。就职演说中，施进兰信誓旦旦：“有钱没钱大干三年。”

“以前在外打工一个月至少挣 7000，现在当村主任一年的收入都没有这么多。”施进兰说，“但是现在社会各界都开始关注我们了，我觉得应该将外面的技术、理念带来建设十八洞村。”

他一直在家带孩子的妻子现在出门打工补贴家用，79 岁的母亲天天上山打柴，一家人默默地支持他的工作。刚上任半年多，施进兰和村里其他负责人一起，陆续为十八洞村村民改造了厕所、厨房、房屋、浴室和猪圈。如今，进村公路拓宽了，具有乡村风情的石板路修到每家每户门口，老旧的木屋外重新装修了竹篾墙，整个村落面貌焕然一新。

以前上报贫困户的时候由村支两委申报，难免存在片面性、主观性，甚至少数村有“优亲厚友”的现象。十八洞村通过召开群众大会，让群众自己评选本村贫困户。

群众大会一召开，大家你一言我一语，七嘴八舌定下本村的“九不评”：包括家里有拿工资的、家里在城里买了商品房的、在村里修了三层以上楼房的、家里有大型机械设备的不评等等，评出来的对象在村里上榜公布，接受群众监督。

为引导村民转变思想观念，激发建设家园的内生动力，施进兰同新一届村支两委班子还一道探索出“思想道德星级化”模式，从社会公德、个人品德等五个方面公开评选星级农户。

村民杨秀富家门口贴着“分类指导精准扶贫、实事求是因地制宜”的对联和“四星级”标签。2014 年，62 岁的杨秀富放羊回家捡到 1500 元钱，一路打听到寨口，还给了丢钱的游客。“我虽然穷，但不能昧了良心。”每当有人问起，杨秀富总是这样回答。

2014 年 5 月，十八洞村苗绣特产农民专业合作社成立。石爬专与村寨 90 多名妇女一起参加了合作社。合作社采取“公司＋合作社＋农户”的经营模式，公司提供绣品、负责收购，合作社农户负责加工，根据质量，每个绣品的加工费为 20 至 30 元。

除了是苗绣合作社的社员，石爬专还有一个新身份：十八洞村苗汉子果业股份有限公司的股民，她和老伴各出资 100 元入了股。

十八洞村土地面积较少，全村只有 817 亩，人均不到一亩。村民在有限的土地上首先考虑种水稻，没有多余土地种经济作物，这也是十八洞村多年没有脱贫的客观原因。

据花垣县委书记罗明介绍，按照跳出“十八洞”建设“十八洞”的扶贫思路，由十八洞村全体村民共同参股和苗汉子合作社合作，注册成立十八洞村苗汉子果业有限公司，开发猕猴桃产业。

“按照专家提供的时间表，3 年挂果 5 年进入盛果期。十八洞村的每一个村民因为这个项目一年可以多收入 5000 块钱。”罗明说。

以农家乐为主要形式的观光休闲游在十八洞村也开始起步。43 岁的施全友经营着村里唯一一家农家乐“成富家厨房”。2015 年元旦，施全友迎娶了他的新娘。“虽然生意还没上正轨，但是比在外面打工好。”他说。

经过一年的精准扶贫探索，2014 年十八洞村村民人均纯收入增加到 2518 元，增长 50%。

“鸟儿回来了、鱼儿回来了、虫儿回来了、打工的人回来了、外面的人来了，这是十八洞村‘5 个来了’目标，把农村建设得更像农村就是十八洞以后的建设理念。”罗明说，“我们最终的目标是成为中国最美乡村！”

（李丹）

65. 赵志雷“站”起来了

“赵志雷站起来了？”消息甫一传开，全村炸开了锅。

34 岁的赵志雷是河北省任县永三村人，几年前，因外伤脑出血他差点丢了命，此后也留下了后遗症，一直卧床不能动。“看着好端端的孩子一下子成这个样子，我心里不是滋味。”赵志雷的父亲赵平申告诉我们，一场大病把原本幸福的家庭拖成了贫困户。

转机发生在 2017 年。

7 月，任县针对全县建档立卡贫困户，建立家庭医生签约服务台账，组建 55 个家庭医生服务团队，抽调 231 名乡村医生，开展乡村医生签约服务，送医上门、免费义诊，为贫困户提供“家庭医生”式帮扶，从心理、治疗、护理、生活等方面给予个性化的“私人订制”指导，努力让贫困群众看得上病、看得好病。

村医张兆军成了赵志雷的签约医生，他和乡卫生院医生会同河北省眼科医院帮扶专家组成了签约服务团队，免费为赵志雷实施针灸治疗，为赵志雷测血压、测血糖、做心电图，提供免费体检、疾病预防等服务。

经入户摸底调查，任县 771 户贫困家庭中有 431 户贫困家庭像赵志雷家一样，被疾病拖垮了生活。

为减少患者支出，任县对因病致贫的贫困人口，建立了“基本医保＋大病保险＋大病保险二次报销 + 民政医疗救助”等保障衔接，今年又为贫困群众每人缴纳 290 元的扶贫健康保险，实行“打包”救助，以提高保障水平。今年以来，全县建档立卡贫困人口住院报销 179 人次，医疗费用报销比例达 95% 以上，为贫困户减免医疗费用 74 万余元。

任县卫生计生局局长王治国说：“通过这些措施，贫困户在家中就能享受到基本医疗服务，需要转诊的患者，第一时间能够转诊到上级医院得到及时救助，有效化解了因看不起病，找不到上级医院大夫，造成小病拖、大病扛的难题。”

对口帮扶赵志雷的永福庄中心卫生院院长赵五岭说：“在对赵志雷建立健康档案时，签约医生团队对他进行了全面的身体检查。为避免引起并发症，还指导赵志雷多吃青菜、做菜少放盐，养成健康的饮食习惯。”

如今，张兆军和赵平申搀着赵志雷练习站立、行走已成了每天的习惯。

看着儿子的病情一天天好转，赵平申喜上眉梢：“我们家也离‘站’起来的日子不远嘞！”

（李继伟）

66. 通向乡村公共厕所的漫漫长路

62 岁的关福元坐在沙发上，悠闲地抽着旱烟，对于自家刚刚改建的厕所，他非常满意。

“冬天上厕所再不用遭罪喽。”他说。

关福元是四川南充市蓬安县锦屏镇西拱桥村人。他说，过去用室外旱厕，夏天气味大、蚊蝇多，冬天雨后路滑，老人容易摔伤。旱厕还污染地下水，影响村容村貌。

“这是抽水马桶，这是洗脸盆，厕所里还安装了热水器。”关福元新改建的卫生间面积不大，干净整洁，墙上贴着瓷砖，和城里的卫生间没有差别。

卫生革命

2015 年，蓬安县对全县 55 个贫困村实施“五改三建”工程，改厕被列为一项重要的民生工程。

中国的厕所革命于 2004 年启动，到 2013 年，82.7 亿元被用于在贫困县建设新厕所。然而，要实现厕所革命的胜利，中国还有很长的路要走。

在四川大凉山昭觉县龙思乡日普村，贫困户约则火史家还没有厕所。 当记者问约则火史在哪里上厕所时，约则指了指屋后那片杂草丛生的树林。是的，那片树林便是日普村人的厕所。

据了解，日普村和乡上其他村落一样，村上至今都还没有一个厕所，所在、所及的大自然便是村民们唯一的如厕场所。在大凉山深处的高半山、高山的绝大贫困村落，都没有真正意义上的厕所，许多村民甚至连厕所的概念也并不明晰。

昭觉县县委常委李爱军说，由于贫困程度较深，这些村落在脱贫攻坚时首先是发展产业增加农民收入，而厕所属于更高层次的问题范畴往往较为滞后。李爱军说，下一步正打算整合县财政资金，保证全县 281 个自然村落都至少拥有一个或者几个公共厕所。

在四川大凉山条件相对稍好的地区，厕所的概念初步形成，但恶劣的厕所环境，依然令人堪忧。

在普格县东山乡河东村，42 岁的阿达莫尔作由于 2014 年丈夫突然病逝，带着三个孩子的她一下成了贫困户。在阿达家不到 5 平方米的猪圈里，养着三头肥猪，而在铁笼外侧，两块石板搭在地上，那便是厕所。

东山乡乡长阿惹日古说，在当地村民的厕所都和猪圈、牛圈合在一起，条件环境大致相似。“不过很快就会好转了。”阿惹日古说。乡上大多贫困户享受了户均补助 35000 元的危房改造项目，正在家旁重新修建新房，“新房便会有单独的卫生间和厨房”。

跨越鸿沟的支点

东山乡中心小学，教学楼整洁亮堂。校长保机三尔介绍，学校在全县乡镇算条件较好的，满足了全乡所有适龄儿童的上学需求，且师资、教学条件都还不错。不过，保机三尔坦言，学校最大的问题依然是厕所。全校只有一个厕所，男、女厕所分设 6 个坑位，不到十平方米。“一到下课时间，这样一个厕所根本就进不去。”

在海拔 3400 米的阿坝藏羌自治州壤塘县吾依乡卡龙村，72 岁的贫困户嘎尔果和 46 岁多病的外甥女生活在一起，几乎没有劳动力的他们主要依靠国家各项政策补贴维持生计。2016 年初，政府补贴 15000 元，经附近乡亲帮忙花两个月修建，嘎尔果住上了梦寐以求的新房子。走进嘎尔果位于山坡上的二层小阁楼，虽然陈设简单，但也整洁卫生。二楼最里侧的拐角，是嘎尔果家的厕所。

厕所两面通透，没有异味，地面拆掉的两块木板便是厕所的坑位，粪便由悬空处直接进入屋外的草丛中。嘎尔果说，对于排到屋外的粪便，他们并不会处理。

目前高原藏区大多地区同四川大部农村旱厕情况相似，拥有独立的空间，环境卫生基本良好，但往往缺少对粪便的有效处理，对自然环境造成一定程度破坏。

四川省移民扶贫局副局长刘维嘉表示，厕所形态和社会发育程度、经济水平是息息相关的，当村民还在挣扎于基本温饱、就医就学等问题时，他们既没有经济能力，也没有精力关注或改善厕所环境，相反，他们会不断提高自己的生活水平，进而有更多精神上的追求。

四川大学社会学教授胡光伟认为，当前全国大力推进扶贫攻坚，在基础建设、教育、医疗、产业等系列扶持的基础上，应当特别重视对贫困落后地区厕所条件的改善。“小小的厕所蕴藏巨大的能量，它或许是实现脱贫攻坚、跨越城乡鸿沟的一个重要支点。”胡光伟说。

“当有一天，我们看到农村家家户户都拥有独立、干净卫生又环保的厕所时，那我们关于脱贫攻坚这场轰轰烈烈的大仗，也就基本取得了胜利。”刘维嘉说。

（王健　陈地）

67. 返乡青年创造奇迹

当中国中东部城市正被持续高温笼罩的时候，位于黄土高原群山深处的龙王坝村也迎来了一年中最热闹的时节。

“今年夏天太火了，除了普通游客之外，还有不少夏令营、观摩团、培训班等，窑洞宾馆和民宿常常一房难求。”焦建鹏说。而在前些年，只有等到春节外出务工人员返乡了，村里人气才会旺些。

龙王坝村所在的宁夏回族自治区固原市西吉县，是宁夏贫困发生率最高、贫困人口最多的县。它和另外五个县区一起，因为干旱缺水、山大沟深、水土流失等原因，被外界合称为“西海固”，并在1972年被联合国粮食开发署确定为“最不适宜人类生存的地区之一”。

今年37岁的焦建鹏是土生土长的龙王坝人。1997年，他怀揣着走出穷山沟的梦想，成为村里同年龄段少有的大学生之一。出人意料的是，几年之后，他却带着几百万创业资金“逆行”归来。

焦建鹏说，2001年大学毕业时，国家已经不再包分配，于是他回到县城做起了广告、网吧等生意。凭借敏锐的市场嗅觉，2010年至2011年，公司年营业额已超过1000万。

“大学毕业后的想法很单纯，就是要尽量多赚钱，让自己和家人过上好日子。”但慢慢地，他感到这种方式并不能完全让自己满足，特别是看到家乡一年两年还是那么穷，心里不免有些失落。

2011 年，焦建鹏在电视上看到了全国林下经济现场会召开，敏锐地将这一新的产业模式和自己家乡联系起来：退耕还林后，村里有上万亩林地，而且集体林权制度改革也已推开，为何不能“靠山吃山”？

再三考虑之后，焦建鹏不顾亲朋的质疑和反对，当年就回到龙王坝村流转 1200 亩土地，成立了林下产业专业合作社，养殖生态鸡。两年之后，他又拓宽思路，新承包 2000 亩农业用地发展休闲农业，种植牡丹和草莓大棚。

经过一番“折腾”，龙王村的生态环境越来越好，林业经济规模也越来越大，2014 年还上榜了“中国最美休闲乡村”，但这离焦建鹏的梦想还有很大差距：“村子没有名气，好产品也卖不上好价钱，而且单纯的种养殖对村民就业的带动性也很有限。”

于是，打造旱作梯田景观，改善基础设施条件，扩展餐饮和住宿业务，焦建鹏把龙王坝村作为发展乡村旅游、促进农村三产融合的试验田。

“发展乡村旅游，绝不仅仅是开个农家乐那么简单，而是要让农村、农业、农民都能受益，在这过程中还不能让乡村失去乡土气。”他说。

修建集住宿与观赏功能于一体的窑洞宾馆和梯田民宿，用地方特色蔬菜西芹替代名贵花卉作为盆栽，用大红灯笼和玉米作为房前屋后的装饰……如今的龙王坝，更像是一个西北乡村风土人情的微缩景观。

立秋之后的一场透雨，把山上的植被冲洗得更加翠绿，薄雾笼罩着的村庄也增添了几分江南的神韵。沿着硬化道路步入村中，白墙灰瓦的民房错落地分布在两旁，农家小院被打理得井井有条，一幅幅生动的彩色墙画引得游人驻足拍照。

“这几年村里变化太大了，有了自来水和硬化路，路灯也亮起来了，以前村里人都想着逃出去，现在外面的人却挤着来旅游。”村民焦炳南领记者走入他家院子去参观民宿，“这是今年刚装修好的，还带独立卫浴设施呢。”

旅游扶贫的效应正在龙王坝村显现。民房变客房，村民变员工、老板，目前全村已有 200 多名村民吃上了旅游饭，其中有 20 多户搞起了民宿接待，户均年收入两万元左右。

数据还显示，2017 年，龙王坝村共接待游客 13 万人次，全村人均纯收入由 2013 年的 2300 元提高到 9200 元，村集体收入突破 100 万元。

不同于追求村落风格上的“土气”，焦建鹏在经营和管理理念上一直坚持创新。他不仅吸纳了一批大学生加入公司管理团队，还把龙王坝村打造成了一个共享的创业平台。在这里，只要创业者能提供一份切实可行的、与乡村旅游有关的项目计划书，就可以获得办公场地、专家培训、资金政策等方面的支持。

“乡村要振兴，农村要有活力，就必须留住年轻人，所以我一方面是给他们提供创业平台，另一方面更重要的是给他们扎根农村的信心。”焦建鹏说，目前已引入十家大学生创业企业，培育了创客咖啡馆、乡村酒吧、创意密室逃脱等项目。

返乡创业，需要脚踏实地，也同样离不开情怀。如今，作为一名致富带头人，焦建鹏感到肩负的责任和压力越来越大。“说实话，现在赚钱可比以前开公司难多了，也累多了，但依靠个人奋斗能为他人带来就业机会，为社会创造价值，为家乡发展助力，这种满足感是无法替代的。”

（赵倩　艾福梅　谢建雯）

68. 不再打猎的火枪手

和父辈一样，贾生想的生计主要靠一把枪。不过父辈用枪打猎，而他在表演时才扣动扳机。

“带枪是我们的一个传统，成年后都会得到一把枪。”这位苗族人说。

42 岁的贾生想来自贵州黔东南苗族侗族自治州从江县岜沙村。岜沙并非这个千年村寨本名的发音，只是没有汉字与之对应。在苗语中，岜沙意为草木茂盛繁多之地。住在这里的，是一群被称为“最后一个枪手部落”的苗族人。

现在的岜沙，依然掩映在林木之中，放眼望去几乎看不到裸露的地表，虽然距离县城仅 7.5 公里，却如同世外桃源。

岜沙村由 5 个自然寨子组成，占地 18 平方公里，约合 41 个天安门广场的面积，有 2500 多名村民。传统上，村里人不外嫁，同姓不通婚。直到今天，村民离开家不会锁门，“夜不闭户”也不是传说。

岜沙女子多盘发于顶，以梳固定。男子则挽着名为“户棍”的发髻，出门身背腰刀，肩扛火枪。

“在过去，枪用来打猎和防身。”贾生想说，“人们不会觉得它危险，因为这里都是亲戚没有矛盾，有矛盾也不需要用枪来解决。”

他说，正因为岜沙人即便有枪，也从未发生过枪战或械斗，所以政府特批他们可以持枪，全国就岜沙一个特例。

20 世纪 80 年代，中国出台枪支管理办法，一般民众不可携带枪支。然而，岜沙人持枪的传统得以保留，每把枪都在当地公安部门登记备案。只是为了保护野生动物，他们不能再打猎了。

除了枪，保留下来的还有岜沙人对树的崇拜。

“孩子出生，父母就会为他种一棵生命树。”贾生想说。每年，岜沙人都会去祭拜自己的生命树。他一般在自己的农历生日四月十四日那天去，带着酒、米饭和腌鱼。

有人去世，亲友会砍倒他的生命树，做成棺材埋葬他，并在下葬处再种一棵树，让逝者完全回归自然。

如同树一样，岜沙人认为，人也要经常“修剪枝丫”才能成长得好，因此保留着用镰刀剃头的习惯。

随着经济社会的发展，越来越多的人选择暂别都市的快节奏生活，到原生态的地方旅行，岜沙人的一些特别习俗也成为表演项目。

在村口，岜沙男子排成两队，放枪迎客。在村里的小广场，男女村民表演苗族芦笙舞蹈。在游客惊讶的目光中，一名男子提起农具镰刀，三四分钟就能帮同伴将户棍以外的头发剃干净而不伤头皮。

村里有两支这样的表演队轮流演出，贾生想所在的队有 130 多人。为此，旅游公司每天支付 4000 元作为演出费。此外，全村 506 户人家 2015 年每户还分得 1000 元的门票分成。目前村民人均年收入为7600元，略高于全省农村居民人均可支配收入。

石庆祥是少数从中看到商机并付诸行动的当地人。

他经营的枪手人家饭庄是全村第一家乡村旅店，从1998年开张的家庭饭馆发展而来。前几年，饭庄每年接待近3万人，2016年已经达到5万人。

“1996年岜沙开始有外面客人来，但当时交通不便游客不多，主要是摄影家和画家。”他说。

石庆祥是护林员，每年农历十月到次年三月工作较忙，其余时候可以打理店。他说，2013年起，旺季时店的净利润一天可达五六千块钱。他做护林员的月工资是4600元。

为了帮助村民尽快了解服务业，从江县给没有任何旅游从业经验的村民提供了培训。石庆祥认为这很有必要。

“不培训的话，我们不懂很多规矩。培训后知道怎么对客人尊重，要询问是哪里人、什么口味，再来做什么菜。”

“枪手人家”有10间客房，常常供不应求。

像这样的民宿在岜沙有七八家，都是当地典型的二三层小木楼，有的门口还晒着扎成小把的稻子和小红辣椒。

和外界的接触也让一些村民对外面的世界产生了兴趣，选择出去打工。

“现在有一百多人出去打工，主要是年轻人。大部分在县城，白天去打工，晚上回来住。”52岁的村委会主任滚想丢说。

外出的年轻人往往不再保留户棍，免得与他人不同。滚想丢的两个儿子就是这样。

“我开大会说过，这是祖宗的东西，必须要保留，但是没用。”

他叹了口气。现在村里有一半人还留着户棍。

“我告诉他们，户棍没有，苗衣不穿，房子建成砖房，岜沙就没法发展了。”他说。

打工赚了钱的村民想修建砖房，村里要求他们的房子不超过三层，而且外面要贴上木板，保持传统的样貌。

传统，想放弃和想留住，都让滚想丢头疼。中国传统村落黔东南峰会2016年10月13日举行。作为会场之一的岜沙村，打算建一些房搞接待，以后做成酒店。一些村民表示反对，村干部用了一个月时间才做通工作。

很多村民不愿办旅社，因为不希望外人打扰，并且无法接受“让外来的男女混住在自己家中”，滚想丢说。

从石庆祥的旅社步行5分钟，就是滚更道的家。27岁的她正在门口用一束硬羽蘸上蛋清，反复刷一卷棉布，以便让它更挺括和有光泽。这在她看来不算劳作，只是收稻谷后“没事情，随便做做”。这卷棉布将用来给她丈夫做外衫，为此她自己种棉花、纺线、织布、染色和裁缝。

滚更道家的收入除了种粮，还有就是主要靠丈夫表演每月赚取的三四百块钱。一家年收入一万多元，要养活包括公婆在内的六口人。

她的长子9岁，进门的木板墙上贴满了他的奖状。3岁的幼子一直围在她身边。

“我想多赚钱供孩子读书，但是不知道怎么赚。”她说。

她最远去过从江县城，丈夫曾到北京演出，参观过毛主席纪念堂。

“我也想去看看北京的县城。”她说，“可是没人带我去。

我不认识路，不上学太久了，字都不认识了。”

她的儿子都在为扎户棍留头发。看到父亲的枪，长子也想要一把。

“但是买不起啊。”滚更道说。

表演用的枪是多年前一直传下来的。村里有一个做枪的师傅名叫王冷厚，但这几年已经不做了。

拨通王冷厚的电话时，他不在家，上山干活去了。

（白旭　黄燕　李惊亚）

69. “毕摩”家族的后人

微风轻抚过波光粼粼的彝海，密密的树林发出阵阵低语。52 岁的“毕摩”沙马里姑仰望着面前的彝海结盟纪念雕塑，入了神。

“这是我爷爷。”许久，沙马里姑说。他手指的方向，是雕塑右侧一位身披“查尔瓦”（彝语，即斗篷）的彝族汉子形象。仔细辨认，眉眼间，他们有些相似。

1935 年 5 月，长征中的中国工农红军途经凉山冕宁。彝海畔的“歃血为盟”使得红军和平通过彝区，留下了一段千古美谈。雕塑右方的男子、沙马里姑的爷爷，便是 82 年前见证这一历史瞬间、主持结盟仪式的“毕摩”沙马尔各。

“毕摩”，在彝语里的意思是“有知识的长者”，在彝族民众眼里，其身份犹如祭司。

出生在冕宁农村的彝族青年李雪峰仍记得小时候那些活跃在村里的“毕摩”：“他们懂古彝文，上知天文下知地理，会观星象。”

削瘦、黝黑的沙马里姑看上去更像是一位普通的农民。他的汉语里带着浓浓的彝腔，常常说着说着就变成了彝语。而在他 27 年的“毕摩”生涯里，主持的祭祀仪式数以千计。

“家里有人生病，人们会找我占卜，看看应该去什么方位求医；家里有远方归来的亲人，会请我去祈福；有人远行，也会请我去祈祷平安顺利；婚丧嫁娶，会找我算日子……”沙马里姑说。

沙马里姑珍藏着一本经书，那是一部从爷爷手里传下的老古董。纸张已经泛黄，又薄又脆，稍不注意，一些书页就散落下来。18年前，沙马里姑重新誊抄了一遍经书。“老经书上有很多古彝文，这些文字只有‘毕摩’才能看懂。我誊抄的时候把古彝文改成了现代彝文，便于以后子孙读。”他说。

“这些经文内涵丰富，有许多是关于人、动物、植物的起源，饱含着彝族先民对世界最早的认识。”中国民族语文翻译局彝文翻译室二级译审王昌富解释说。

沙马里姑的师傅沙马马海与他爷爷是堂兄弟。“最初，师傅教的不是经书里的内容，而是一些做人的道理。”柴火噼啪作响，沙马里姑看着火苗，陷入了回忆。

从语言文字、天文历法、药学医学、风俗伦理、社会历史，再到占卜打卦和各种咒语……跟着师傅，沙马里姑像海绵吸水一样学习。

“‘毕摩’家族的人，必须有后代继承前人的事业。爷爷、父亲、师傅，当了一辈子‘毕摩’，传到我这里，我也必须把这条路走下去。”沙马里姑说。

在过去，作为百姓生活中的“必需品”，“毕摩”收取“毕筹”，往往家庭富裕。但现在，找沙马里姑的人越来越少了，他的家境在村里只能算中下水准。彝海村历史上有5个“毕摩”家族，如今还在从事这一职业的只有两名。

不光在彝海村，整个大凉山的“毕摩”都面临着冲击。“一些‘毕摩’不得不寻求新的途径维持生计。”王昌富说。

沙马里姑还在坚持。他说，“毕摩”一定要守着自己的家园。

沙马里姑家有 6 亩地，种着土豆和玉米。2016 年，地里的收入不到 4000 元。他和妻子偶尔会在家附近打些零工，补贴家用。老实、厚道、热心是村民对他的印象。村里哪家起了纠纷，也会请他去调解。

除了嫁到外乡的大姐，沙马家的男丁现在都居住在彝海。虽然是“毕摩”世家，但全家至今没有定下一位“接班人”。

“下一辈一定要懂文化，我们就是没有读过什么书，现在已经过气了。”沙马里姑说，“人要相信科学，但是传统也不该丢。”

一些研究彝族历史、文化的学者也指出，应该更多地看到“毕摩”的文化价值。

沙马里姑的内心充满了矛盾。一方面，他认为“毕摩”文化博大精深，应该传承下去；另一方面，面对现实，他越来越感觉到这一古老职业的式微。

作为接受了现代教育的新一代彝族青年，李雪峰觉得，“毕摩”文化的传承，不能单纯依靠民间，还需要引导和保护。

“‘毕摩’文化的老传统是口口相传，一旦失去传承人，‘毕摩’文化就会断代。”他还说，“如果要抢救它，一些老规矩也需要突破。”

（吴光于）

70. 从大棚到校园：农民的营养餐工程

种了一辈子田的刘和忠从没见过初秋长出来的小辣椒。

“像这个季节，我们哪能种出这么水灵的辣椒？”他指着大棚里挂在枝头的细长小尖椒说。

69 岁的刘和忠家住江西省赣州市兴国县杰村乡。有“红军县”“烈士县”之称的兴国，八十多年前全县 23 万人中有 8 万多人参加了红军，5 万多人再也没有回来。

现在的兴国依然是国家级贫困县。2015 年，全县城镇居民人均可支配收入达 22024 元，农村居民人均可支配收入达 7849 元。

刘和忠的儿子儿媳外出打工，留下 3 个未成年的孩子由老人照顾。他们种了 5 亩水稻，一年下来除了自家吃所剩不多。

刘和忠患有肺结核和支气管炎，每月药费两百多元。而老两口除了每月 400元的最低生活保障金就没有其他任何收入了。

按照赣州市关于中心城区菜篮子工程的规划，杰村乡蔬菜基地 2016 年年初落成，规划 1060 亩，已有近 700 亩投入使用，成为兴国县的蔬菜生产龙头企业。刘和忠闲时就到基地干活。蔬菜大棚是智能化控制的，需要人工做的主要是除草、施肥和采摘，一天工作 8 小时他也觉得不怎么累。

“来务工的都是‘老弱病残’。”兴国季季鲜农业发展有限公司董事长吴福华说。“他们劳动技能低，身边又有留守儿童要照顾不能走远。这份工作不但为他们每天增加60元收入，还改变了他们的观念。他们像城里人一样每天按时上下班，有了事情做，邻里纠纷也少了。”

53岁的吴福华和农民打交道三十多年，曾长期任村支书、村委会主任，管理过五六千人的村子。

“我做一个小村官，常思考为什么我就解决不了‘三农’问题。”他在蔬菜基地的办公室里一边轰赶着苍蝇，一边为访客沏茶。

“和其他农场主相比，我的长处是懂得农民的心理，懂得管理农民，知道他们贫困的根源。”他说。

吴福华说，外地现代农业起步早，赣州蔬菜市场的货源70%来自外省，但菜品成本高，也不够新鲜。本地种植可以溯源，更加可靠。

刘和忠和其他村民在基地接受培训，学习科学种植，知道了原来六七月份也能种辣椒。

基地和30户贫困户签了约。按照赣州市的扶贫政策，贫困户可申请5万元贴息贷款，这笔资金可以带到基地作为投资，享受分红。

“我们确保他们每年得到20%的分红，让他们吃定心丸。一户5万元入股，一年可以获利1万元，对农村家庭是一笔不菲的收入，也提高了他们的劳动积极性。”吴福华说。

此外，贫困户还可以将自己承包的一两亩土地转租给蔬菜基地，由基地按成本价提供良种、农药、化肥、技术等，而贫困户则出劳务。收获后，蔬菜基地统一收购，保证农户每亩获利 1.5 万元。

吴福华认为，这对政府、公司和农户来说是多赢的：政府给企业发展机会，企业利用技术优势履行社会责任。蔬菜基地解决了土地和劳动力问题，而贫困农民则利用空闲时间赚到钱，仅此一项农民一年就能增收近 2 万元。

“关键是改变了思想观念，”他说，“通过这种模式激励贫困户主动脱贫。”

吴福华的蔬菜大部分进了超市，还有近 3 成作为学生营养餐的食材供给了成都金源鸿餐饮管理有限公司兴国分公司。

金源鸿目前面向兴国全县 424 所校点的 10 万名义务教育阶段的农村学生提供营养餐。标准是两荤一素一汤，因此公司每天需要 2.4 万公斤蔬菜和 6000 公斤肉。除了杰村乡蔬菜基地等 9 个合作基地，公司还有 1 个自有基地，雇当地农民耕种，每天工资是 60 元。

作为扶贫的一种方式，金源鸿也收购贫困户种植的合格蔬菜。“他们可以把菜送到最近的校点，我们给他们一个兜底价。”分公司经理李文说。

刘和忠的孙子在村小学上一年级，正赶上享受免费营养午餐。刘和忠说，自己天天看着这些菜长起来，不打农药，孩子吃了安全健康。

金源鸿有 30 条运输线路，每天凌晨三点送餐车就出发了，平均每辆车要跑一百多公里。对于一些非常偏远的学校，送餐车隔天送一次，比如梅窖镇中心小学在黄沙村的和目教学点。

从兴国县城开车到这里需两三个小时。

和目教学点只设一年级。曾清华是唯一的老师，2016 年有 5 名学生，2015 年只有 1 名。她每周两次去中心小学取营养餐食材，然后骑 40 分钟摩托车到达山上的教学点。

学生到校之前，曾老师会把米淘好放进电饭煲，课间时间去切菜，中午 11:50 下课开始做饭。12:30 之前，孩子们就能跟老师一起吃上午餐。

2014 年之前，兴国县农村中小学课间有牛奶面包的营养加餐，午餐则是孩子们自带。但不少孩子家庭条件差，吃的很简单。很多营养餐中的菜他们从来都没见过。

“这些小孩没怎么见过土豆，所以菜里的土豆他们就不吃。”曾清华说。

陈凤材喜欢吃圆白菜。“有一种软软的菜我不爱吃。”他说。这个六岁的男孩还叫不上木耳的名字。

尽管不爱吃，他也尽量把自己的饭和菜都吃光。“因为吃下去身体就能长大了，长得像爸爸一样高。”他认真地说。

陈凤材的父母都在外地打工，他只有放假才能见到他们。“爸爸妈妈好辛苦的。”他像大人一样叹了口气说。“我长大了可以‘赚票子’。”他说，那样他和爸爸妈妈就不用分开了。

（白旭　黄燕　吴锺昊）

71. “农民瑜伽”为贫困村庄注入活力

如果不是亲眼所见，人们怎么也不会将瑜伽与这个贫困村联系在一起。

在北京西北200多公里处的一个小山村，这里的许多农民从零基础练起，学会了形似瑜伽的各种动作。

近百人的队伍中，最年轻的45岁，最年长的92岁。面朝黄土背朝天的他们，2016年以前根本不知道瑜伽是什么。

村民们练习的初期只是为了“应付一下”驻村扶贫的第一书记。有趣的是，这个第一书记此前也没练过瑜伽。

村子是河北省张家口市张北县玉狗梁村，处在华北平原与内蒙古高原过渡地带的坝上地区。

村子干旱缺水，农民靠天吃饭。村里没有小卖铺，流动售货车一周到村里一两次卖蔬菜和日用品等。

跟中国许多贫困村一样，村里的壮劳力都外出打工了，剩下中老年人留守村中。

石家庄邮电职业技术学院教师卢文震的到来打破了这里的沉寂。

中国提出到2020年全面建成小康社会，张北县是河北省十个深度贫困县之一。

河北省自2016年起计划连续用5年时间，从省市县机关选派优秀干部到贫困村任第一书记。52岁的卢文震成为玉狗梁村党支部的第一书记。

“很多第一书记由于所在单位的优势能够给帮扶村带来资金和项目。而我，既带不来资金，也带不来项目，如何开展帮扶工作成为一道难题。”卢文震说。

一番思索后，卢文震定下了努力的方向：健康扶贫。让村民们活动起来，身体硬朗起来，村庄气氛活跃起来。

学音乐出身的卢文震，教大家唱“WU”（音）、打嘟噜（吐唇），帮助村民们练习呼吸，提高肺活量。

“但是，总这么唱也不行。在唱的过程中，我就带领他们活动胳膊、活动腿，做源于华佗创编的传统养生功法五禽戏的四肢爬行动作。”卢文震说。他还带领大家做扫院子、洗衣服、摇辘轳等各种结合农村生产生活实际的动作。

一次，卢文震走访入户时，发现村民们有在炕上盘腿的习惯。“我突然想到瑜伽。于是，我就在网上找瑜伽的文字、图片和视频，自己慢慢学，然后带着大家慢慢做，并把瑜伽动作的文字和图片发给大家，大家照着练习。”他说。

在卢文震的号召下，十几个村民跟着他练了起来。每天上午七点练一个小时，下午五点再练一个小时。

“刚做这些动作的时候，浑身都疼啊。我们这些老胳膊老腿几十年也没做过这些动作啊，一个个龇牙咧嘴的。”59岁的靳秀英说。

意想不到的是，卢文震坚持下来了，村民们也坚持下来了。而且，队伍从原来的十几个人，发展到现在的近百人，占村里常住人口的近四分之一。

“练习两个月之后，我的身体不疼了，越练越暖和了。”靳秀英说。

村民们逐步掌握了金鸡独立、马步、平板撑、仰卧起坐、俯卧撑、倒立等一系列动作。

“我们的动作不能说是严格标准的瑜伽，很多结合了乡村生产生活特色，还有一些自创动作。只要大家活动起来，身体舒服就好。”卢文震说。

卢文震做了一个微信公众号“有一个地方叫玉狗梁”，上传村民们练习的照片和视频，记录他们进步的点点滴滴。

“这引起国家体育总局相关部门负责人的关注，联系我询问相关情况，并给予认可和支持。”卢文震说。

驻村前，一天瑜伽都没练过的卢文震，如今已经获得了健身瑜伽教练资格证和裁判资格证。

66 岁的郭美珍说：“我有高血压，现在倒立都不成问题，也不头疼，心情可好了。”

72 岁的郭明说：“我们这个地方穷，练这个活动活动，身体好了，地里的活儿能多干点，给儿女减轻负担。”

一辈子不曾走出山沟的村民，因为“乡村瑜伽”，有机会参加省市组织的健身瑜伽比赛和“百姓大舞台”“春晚”等文艺演出。

靳秀英是村里的妇女主任，她说：“过去，村民们干完农活就是聚在一起说闲话、玩牌、打麻将。如今，老哥儿几个，老姐儿几个在一起切磋动作。我们的生活更健康。”

乡村的治理方式也发生着改变。“过去，我们开会都叫不来人，如今到了时间大家都来锻炼，锻炼完了村干部就把事说了。过去，有空巢老人生病在家别人都不知道，如今他到时间不出来锻炼，有人就会去他家找他。”靳秀英说。

玉狗梁村沉寂不再，愈发热闹了。随着人气的不断集聚，卢文震对扶贫工作有了新愿景。

“玉狗梁村主打‘健康牌’。针对土壤特点，我们今年试种100亩藜麦，它是全营养食品，预计一亩地的收入近三千元，是过去一亩地收入的十倍。同时，吸引外地人前来观摩体验我们的‘农民瑜伽’，开发乡村健身旅游项目。”卢文震说。

（张涛　白林　白明山）

72. 独龙江畔的新鲜事

“大麻花，天津大麻花……”2013年6月底的一天，在偏居我国西南一角中缅边境的独龙江乡，小贩悠长的叫卖声回响于高山峡谷间。独龙族群众过去习惯于以物易物，商品观念淡薄。千百年来听惯了滔滔江声的独龙族群众，对出现在独龙江畔的叫卖声倍感稀奇。

实际上，近几年，随着云南省整乡帮扶工程的推进，独龙江畔的新鲜事每天都在上演，正在一天天改变着独龙江乡的面貌。

——不再害羞，独龙族妇女当起了菜贩子。“不要小看独龙江边的叫卖声，对独龙族群众来说，这是学习做买卖的好机会。”对于小贩的叫卖，独龙江乡副乡长余金成这样解读。这两年，进独龙江的路好走了，外面来做生意的人多起来了，给独龙江带来许多新鲜事物，也让独龙族群众的商品意识渐渐萌发。

如今，走在独龙江乡政府前的街上，小超市、小菜摊、小饭店接二连三。35岁的丙当村独龙族妇女毕珍兰，卖的是村里大棚种植基地里试种的当地菜。“我是独龙族妇女第一个出来卖菜的，去年第一次卖菜时心跳得厉害。”说起自己的卖菜经历，毕珍兰现在还有些害羞。

从怒江州扶贫办派来的帮扶干部李发朕，在丙当村带动群众种起了大棚蔬菜。菜种出来了，卖菜犯了难，当地群众没有人卖过菜，不会卖。找来找去，毕珍兰勉强答应。李发朕说：“第一次卖菜时，毕珍兰背了一背篓菜到街上，背篓放在街边，菜也不摆开，也不招呼人买，别人还以为她是买菜的。下午把一篓子菜又背回来了。”

为了让毕珍兰学习做买卖，扶贫干部特意把她带到州里的菜市场，让她看看人家是怎么招呼人、讲价钱的。现在，毕珍兰卖菜渐渐自在起来了，“一次可以卖七八十斤，能卖200多元。”

——不种苞谷，独龙族家庭搞起了农家乐。毕珍兰的丈夫李明才在蔬菜基地打工两年了，一个月可以挣到近2000元。2013年，他自己搞了一个大棚，种上了萝卜、茄子。“以前只会种苞谷，学了两年种菜技术，种好了自己吃，吃不了可以到街上去卖。”李明才说。

实际上，这几年随着产业扶贫、技能培训的开展，越来越多的独龙族群众不再满足于种植传统作物，开始搞起了草果种植、独龙牛养殖等。最近，孔当村普卡旺村小组的独龙族群众准备开办农家乐。

走进普卡旺村小组，犹如来到一个“世外桃源”：背靠青山，前临绿水，新盖的13户安居房整齐排列在山脚，户户房顶插着鲜艳的五星红旗。由于环境优美，实施安居工程时，扶贫单位为每户配建了两个标准客房。“国家花了那么多钱，为我们修路、建房子，我们自己要努力，把旅游搞好。”村民普清华说。

比起种苞谷，搞旅游接待是第三产业，复杂多了。虽然还没有正式开业，但普清华已经从方方面面准备起来了。以前家庭卫生不太讲究，现在特意请来了边防官兵教叠被子；为了搞特色餐饮，他准备养几头猪；为了推介独龙族文化，他正在村里组织跳舞队。“最担心的是说普通话，有点害羞，还要好好学。”普清华说。

看好旅游商机的不止普卡旺村小组，孔当村党支部书记鲁江利说：“独龙江的景色如此优美，现在来的人越来越多，我们正筹划着搞一个农家乐协会，让村民都能吃上旅游饭。”

——不再封闭，独龙族文面女要到外面看一看。如今，从贡山县城到独龙江乡政府驻地 90 多公里，一大半的山路铺了沥青，但还是要走四五个小时。每年 12 月至次年六七月大雪封山，独龙江与世隔离。

自从 2012 年接通了光缆，独龙江不再封闭，与世界的联系突然拉近了。过去，独龙江转借西藏察隅的手机信号，只能同时接通 10 多部手机。人们有急事，往往打不出去。现在，连独龙江新开的宾馆都用上了 Wi-Fi，上网很方便。

走出大山，不能仅仅心向往之，还要真正到外面看一看。自从 1999 年独龙江公路通了，独龙族群众走向外界的步伐越来越快。去年，独龙江公路铺了沥青，剩下一段将来要改走隧道，不再翻山越岭了。

正在施工的隧道何时打通，是独龙江乡目前的热门话题，独龙族群众人人渴望着。“政府帮我们干了那么多事，我们独龙江现在什么都好了，隧道打通了，我最大的愿望是到外面旅游，看看外面的世界。”目前在世的独龙族文面女之一的肯国芳说。

独龙族是云南人口较少民族之一，现有人口 5800 多人，绝大多数居住在怒江大峡谷北部以西的独龙江乡，这是一个集边境、民族、山区、贫困为一体的封闭半封闭特殊贫困区域。为了不让一个兄弟民族掉队，2010年云南省启动独龙江乡整乡推进、独龙族整族帮扶综合发展3年行动计划，目前已投资8.7亿元，推进安居温饱、基础设施、产业发展等“六大工程”建设，成效显著。

（秦交锋　吉哲鹏）

73. 无声世界里的脱贫乐章

太阳刚刚露出地平线，洪家专就已经喂好了鸡和猪，来到自家开的农家乐忙碌起来。他一边摘菜，一边向身旁的妻子打手势，为一天的生意做准备。

洪家专是一名聋哑人。

49 年前，洪家专出生于湖北省恩施土家族苗族自治州鹤峰县中营镇白鹿村。这是一个“壁挂”在武陵山脉大峡谷中的小山村。村民出门就是大山，串个门都要翻山越岭，时间以天计。

20 岁那年，同村姑娘冉春菊认定洪家专为人本分、吃苦耐劳，不顾家人反对，与洪家专走到了一起。第一个孩子的出生给了洪家专夫妇晴天霹雳：天生聋哑。这一贫如洗的小家庭担子更重了一份。仅靠家里 3 亩山地，连吃饱肚子都难。

那时候，每天凌晨 5 点，天还没亮，洪家专就带着妻子，扛起锹，来到河边帮人挖砂装砂。一锹浸满水的河砂足足有二十多斤重，再装进拖拉机，得用尽全身力气。这份活虽苦，但也算有了收入，日子也有了盼头。

然而，命运再一次和洪家专开了个不小的玩笑。1999 年的夏天，洪家专在装砂时，不小心松动了拖拉机制动装置，摔进了河沟，自己左手骨折，拖拉机也“栽了大跟头”，老板要求赔偿。

这个家庭重新回到一贫如洗。洪家专将挖砂的全部积蓄都拿去修拖拉机，手就没钱治了。

2002 年，冉春菊又怀孕了。“这一次，上天开眼了。”冉春菊说，儿子出生后不久，她用手拍蚊子，沉睡的儿子被惊醒大哭起来。那一刻，洪家专和冉春菊抱在一起哭了起来。

儿子带来的美好期待还未到来，命运的捉弄却来了。2006 年的一天，洪家专上山砍柴，不小心从树上摔下来。这一次，左肩胛骨骨折，断裂的骨头突出一手指长。

同一只手，两次骨折，洪家专从此无法再干重活。从那一年开始，他们来到附近一家餐馆打工，洪家专当厨师，冉春菊负责配菜。“过一天算一天吧。”

2015 年湖北省林业厅和鹤峰县扶贫办的扶贫工作队进驻白鹿村，为洪家专等 56 户贫困户制定了一系列帮扶措施，还专门指派一名干部对口帮扶洪家专一家，量身打造“脱贫计划”，送来 3 只猪仔、210 只鸡苗和 150 株猕猴桃树苗。

在扶贫队的支持下，洪家专借来 1 万多元，在村委会广场上搭建一层简易板房，开起了农家乐。湖北省林业厅和鹤峰县扶贫办送来消毒柜、烧烤机和桌椅。

村委会广场旁有个小瀑布，夏季不少人来这里冲凉游泳，戏水之后再吃个烧烤。这也是洪家专的主要生意。

农家乐生意起来后，洪家专赶紧让女儿女婿搬回娘家，帮忙打理。女儿洪亚琼远嫁到重庆，女婿同样是一名聋哑人。“其实是想帮帮他们，不让他们再受我们受过的苦。”冉春菊很清楚丈夫的用意。

洪家专的扶贫帮扶手册上记录着这样一组数据：2017 年，家庭总收入 36872 元，其中，经营收入 2 万元，红薯 300 元，茶叶 2000 元，养猪 2400 元，低保金 9600 元，残疾人两项补贴 1800 元，耕地和公益林补贴各 185 元和 587 元。

洪家专夫妇在后山种植了 3 亩猕猴桃，“明年就能结果，收成好可以卖到 2 万元。”

冉春菊说，儿子读初三，学习成绩不错。夫妻俩早有约定，不论吃多少苦，都要供儿子读完大学，做个对社会有用的人。

2017 年 10 月，洪家专向村委会递交了《贫困户脱贫确认书》，并经过验收确认，正式脱贫了。

（徐海波　伍欣）

74. “像杀猪一样画画”

只要村里没有猪要杀，46 岁的屠夫陈爱惠都会沉浸在她的艺术世界里，绘画古老房屋和木制廊桥。

陈爱惠生活在中国东南福建省屏南县一个叫漈下的偏远村庄。2015 年，一个陌生人的出现打破了她日复一日的乡村生活，他声称要教会这里的农民画油画。

这个陌生人叫林正碌，他宣称“每个人都是艺术家”，动员村里每个人都去他的培训班。但大部分村民都对这个大胆的实验避之不及。

“我想他要么是在取笑我，要么是想骗钱。”陈爱惠说，“我们乡下人怎么可能像艺术家一样画画？”

但林正碌没有放弃。为了表现诚意，他承诺给村民免费的艺术教育，甚至连画布和颜料都免费。

为了不忤逆他的好意，暑假来临时，村民们把孩子送到他的艺术教室。让他们吃惊的是，没过几天，孩子们真的创作出简单的画。

让这些父母更为吃惊的是，几天后，来自大城市的画商和收藏家把孩子们的画买走了，每张 200 元。

很快，大人们也开始学画画了。和其他即将成为艺术家的农民一样，陈爱惠发现学一门新手艺并非易事。

等她坐到画架前，手里握着画笔，她怎么也下不了笔。

“当时我就觉得这个画笔比杀猪刀还要重。”陈爱惠回忆道。“我很紧张，额头上都是汗水。”

林正碌告诉她：“你平时怎么杀猪就怎么画。”她照办了。

迈出第一步以后，她很快爱上了这个新职业。现在她已经画了近 100 幅。

林正碌的课上没有透视法、构图或配色，他唯一教的是“你想画什么画什么，想怎么画就怎么画”，唯一的要求是“把画布涂满”。

虽然听上去有点怪异，但这个方法确实奏效。最高峰时，漈下村几乎每个家庭都有人在画画，一些农民还把他们的老宅或仓库改建成画室。

尽管这通常被认为是小资的消遣方式，在村庄也蔚然成风，一些人甚至从中获利甚丰。

陈爱惠的邻居黄余清靠卖画挣了两万多元，这比她开杂货铺和理发店赚的还要多。

她用卖画赚的钱买了一部智能手机，学会了在微信等社交软件上卖画。现在她的画最多可以卖到 3000 元一幅。

村民们收获的不仅是金钱。通过画画，村民们培养了艺术品位，同时精神生活也得到了极大丰富。

“村里打麻将的人少了很多，大家有空都忙着画画。”黄余清说。

很快，这座偏僻的小山村因其农民艺术家闻名遐迩。每到周末，来自全国各地的艺术爱好者、画商、教授和外国人成群结队来到漈下村。

他们中一些人留了下来，一住就是几个月，和村民们一起画画、一起生活，这里成为他们逃避城市喧嚣的宁静港湾。

黄余清说话时，不时会蹦出几个英语单词，这是她跟来访的外国人学的。“我很高兴能和他们交朋友。”她说。“画画就是我们之间的共同语言。”

一些外出到城市寻找工作机会的年轻人也纷纷回到了村里。

姚媛媛曾在沿海城市厦门的一家科技创业公司工作，回村里学画画之后就留下来了。现在她也是林正碌艺术培训班的助教。

为了满足外来客人的需求，一间咖啡屋在村里一大片老屋中间开张了。偶尔，一些农村妇女也会光顾这里，带着蹒跚学步的幼童品尝异域风味。

“对于村民来说，画画是帮助他们树立自信的一把钥匙。”林正碌说。“所谓艺术，就是帮弱者变强，给村民以力量。”

高金美如今已是84岁高龄。一年前，林正碌把她从病床上“拉”出来，加入了他的艺术项目。现在，她已经画了300多幅画，卖出去一万多元。

“画画是治我高血压最好的药物。”她说。“我现在感觉自己不像80多岁，而是像18岁。”

林正碌认为他的艺术公益教育能给农村带来“人性的解放”。他计划在五年之内，让屏南县所有村的农民都学会画画。

（张逸之　彭培根　王健）

75. 油茶梭子粑，古道兴农家

岔山村的一天是在炊烟中开始的。天还没亮，村党支部书记杨志魁一家就忙碌起来。铁皮大锅架在灶上，炉膛里的枯竹不时发出一两声爆响。把生粉煮成熟粉饼，是制作梭子粑粑的第一道工序。

广西富川瑶族自治县朝东镇岔山村位于广西与湖南交界处，早在秦汉时期就是从中原进入岭南的入口要冲。潇贺古道穿村而过，是对接海上丝绸之路的一条重要通道。

得交通之便，岔山村一度是颇有名气的贸易村，古道两旁店铺林立，“长盛”“元吉”等老字号至今依稀可辨。

“以前，周围的人都到我们这里来‘赶闹子’（方言，意为赶集），热闹得很。”开米豆腐店的村民何兴有说。

时过境迁，随着古道的衰落，岔山村也渐渐被人遗忘。统计显示，全村 224 户居民中有 100 户是贫困户，贫困发生率将近 40%。

“以前村里为了耕田养了很多牛。石板路上到处是牛粪。碰到雨天几乎没地方下脚。所以人们都把这里叫作‘牛屎街’。”曾在岔山村插队的知青陈鲁莎说。

朝东镇党委书记汪溪泉至今难忘第一次夜访岔山村的情景：

“几乎成了空心村，整条街上只住着两位老人。路旁都是黑乎乎的老房子，没有灯，很吓人。”

不过，当地政府看中的恰恰是这条老街和这些老房子。“朝东镇有一批坐落在潇贺古道沿线的古村落，这是发展乡村旅游的优质资源。”汪溪泉说。

2016 年 6 月 13 日，杨志魁的爱人和村里六家贫困户一起创立的油茶店开张营业，主打美食是油茶和梭子粑粑，这是岔山村近几十年来第一家旅游餐饮设施。

“没想到，开业后却没有顾客上门。做好的粑粑卖不出去，又不能久存，只好拿去送给亲友。”杨志魁回忆起当时的场景，心中的忐忑仍难以忘怀。

“贫困户都盼着能过上好日子，可是又害怕风险，如果这家油茶店倒下了，再搞别的项目大家就会更没有信心。”汪溪泉说。

“授人以鱼，不如授人以渔”，汪溪泉决定把岔山打造成全县第一个商业级免费 WiFi 覆盖的古村落，还开设了微信公众号。

依托新媒体的传播和传统媒体的关注，岔山村迅速“火”了起来。每逢节假日，村口都停满了悬挂广西、湖南、广东等地车牌的游客车辆，甚至沿着村路一直排放到邻村。

“这里的古道、古楼更有味道。”来自佛山的翁女士说。

“这里的梭子粑粑很好吃，想带一些回家给大家尝尝。”一位来自湖南的游客一下打包了 50 个粑粑。游客太多，岔山村的梭子粑粑经常供不应求，需要提前预定。

2016 年下半年，岔山村接待游客量突破 7 万人次。昔日堆柴放草的老房子被整修打扫，变成了油茶馆、农家乐、凉粉店。

“现在再没人管这里叫‘牛屎街’了，我们这里是‘黄金街’、旅游街！”何兴有说。早上 4 点，他就起来赶做米豆腐。“最忙的时候四个人一起给客人盛米豆腐都忙不过来。”他说。

端午节，供游客免费休息的读书吧建成开放。在岔山村，游客还可以免费参观民俗体验馆、潇贺古道文化展示馆、知青馆、岔山博物馆等多个景点。

“汪书记，我想做一些荞麦烤饼，你觉得游客会不会爱吃？”“这是我家新做的钵仔糕，一块钱一个”“汪书记，我想把店名改成‘五朵金花油茶社’，你觉得好不好？”村民们对汪溪泉很信任，有了新设想都纷纷找他讨主意。

“一年前开第一家油茶馆的时候，动员了好几次都没人响应。你看，现在大家的创业热情都被激发出来了，这就是扶贫先扶志，这就是产业扶贫。”汪溪泉说。

夜幕降临，游客渐渐散去，古道山村重归宁静。不过村民们还顾不上休息，他们还要打扫店面，准备第二天的食材及馅料。不一会，花生和芝麻的香气便开始在光滑的石板路上弥漫开来。

（王作葵　钟泉盛）

76. 免费澡堂进村庄

2月1日，农历腊月十六，傍晚时分，在山西省右玉县杀虎口风景名胜区杀虎口村，村民李四红收拾完自家院子，满心欢喜地走进村委会隔壁的公共澡堂。

贫困村建免费公共澡堂，杀虎口村在右玉县还是头一分。乳白色的外墙、青瓦垒建而成的斜坡屋顶，配之富有古典气息的保温窗户，澡堂古色古香且略带江南风韵，屋顶两台硕大的太阳能热水器更是让人看着舒心。

今年55岁的管理员刘月新正在澡堂更衣区打扫卫生，见李四红走进澡堂，他赶忙搭话："老李，今个天这么冷，怎么想起来洗澡了？"

"这不腊月都过了一半，今天收拾了一下院子，落了一身灰，洗个澡也舒坦一下！"李四红笑着说道。

澡堂更衣区，深红色的衣柜一字排开；再推开洗浴室的磨砂玻璃门，十来个淋浴喷头一个挨着一个；墙壁和地面上白黄两色瓷砖，显得浴室分外整洁。

"自打去年10月份澡堂开业后，每天来洗澡的村里人是络绎不绝，大伙都说，澡堂是又暖和又干净，热水也足！关键还免费！"刘月新高兴地对记者说。

在免费澡堂建起来之前，杀虎口村并没有公共澡堂。村里人冬天想洗澡，最近也得跑到邻近的右卫镇，有时甚至得到30公里外的右玉县城。右玉的冬天天寒地冻，成年人去洗个澡回来都有可能感冒，更不用提老人和孩子了。

村里的群众冬天洗澡难，中铁十二局集团有限公司驻杀虎口村的扶贫工作队看在眼里，想在心里。在扶贫队的大力支持下，仅用半年时间，一座崭新的澡堂就建好了。

“老刘管理澡堂认真负责，总是打扫得干干净净。澡堂开门之后，不光自己村里的人来，有时周围几个村的村民也来，挺受大伙欢迎。”杀虎口村村党支部书记杨再茂说起刘月新负责管理的澡堂，一直赞不绝口。

在杀虎口风景名胜区管委会党委书记王军芳记忆里，杀虎口村的公共澡堂正式启用当天，村民们欢欣鼓舞，自发为这座澡堂办了一个极具乡土气息的开门仪式。管理员刘月新更是从家里搬出了两盘准备春节放的2000响红皮爆竹，现场燃放。

“就是图个喜庆嘛，大伙都觉得这是俺们村里的一件大喜事。一个澡堂解决了村里人多年来冬天洗澡难的大问题，俺们真是打心眼里感激中铁十二局驻俺们村的扶贫队。”说起驻村扶贫，刘月新难掩感激之情。

（袁兆辉　辛泰）

77. 高铁驶进秦巴山

种茶已有20年的王有泉最近有个新习惯，每天清晨，总喜欢站在自家茶园最高点远眺。顺着目光望去，隐约可见一座全新的高铁站和不时疾驰而过的高铁列车。

“像条小白龙一样！”王有泉指着远处颇为期待地说，“现在我就盼着西安到成都的高铁早点开通，想体验飞驰的感觉！”

王有泉的家乡位于陕西西南部的汉中市宁强县，这里北依秦岭，南枕大巴山，是秦巴山核心地区。

秦巴山是秦岭和大巴山的简称，是中国集中连片特困地区之一。这里跨越六个省市，致贫因素复杂，也是中国扶贫开发攻坚战主战场中涉及省份最多的片区。

为了支持这一深贫地区脱贫，2012年国务院扶贫办、国家发改委颁布了《秦巴山片区区域发展与扶贫攻坚规划（2011—2020年）》，明确要“将秦巴山片区建设成为区域交通重要通道、循环经济创新发展区、科技扶贫示范区、知名生态文化旅游区和国家重要生态安全屏障”。

2012年，起于陕西西安、终至四川成都的西成高铁开工建设。经过五年高难度建设，这条铁路于2017年底前开通运行。

西成高铁全长643公里，设计时速为250公里。开通之后，成都与西安两地的铁路旅程将由约16小时缩短到3小时左右。

沿线的诸多贫困地区将一步跃入高铁时代，其中包括王有泉的家乡宁强县。

“过去，宁强人到西安，汽车最少需要5个小时，火车则需要八九个小时。”宁强县交通局副局长鲁长虹说，“高铁开通后，宁强到西安只要1个多小时。”

意识到高铁将带来机遇和新生活，王有泉正在计划将自己的2800亩茶园建为集观光、餐饮、娱乐为一体的综合性旅游点，同时将在宁强青木川古镇打造茶文化体验馆和博物馆。

“我们的茶园距离高铁站只有2公里，高铁开通后游客肯定会增加。”王有泉说，“等到茶文化馆和博物馆建好，初步计算将带动500个贫困户脱贫。”

随着中国“八纵八横”高铁网络的逐渐形成，许多过去不通火车的贫困山区一步迈入高铁时代，迎来重要的发展机遇期。

距离宁强150公里外的朱鹮之乡陕西洋县，也是西成高铁的停靠站点之一。

在洋县傥水河边随处可见悠闲嬉戏的朱鹮，北方少见的江南水乡风光让人倍感宁静和谐；而在离傥水河不远的草坝村的朱鹮湖果业专业合作社，48岁的牟玲彦和工友们正忙得不可开交。

在机器轰鸣的厂房里，牟玲彦一边向榨油机里添加菜籽，一边叮嘱丈夫用油槽接油、用桶收集废渣，夫妻俩动作娴熟，配合默契。在另一处厂房里，工人们手底下也一刻不停，紫米、黑米等农特产品已包装好，堆放成山。

“西成高铁离我们村只有3公里，高铁一开，不知道要来多少游客呢，不抓紧准备咋行嘛！”草坝村支部书记刘煜华满是激动地说。

在过去很长一段时间里，对于牟玲彦这样居住在秦巴山区深处的百姓来说，落后的出行条件曾困住了他们致富的脚步。

草坝村人对路的渴望一刻也未停歇。从小在草坝村长大的刘煜华说：“2005 年起，村里男女老少就都开始修路，先修了千亩梨园旁边的6.3公里道路，用了近两年时间让香梨能运出去，然后修了 6 年通村入户路，让村民能干净地走出家门。现在我们草坝村人就盼着高铁通车呢！”

为了迎接即将到来的游客，草坝村已经在村里选择了 100 户农户作为首期农家乐户进行培训，同时新建了民宿和游客服务中心，准备接待往来旅客。

洋县文物旅游局副局长卢树森说，高铁不但将让大山深处曾经“养在深闺无人知”的农副产品远销各地，还将重构旅游业格局。

“我们正一边深度开发当地的旅游景点，形成集群效应，同时也在不断新建和完善民宿、农家乐，让游客能玩得好，让当地群众能加速脱贫。”卢树森说。

中共十九大提出，“要在继续推动发展的基础上，着力解决好发展不平衡不充分的问题”“加大力度支持革命老区、民族地区、边疆地区、贫困地区加快发展，强化举措推进西部大开发形成新格局”。

（沈虹冰　石志勇　张斌）

78. 贵州辣椒销全球

50 岁的中国山区农户游少平没想到，她种的辣椒能卖往平常只在电视里看得到的美国、日本、加拿大等国家。

游少平生活的地方位于贵州省遵义市虾子镇兰生村，距中国西南最大的辣椒交易市场中国辣椒城 8 公里。作为远近闻名的辣椒村，当地一半以上的耕地种植了辣椒。

从清朝康熙年间，贵州山区农民种植辣椒“用以代盐”，到乾隆年间“种以为蔬”，厚重丰富的辣椒文化和持续稳定的辣椒种植面积，促成了遵义虾子镇辣椒交易市场成为中国目前最大的辣椒交易市场之一。

“我们村种出的辣椒个匀饱满、品味温醇、香辣协调，热销国内外市场，每斤干辣椒价格一直稳定在 12 元左右，由于辣椒品质好、不愁卖，村民种辣椒的积极性一年强过一年。”兰生村党支书苟寿先说。

据他介绍，为保证辣椒品质，兰生村种植的辣椒全用牛羊粪施肥，不打农药，全村年产干辣椒 1600 多吨。

为支持游少平这样的贫困户种植辣椒、脱贫增收，当地政府从 2015 年开始，对全村 20 多户种植辣椒的贫困户每年每亩给予 300 元的农资补贴。

游少平通过辣椒种植，相继供起 3 个孩子所需的大学费用，并将于今年脱贫，成为当地村民发家致富的励志典型。

“因种植辣椒带来生活改变的不仅游少平一人。作为中国七大辣椒主产地之一，遵义市常年种植辣椒 200 万亩以上，12 万户贫困农户通过辣椒种植人均增收 2400 元，辣椒正成为贫困地区群众脱贫增收的‘希望椒’。”遵义市市长魏树旺说。

20 世纪 80 年代开始贩卖辣椒的农民经纪人王永方，从刚开始一年收购两三百斤辣椒贩卖到四川、重庆等地，到如今一年收购 50 万斤辣椒，并将其中的 10 万斤销往加拿大、美国、韩国等 10 余个国家和地区。

“得益于互通有无的世界贸易，我们山里的小辣椒也做起了‘一带一路’的国际大生意啦。”王永方感慨地说。

据中国辣椒城销售部负责人汪建介绍，中国辣椒城年交易量达 3.75 万吨，其中有 6000 吨左右为印度、缅甸、韩国、墨西哥等地生产的辣椒，这些辣椒经加工生产之后，再售卖全球。

“在我们虾子镇，有近千名农民经纪人活跃在印度、墨西哥、缅甸的辣椒市场，他们将这些外国辣椒运到中国辣椒城交易。”王永方说。

目前全世界有 2/3 的国家种植和食用辣椒，食辣人群比重已超过 20%，全球辣椒贸易额近 300 亿美元。

这些中国农民因种植辣椒而生活日渐红火，而中国与世界各国同样火热的辣椒贸易，也吸引着世界产椒国和国际商界的高度关注。

墨西哥商务委员会负责亚太业务的对外贸易主任、墨西哥驻华商会 CEO 萨尔瓦多最近在遵义参加辣椒博览会时表示，随着辣椒功能、用途的不断拓展，全球食辣地域、人群的不断扩大，全球辣椒市场将保持持续快速增长。

中国和墨西哥都是辣椒生产大国，两国美食文化深厚，尤其“辣粉”如云。近年来，墨西哥辣椒产品漂洋过海到中国越来越多，而中国产辣椒也开始回归美洲故里，受到当地食客的欢迎。

据中国蔬菜流通协会执行会长戴中久介绍，中国是世界第一大辣椒生产国和出口国，辣椒种植面积超过 2000 万亩，占世界辣椒种植面积的 35%，辣椒近 3 年平均年产量约为 2800 万吨，占世界辣椒总产量的 46%。

2016 年，中国出口辣椒 26 万吨，金额达到 4.96 亿美元，同比分别增加 42%和 46.8%。

（李平　黄勇贤）

79. 以粮作画的农民富起来

对于寿东村的村民们来说，粮食不仅仅是食物，还是可以用来制作精美拼贴画的原材料。通过“粮画”，这个曾经贫穷的村子富裕了起来。

寿东村位于河北省，曾是一个典型的贫困村，没有任何自己的特色。村里很多男人都进城务工了，留下妻子、老人和孩子在家。如今，通过用谷物和干豆作画，家庭主妇也能一边照顾孩子一边在家赚钱。

村民石仙巧说：“我很自豪自己作画赚的钱足够养活家里，我不需要再找丈夫要钱了。”

粮画是将小麦、大米、豆子等各种各样的粮食作物粘在底板上制作而成的。这个“粮画小镇”共有 180 户人家，目前已经有 80 户加入了粮画制作队伍。除了家庭主妇，一些男村民也被这个新兴手工艺品所带来的效益吸引回来；每个“画家”的月收入大约是 2000 元，而这仅仅是利用务农和照顾家庭之余的闲暇时间赚取的。

2014 年 3 月，张海增从馆陶县来到寿东村，将这个工艺教给了当地的村民。从此，寿东村开启了它的粮画之旅。

张海增是一名艺术系毕业生，2008 年用树皮、棉花和绿豆粘出了他的第一幅粮画，在这之前，他做过广告设计、焊接工、保安和出租车司机。

“我想着就算我每幅画只赚一块钱，我也很快就能买房买车。”他回忆道。可不幸的是他的那些画很快就烂掉了，因为胶水和粮食并不相容。

他试过一百多种胶水，终于找到了最好的办法。然后他意识到，尽管现在能作画了，但却没有地方卖掉那些画。张海增说：“在接下来的几年里，我只卖出去一幅画，还是以 260 元的价格卖给我的一个朋友。”

2009 年 9 月，一场县里的展览改变了张海增的想法和命运。“那时候我已经跟家人说要放弃作画了，突然展览上出现了一个顾客，提出要买我八幅画”，他微笑着回忆道。

随着生意的不断扩大，张海增向当地县政府提出要一块地作为创作基地。最终，他没有得到梦寐以求的在县城的工厂，只有在寿东农村的三间小屋。

“这对农村扶贫来说是一个很好的机会。”馆陶县县长谢继炯对张海增说，“把工厂建在村子里，不仅降低了土地租赁成本，也解决了当地的一些就业问题。”

张海增的工厂目前占地 0.8 公顷，每年获利可达约 5000 万人民币，吸引了其他省份的行业竞争者，在当地形成了产业集群。

粮画同样也吸引了游客。现在村里到处都是咖啡厅、旅馆和纪念品店。游客们还可以在专业人士的帮助下亲手制作粮画作为礼品来馈赠亲友，这个活动尤其受到小朋友们的喜爱。

据村委会主任张富仁所说，随着这项活动的成功开展，寿东村的人均收入现已达到 15000 元，成功脱贫。

看到了拼贴画的商机，石仙巧开办了自己的工作室并打算继续扩大规模。

“我计划在一个全新的空间和办公室投资约 50 万元，把目前的办公场所建成家庭旅馆。”她说。

（吕秋平　范世辉）

80. 帕米尔牧羊人的最后一个游牧之夏

“照相了！照相了！”

听到远处传来的喊声，库瓦提·萨热拉上儿子，快步向毡房旁的大石头走去。这是村民约定的第一次合影，也是他们在夏牧场上的最后一次合影。

库瓦提·萨热是新疆阿克陶县克孜勒陶乡喀拉塔什其木干村牧民，他夏季放牧的“铁日孜窝孜”牧场海拔 4100 米，是古丝绸之路在帕米尔高原上的通道之一。

守着丝路古道，上千年来，这里的柯尔克孜牧民们却始终没能摆脱贫困。

每年牧民都要骑着马和毛驴，带着全部家当，赶着牛羊，沿着古丝路翻山越岭、蹚河过涧，四处转场。整个帕米尔高原，像这样生活在深山中的柯尔克孜族牧民共有两三万人。

这里，拥有牲畜的多寡决定财富的多寡，然而，瘠薄的草原却无法养活太多牲畜，一旦遭遇天灾人祸，就要揭不开锅。

20 岁结婚时，库瓦提·萨热从父亲手中分到 30 只羊，21 年过去，他的羊仍旧是 30 只，虽然这里的羊是远近闻名的帕米尔有机羊，但由于远离市场，收购的人把价格压得很低。

“养羊不挣钱，可是不养羊又能干什么呢？”库瓦提·萨热无奈地说。

库瓦提·萨热只能把摆脱贫困的希望寄托在两个儿子身上。2015 年，他把 7 岁的小儿子加尔肯那勒 · 库瓦提送到乡里的小学寄宿读书。

妻子不愿意，又拗不过他。自那以后，夫妻俩每个周末都要下山给儿子打电话，来回需要两天。“我只能放一辈子羊了，可孩子得有新的生活。”库瓦提 · 萨热说。

南疆是新疆贫困程度最深的区域，平均海拔 3000 米以上的帕米尔高原是南疆脱贫攻坚最难啃的“硬骨头”——重重山脉将柯尔克孜牧民的居住点切割成碎片，撒在沟壑深谷间，阻断了交通，也阻断了发展。因此，易地扶贫搬迁，成了牧民摆脱贫困最后的“救命稻草”。

几天前，县里的搬迁方案传到了“铁日孜窝孜”夏牧场，计划从 2018 年开始，到 2020 年分批把牧民们搬迁到平原地带，由政府为他们提供免费住所和蔬菜大棚，并通过劳务输出、就地就业等方式帮助他们脱贫致富，最终只留少数人“固边守土”，为大伙“代牧”。这一方案得到了牧民的一致支持。

2017 年的夏天，对很多人来说是他们在夏牧场生活的最后一个夏天了，下山前，村里专门组织了叼羊比赛和草原聚会以作纪念。

叼羊比赛一开始，看到年轻人绝尘而去，71 岁的阿拜 · 阿布都拉就止不住心痒难耐，跳上马背——这可能是他在草原上最后一次叼羊，当年他外号“大手掌”，可是牧场上最厉害的叼羊选手。

虽然对高山草原恋恋不舍，但是老人知道，自己的心脏病已不适宜在高原生活。因高寒缺氧，很多牧民都患有心脏病、风湿、关节炎等疾病。近 10 年来，有 25 个人因为生病来不及送医死亡。

加尔肯那勒·库瓦提双眼死死盯在叼羊的骑手身上，库瓦提·萨热知道儿子身为一个牧民孩子对骏马的渴望，但这种遗憾只能埋在心底！

约隆会（柯尔克孜族歌舞聚会）上，库瓦提·萨热的妻子端来了传统美食卡特拉玛（酥油卷饼，柯尔克孜族传统食物），还有村民端来了抓饭和清炖羊肉。牧民们已经按户排好了宰羊的时间表，最古老的分食传统在这里依然延续着。

19 岁的草原歌手买买提阿克木·阿不都热扎克拉着手风琴、唱起《蓝天下的草原》，“我用彩笔绘就了你，我展翅翱翔的小鹰，我对你永生承诺，一辈子与你相随”……歌声里，喧闹声低沉了下来，一些女人悄悄抹起了眼泪。

夕阳西下，牧民们簇拥着遥望巍峨的慕士塔格，他们相约在下山前照一张合影，留下他们在夏牧场最后的记忆。群山环绕间，夕阳给雪山镀上了金边，通往山下的山谷牧道也更加明亮……

（阿依努尔　宿传义　江文耀　冯太阿）

中国对全球减贫贡献率超过70%，是世界上减贫人口最多的国家，也是世界上率先完成联合国千年发展目标的国家。现在，中国的扶贫工作者，正与东南亚、非洲、拉丁美洲等地的发展中国家一起，携手解决贫困这一人类难题。中国的贫困治理模式和经验，对一些国家具有很大吸引力。

新华社记者孙瑞博摄

第四部分

全球共享

81. 世界为何高度关注中国七千多万人脱贫

2015 年岁末，世界关注中国的一个关键词是“脱贫攻坚”。实现到 2020 年让 7000 多万农村贫困人口摆脱贫困的既定目标，事关中国全面建成小康社会，事关中国长治久安，同时对世界的发展和进步具有重大意义。

脱贫是全面建成小康社会最艰巨的任务

世界关注中国脱贫攻坚，因为这是一项非常艰巨的任务。

中共十八届五中全会提出，到 2020 年我国现行标准下农村贫困人口实现脱贫，贫困县全部摘帽，解决区域性整体贫困。

中国的脱贫形势十分严峻。

到 2020 年 7000 多万农村贫困人口脱贫，需要每年减贫 1000 多万人。罗中友协主席、前罗马尼亚央行行长杜米特雷斯库认为，中国脱贫工作之所以面临较大挑战，是因为一方面国际和中国国内经济大环境同过去相比要复杂困难得多；另一方面，越到后面工作难度越大，目前仍处于贫困状态的地区和人口是扶贫数十年来一直未能解决的难点。

中国的脱贫任务艰巨繁重。

埃及中国友好协会主席瓦利说，贫困人口的受教育程度相对较低，职业技能和就业能力有待提高；贫困地区一般地处偏远，需要打通与发达地区交通设施等联系；贫困地区通常自然条件较恶劣，需要克服先天不足，培育经济增长点。这些都是中国面临的挑战。

中国的脱贫目标时间紧迫。

中国确定的脱贫目标意味着在短短5年时间里，让相当于一个中等国家人口规模的贫困人口全部脱贫。印尼政治分析人士李卓辉认为，面对这一任务各级政府有非常大的压力。

在2015年中央扶贫开发工作会议期间，中西部22个省、区、市党政主要负责人向中央签署脱贫攻坚责任书。

日本《朝日新闻》说，让地方干部以书面形式承诺执行政策的做法很罕见，中国把脱贫作为最优先的课题。

脱贫是中国社会变化的标志性指标

世界关注中国脱贫攻坚，因为中国社会将由此出现巨大变化，中国有能力有条件完成这一艰巨任务。

对中国而言，全面建成小康社会，农村贫困人口全部脱贫是一个标志性指标，意味着到2020年中国将消除绝对贫困。

日本《朝日新闻》曾发表评论说，中国经济稳定增长直接关系到中共的凝聚力，中国切实需要提高内陆和农村地区的经济水平，现在中国进入了力争实现共同富裕的阶段。

墨西哥蒙特雷理工大学人文学院教授莱穆斯认为，对中国而言，消除贫困，一方面全体人民可以共享经济发展成果，缩小贫富差距和社会不公；另一方面，中国可以更加有把握地迈过“中等收入陷阱”，增强中国的总体国力。

国际舆论认为，中国脱贫攻坚的任务虽然艰巨，但有完成任务的积极因素和有利条件。

俄罗斯科学院远东研究所专家别尔格尔说，中国提出到2020年通过产业扶持、转移就业、易地搬迁、教育支持、医疗救助等措施解决5000万人左右贫困人口脱贫，完全或部分丧失劳动能力的2000多万人口全部纳入农村低保制度覆盖范围，实行社保兜底脱贫，采用这样的方式脱贫是现实可行的。

中国政府要求扶贫开发投入力度同打赢脱贫攻坚战的要求相匹配。中国政府将进一步引导资金、土地、人才、技术、管理等各种要素向贫困地区聚集。

杜米特雷斯库说，中国改革开放以来奠定的经济基础和积累的扶贫经验，将是中国在2020年之前实现脱贫目标的法宝。

中国脱贫攻坚是对世界的重大贡献

世界关注中国脱贫攻坚，因为反贫困是古今中外治国理政的大事。

在如此短的时间内完成如此巨大规模的脱贫任务在世界上没有先例，中国的探索对世界的发展和进步有着极为宝贵的意义。

埃及中国友好协会主席瓦利说，中国人口约占世界的五分之一，中国的减贫经验将为其他发展中国家提供参考，帮助他们尽早脱贫。

改革开放以来，中国已有7亿多农村贫困人口成功脱贫，走出了一条中国特色扶贫开发道路，对世界减贫的贡献超过70%。韩国湖西大学教授全家霖表示，中国消除贫困将为世界

在肯尼亚纳库鲁的埃格顿大学，刘高琼（左）查看甜叶菊种植试验情况。（新华社记者孙瑞博摄·2016 年）

在肯尼亚纳库鲁的埃格顿大学，工人乔治在塑料大棚内种植西红柿。（新华社记者孙瑞博摄·2016 年）

肯尼亚纳库鲁的埃格顿大学种植西红柿的塑料大棚。（新华社记者孙瑞博摄·2016 年）

在肯尼亚蒙巴萨一处施工现场，瓦妮库（左二）和同事交谈。（新华社记者孙瑞博摄·2016年）

在肯尼亚奈瓦沙附近，一名农民在除虫菊种植园里劳作。（新华社记者潘思危摄·2015年）

除虫菊种植园的投资人李昌洪在肯尼亚西部的纳库鲁郡指导当地农民种植除虫菊。（新华社记者李琰摄 · 2018 年）

当地农民在肯尼亚西部的纳库鲁郡摘除虫菊。（新华社记者李琰摄 · 2018 年）

李昌洪在田里查看除虫菊长势。（新华社记者潘思危摄 · 2015 年）

在肯尼亚内罗毕，一名工作人员走进中非联合研究中心。（新华社记者潘思危摄·2016 年）

在肯尼亚内罗毕拍摄的中非联合研究中心一隅。（新华社记者潘思危摄·2016 年）

在湖南省湘西土家族苗族自治州花垣县双龙镇十八洞村，村民邀请远方的客人品尝湘西特产猕猴桃和猕猴桃果汁饮料。（新华社记者王天聪摄·2017 年）

在湖南省湘西土家族苗族自治州花垣县十八洞村，接亲队伍在行进中。当日，两对分别来自湘西和湘潭的新人特地来到十八洞村体验苗族婚礼。（新华社发·2018 年）

在湖南湘西土家族苗族自治州花垣县十八洞村，来自花垣县的苗族同胞在表演迎秋鼓。（新华社记者王天聪摄·2017 年）

湖南省花垣县十八洞小学学生在课间做游戏。（新华社记者刘金海摄·2017 年）

湖南省花垣县十八洞小学师生在课间和智能机器人“小 E”玩耍。（新华社记者刘金海摄·2017 年）

湖南省花垣县十八洞村竹子寨。（新华社记者刘金海摄·2017 年）

在湖南省湘西土家族苗族自治州花垣县十八洞村，新郎的迎亲队伍遇上新娘亲友拦门。当日，两对分别来自湘西和湘潭的新人特地来到十八洞村体验苗族婚礼。（新华社发 · 2018 年）

湖南湘西十八洞村。（新华社记者王天聪摄 · 2017 年）

经济发展提供契机。

莱穆斯认为，中国实现 7000 多万贫困人口脱贫的努力，将推动世界消除贫困的进程。

（邵进 闫亮）

82. 指尖上的幸福：联合国扶贫项目试水中国“苗绣”

53岁的苗族妇女黄西九生平拥有的第一个存折，是她最近两个月绣工所得的4800元。在她的家乡，距离黔东南苗族侗族自治州州府凯里市20多公里的季刀苗寨，人均年收入不足3000元。

黄西九7岁开始跟着母亲学习刺绣，精通平绣、邹绣、堆绣、锁边秀等苗绣技法，在黔东南州的“百佳绣娘”比赛中，两次摘得桂冠。村寨中像黄西九一样技艺高超的绣娘已不多，她们从没想过苗绣还能挣钱。

2015年底，联合国开发计划署联合宋庆龄基金会、凯里市文产办在贵州黔东南苗寨推出了“指尖上的幸福”项目，主要通过开展苗绣技艺培训，帮助当地少数民族女性增加收入、改善生计。

“我们请村寨里的老人们传授技艺，有些绣法由于针法本身复杂又耗时，传承断层曾经长达六七十年。项目可以使这些古老的针法传承下去。”联合国开发计划署驻华代表处国别主任文霭洁说。

培训期间，开发署还邀请苗绣大师测试绣娘们的水平，对其上交的作品进行评比，根据成绩给大家发误工费。

第一次评比时，黄西九等少数绣娘出色地完成了“作业”，领到200元。有的绣娘潦草应付，没有领到一分钱。

“那些没有好好做的姐妹很后悔，第二次评比时，几乎全村寨的妇女都参加了。”黄西九一边用带有浓重苗语口音的普通话说，一边将一根线破成4股，穿针引线，一根针上下锥，一根针绕线绣。

该项目在过去7个月内给季刀苗寨的绣娘组织了3次培训，共150人次参与。经过培训，村寨的60名妇女中，有46人成为了具有相当技艺的绣娘。在开发署的牵线搭桥下，她们手中的作品也开始走出苗寨，成功接下来一些奢侈品牌定制礼品的订单。

黄西九几乎每天都要回味一遍领到第一笔订单手工费时的兴奋。“我的公公、婆婆、丈夫、儿媳都夸我能干，丈夫还说我不比他挣得少。”黄西九说，“这比喂猪、喂鸡好多了，我感到骄傲。”

苗寨里的农活和家务活过去大多由女性负责，而当刺绣可以为生活带来收益，男人们开始主动承担家务和照顾孩子了。但由于资源的局限，不少苗寨男性都外出打工，苗寨女性在自身发展方面仍然面临很大挑战。

黄西九说，当地女性受教育程度普遍不高，很多姐妹不识字，甚至连自己的汉语译名都不认识，发钱的时候还要按手印领取。

“‘指尖上的幸福’项目，希望把减少贫困与保护传统苗族文化遗产、促进女性自身发展结合起来，同时让她们参与当地社区的发展，以提升她们的经济和社会参与能力。”文霭洁说。

36岁的陈琴是季刀苗寨中为数不多普通话流利的女性，

卫校毕业的她曾在村子里担任乡村医生。但2015年，陈琴看到村寨中留守老人和儿童生活贫苦，意识到苗寨妇女自身的发展难题，便联系了寨子里的姑娘一同成立了一家小微企业，收集村寨里的手工银饰、绣片通过网络售卖，帮助村寨妇女用刺绣为家庭创收。

由于没有好的产品想法和专业的经营指导，苗绣的销售不尽如人意。当"指尖上的幸福"落地季刀村后，陈琴毫不犹豫地申请成为项目联络人，在项目初期，她挨家挨户去劝说妇女们加入培训。

在联络培训的同时，陈琴开设了家庭旅馆，吸引外来游客。这样不仅推广了苗族文化、苗绣产品，还提高了收入。陈琴的年收入已由2014年的2万—3万元，增长到10万元。经济上的富足让陈琴高兴，但更让她兴奋的是越来越多的绣娘加入进来，有些在外打工的苗族女性也回到寨子成为绣娘。

"指尖上的幸福"为期3年，除季刀苗寨外，还在猫猫河村设置了项目点，当地的苗寨妇女参与热情也很高，甚至成立了合作社。

在合作社的第一次培训中，培训老师让苗寨学员用笔画出平时比较熟悉的民族图腾并讲述背后的意义，希望当地社区和群众根据苗寨资源主动开发发展方案，使参与项目的少数民族群众享有发展和脱贫的主导权。

"开发署希望通过引入社区可自我运营的商业模式，帮助当地特色产业开拓国内、国际市场，甚至在项目实施过程中孵化出少数民族特色产业的社会企业，使扶贫的成果可持续。"开发署驻华代表处的项目负责人谷青说。

陈琴很期盼下一阶段的培训，她期待村寨中多一些管理和营销的人才。陈琴号召季刀苗寨的绣娘们从每 100 元的收入中拿出 3 元作为种子基金，鼓励支持更多的苗寨妇女创业。

“刺绣只是一个点，苗家还有古歌、情歌，这也需要传承，应该充分利用寨子的资源，形成合力。现在已经积累了 5600 元创业基金了，虽然不多，但我相信未来我们苗寨的姐妹们可以利用经营与创业真正摆脱贫困。”陈琴说。

（刘伟）

83. 新西兰“农民教授”帮助中国反贫困

一场秋雨让“苦甲天下”的西海固更凉、更绿了。

身穿黑夹克、蓝色牛仔裤，脚蹬黑色运动鞋的蒂姆·哈维爬上一个小山坡，不得不歇几分钟让急促的呼吸平缓下来，然后毫不犹豫地走进了满是泥泞和粪便的羊圈。

“养了几年了？”“最开始有几只羊？现在有几只？”“养得怎么样？”……问题一个接一个通过翻译到达46岁农民李生禄这里，有些他能准确回答，有些却只能摇头。

李生禄的家在宁夏固原市西吉县田坪乡燕李村，是县里交通最不便利的村庄之一，距离固原市区近100公里。这里也属于西海固地区，曾被联合国粮农组织认定为不适宜人类居住的地区之一。

燕李村是宁夏人力资源和社会保障厅的扶贫点。2014年，他们在此推行“全赠半返”的扶贫模式，即第一年向农民免费赠送8只母羊、1只公羊进行繁育，第二年回收4只母羊。目前，李家共有60只羊。

听村干部说这位头发和胡子都白了的外国人是很牛的专家，李生禄赶紧请教：“羊老流鼻涕，是咋回事？”

哈维听完后，连忙让李生禄告诉他是哪些羊，两人合力抓住一只，抬起羊头仔细观察。

“羊有点感冒，加上前段时间没下雨天气干燥，空气中粉尘太多，所以羊就流鼻涕了。不过不严重，再观察一段时间。”哈维解释说。

李生禄是第一次见哈维，可同属燕李村却相隔近10公里的李玉刚却已连续三年接受哈维的养殖指导。

“他每次来肯定钻羊圈，不嫌脏、不嫌臊，还给我们讲咋种苜蓿，咋喂养，咋防病，好得很！”这位55岁的农民连连夸赞。3年来，李玉刚家从没有一只羊到存栏34只，累计还卖出去116只，收入4万多元。

“在宁夏外专局的组织协调下，我们和哈维合作了很多年。老先生理论知识丰富，实践经验强，每到一个点，都先去养殖场、养殖户家里看存在什么问题，然后再有针对性地培训。”宁夏畜牧兽医研究所所长杨奇博士告诉记者，哈维在实地考察时会拍很多照片，然后利用休息、赶路的时间做PPT，培训时农民就能看到自己村甚至自己家的照片，很有兴趣听。

8月13日晚到达银川，14日一大早就从银川出发一路往南来到西海固，十余天里每天满负荷运转。给哈维开车的年轻司机都觉得自己快受不了了，由衷佩服这位71岁的外国专家。

2004年，新西兰与宁夏银川市有一项农业合作项目，哈维作为新西兰方面的专家第一次来到宁夏。

2017年是哈维第十二次来宁夏，2016年9月他刚做完心脏搭桥手术。作为搭档，一路走来，杨奇感觉哈维的体力明显不如往年，爬楼梯、上山坡都十分吃力，半天缓不过劲，但另一方面他又很“年轻”，抓羊“轻轻松松”，两三个小时培训全是站着讲。

在宁夏西海固地区，畜牧养殖是脱贫致富的“金饭碗”。

“给农民培训不能光讲理论知识，要讲实际操作，这点哈维做得特别好。而且他经验丰富，注重细节，长于精细化计算，每次上课都能明明白白告诉老百姓这样养能省多少、能赚多少。”杨奇说。

一个农民打算将牛圈拆掉一半来养羊，以便通风透气，但哈维告诉他不用拆，只需把其中一边的房顶垫高，这样省事省钱，空间还大；一个农民嫌大牛圈养羊太宽敞，抓羊不易，哪只羊打针了也分不清楚，哈维教他一些小技巧给牛圈合理分区，让一切井井有条……

“哈维对农民有很深的感情，见到每一个农民先握手。他不怕脏、不怕苦，这种精神让我很感动。”宁夏人力资源和社会保障厅副巡视员马继凯说。这位学者型官员最早促成哈维来宁夏，且10多年来坚持当他的翻译。

退休前，哈维是新西兰梅西大学的教授。然而，他的求学之路并不容易，因为家庭贫困，哈维高中毕业后只能回家养牛养羊，5年后攒够钱才得以进入大学。

正因如此，他一直说自己“骨子里永远是农民”。

“我热爱我的工作，享受在宁夏帮助农民，特别是培训年轻农民的过程。希望通过提高他们的养殖水平能让他们获得更多经济效益，改善生活。”哈维说。

马继凯告诉记者，有些地方哈维去了多次，虽然每次讲的内容不同，但有一些农民听课会不认真，遇到这种情况他都“提不起劲来翻译”。可哈维告诉他，只要十人里有一人在认真听讲，只要这个人有改变，培训工作就有意义，就值得花精力。

哈维已在中国工作30余年，足迹遍及贵州、内蒙古、新疆等地，并先后获得中国政府颁发的“友谊奖”和宁夏颁发的“六盘山友谊奖”，他最早工作的贵州省更授予他“荣誉公民”称号。

“我喜欢中国的西部，这些年这里发生了翻天覆地的变化。以畜牧养殖业来说，从家庭式养殖发展到养殖场、合作社等，速度非常快，而在新西兰这一转变历时近百年。尽管目前两者仍有差距，但中国畜牧养殖业发展后劲很足。”哈维说。

往返12次，宁夏已成为哈维的“第二故乡”，他学会了用筷子，也学会了像豪爽的宁夏人一样喝酒“干杯”。

“虽然我头发白了，行动慢了，但我的心依然很年轻。只要身体允许，我还会来宁夏，培训更多的农民。”他说。

从西海固回银川的崎岖山路上，哈维还在核对数字，撰写报告……

（艾福梅）

84. 墨西哥“咖啡先生”扎根中国西南村庄扶贫

早上8点半，位于云南省普洱市的雀巢咖啡中心开始运转。农艺服务部经理孔赞龙和门口等待出售咖啡豆的“咖农”打过招呼，便匆匆向仓储中心走去。

孔赞龙来自墨西哥，是雀巢公司派驻在普洱的农艺专家。自1992年雀巢公司在云南成立咖啡农艺服务部门以来，已经有6任外国专家在普洱指导当地咖啡产业发展。

2014年底来到中国的孔赞龙，已经在普洱度过了3个咖啡收购季，现在他仍能回忆起刚来中国时的兴奋劲：“普洱不算大城市，那时，这里的一切对我来说都很陌生，但也充满了各种可能性。”

孔赞龙来到普洱的时候，云南的咖啡产业已经有了不错的基础。经过近30年的发展，云南咖啡种植面积和产量占到全国的98%以上，而云南咖啡又有近六成来自普洱市。2015年，普洱咖啡种植总面积近77万亩，被誉为“中国咖啡之都”。

“在咖啡领域工作了这么多年，我觉得现在的云南是最适合发展咖啡产业的地方之一，这里仍有很多潜力有待发掘。”他说。

“在墨西哥的时候主要是负责同咖农的沟通，现在除了采购还要负责出口、质量把控等工作，需要一些新的知识和经验。”他说。

在孔赞龙眼中，云南对咖啡的态度经历了从探索到熟悉，再到现在享受其中的过程。“咖啡成了普洱的支柱产业之一，街上也有了越来越多的咖啡馆。不过最让我惊喜的还是咖农的变化，一方面，种植咖啡的农户越来越多，另一方面，‘咖农’也不再只关心产量，开始注重咖啡豆的质量，这有助于云南咖啡品牌的建立。”

2016 年 3 月，雀巢在普洱设立了全球首个咖啡中心。占地 3 万平方米的中心有着专业化的实验室、综合处理仓储设施和咖啡豆检验室，孔赞龙的工作也越发忙碌。咖啡中心成立伊始，咖啡豆收购量每天有 110 吨，如今，中心每天能收购近 200 吨咖啡豆。

孔赞龙告诉记者，收购量的上涨也源自“咖农”种植水平的提高。刚来普洱时，他和当地“咖农”交流后发现农户种植咖啡的技术已经相对成熟，收效不错。“在种植这一块农户已经有了一定经验，目前我们正组织为农户提供专业培训，教他们如何进行咖啡豆加工和质量控制。”

如今，每天在同各部门沟通协调工作状况后，孔赞龙就会来到仓储中心外监督。对从“咖农”那儿收购来的每袋咖啡豆都会抽样，样本混合后拿到实验室检测，在完成对大小、含水量等指标的测定后，咖啡豆会进入烘焙、研磨等后续环节，并进行感官评估。最终，只有各项指标达到雀巢全球咖啡豆采购质量标准的咖啡才会在仓库装袋。据悉，中心采购的 85% 的咖啡豆会出口到欧洲等地的雀巢加工厂进行加工。

“普洱的咖啡产业充满了希望，相较于其他传统咖啡产地，这里正迸发着活力，拥有无限的可能，这给我带来了极大的动力。”孔赞龙说，咖啡中心落成后，他还有很多计划想要去实施，希望能在云南工作久一些，能亲眼看到云南咖啡叫响世界。

（阚静文）

85. 小山村偶遇“扶贫”洋专家

在河南省洛宁县上戈镇培训中心的苹果种植技术课堂上，白发碧眼的老师、屏幕上的全英文课件和台下坐着的上百名中国农民，让人有些吃惊。

在这个离郑州300多公里的深山沟里，同在台下听讲的上戈镇党委书记田卫杰说，这位名叫科特的洋专家来自意大利，是苹果种植方面的权威，同时也是当地一家现代农业企业的顾问，这次他正是受企业邀请来做指导，并给镇里的果农们授课两天。

洛宁县是国家级贫困县，上戈镇是该县最贫困的乡镇之一，220多平方公里镇域面积绝大多数位于伏牛山深处，1.7万多口人中有4000多人仍处于贫困线以下。苹果种植是上戈镇的传统产业，引导农民种植苹果增收是当地扶贫开发的主要手段。

68岁的科特看起来精神矍铄。他的课件图文并茂，他讲一段，翻译就翻一段。听课的果农都说听得懂，挺有用。在展示欧洲的苹果园时，不少果农发出惊叹声，因为这与他们的苹果园截然不同，长出的苹果也比他们的漂亮许多。

科特主要讲授的是欧洲先进的矮化密植种植模式，不同于中国传统的稀植模式，这种模式不仅产果快，而且亩产是传统种植模式的 2 到 3 倍，经济效益更高。

课堂授课结束之后，科特又来到当地一家果园现场讲解。一名果农指着生了腐烂病的传统稀植模式果树问：“腐烂病怎么治？”科特摇摇头说：“意大利没有腐烂病，我也不知道。”

他转身指着旁边的矮化密植果树笑着说：“你教我中国种植技术，我教你欧洲种植技术。”

果园里白雪未消，踩着咯吱作响的积雪，科特向果农们现场示范矮化密植苹果树的压枝、剪枝等田间管理技巧，并同果农们进行互动交流。

“种苹果是为了产苹果，而不是为了产木材。”最后他这样总结欧洲的种植理念。

30 多分钟很快过去了，时间已经到了中午 1 点半，科特才结束现场授课返回吃饭，很多果农依然意犹未尽。

上戈镇庙洼村村民张应周听完科特的授课后，感觉受益匪浅。“我种了 30 年苹果，听了之后觉得还是人家欧洲的技术先进，我准备把老苹果树拔了，也试试外国的方法。”

科特第一次来中国是在 1985 年，目前已十多次到中国各地考察、授课，但来到洛宁这个小山沟还是第一次。

“中国这 30 年变化巨大，农业理念也转变很快，但仅就这片山区的苹果种植而言，仍有很大的提升空间，我相信把苹果种好了，一定能帮助这里的农民致富。”科特说。

邀请科特前来授课的陕西海升果业发展有限公司洛宁分公司已经流转了 2000 亩土地，按照欧洲的技术进行苹果示范种植。

“这里具备矮化密植的条件，通过示范先进的种植模式，引导果农转变种植理念，再根据土壤、地形、水利等条件帮助农民进行种植方法的改善，提高产量，肯定能够帮助不少农民脱贫。”该公司董事长王俊清说。

（李亚楠　刘金辉）

86. 麦当劳与坝上汉子的“土豆梦”

1990年，麦当劳第一家中国餐厅开业，选址于改革开放的最前沿城市——深圳。两年后，北京王府井也有了金色“M”招牌。

餐厅生意火爆，超乎想象，但背后马铃薯的故事却鲜为人知。

从事马铃薯研究的坝上汉子王登社回忆说，麦当劳的招牌薯条在中国并没有合适的加工原料马铃薯。作为全球马铃薯产量最大的国家，中国每年却要进口5万吨左右的薯条来满足市场需求。

他介绍，制作薯条的马铃薯要同时满足“长椭圆形、芽眼浅、还原糖含量低、干物质含量高”等诸多条件。中国的大部分马铃薯长于抗旱抗病，但并不符合加工标准。

其实早在1982年，麦当劳曾调研过中国的优质马铃薯种植地，第二年还把适用于加工薯条的一系列洋品种引入中国，其中就包括在北美地区最常见的薯条加工原料——加拿大品种“夏波蒂”。

自20世纪90年代初，麦当劳开始从美国派遣马铃薯方面的专家到中国。在业务往来中，王登社的人生第一次跟“老外”有了接触。

外国专家带来的先进技术和理念，极大震撼了王登社，也激发了他的热情。他观察到，在中国，农民种植农作物不成功，往往缺乏的不是“良种”，而是“良法”。一想到合资企业集约化、规模化的农场操作场景，他便再也不想窝在研究室里，“要到更大的平台做更多的事情”。

这种“不安分”后来贯穿了他的整个人生。

1995年，王登社加入位于北京的麦当劳薯条供应商，默默学习、总结着外国团队的“成败得失”。“我当时想，也许可以把理念与实际相结合，在外国专家的基础上加以一些创新和改变，没准就能成。”

1999年，王登社找到老东家坝上农科所，创建了自己的试验系统。

2002年，“夏波蒂”终于在中国大地成功大规模量产，王登社与“夏波蒂”也联系在了一起。

后来，王登社成立了张家口雪川农业发展有限公司（简称雪川农业），从马铃薯种业起步，进军国内种薯市场，入驻河北省张家口市察北管理区。

王登社强调，研发将是自家企业永恒的核心竞争力。“企业要想长远发展，必须不断创新，推出符合市场需求的技术、工艺、产品。”

随着2001年中国正式加入世贸组织，国外农产品蜂拥而至。与拥有高度产业化、机械自动化生产条件，掌握先进管理和市场理念的国际巨头相比，处于劣势的中国马铃薯产业亟待实现整个行业水平的跃升。

2014年，为进一步提高贫困地区马铃薯的加工利用率和产品附加值，雪川农业开始与荷兰爱味客合作开展马铃薯加工项目。双方共同投资 6 亿多元，安装建设新的法式冷冻薯条生产线和全粉生产线各一条，每小时可加工 7.5 吨马铃薯。

雪川农业用“造血”的方法进行精准扶贫，把企业的奋斗精神也注入农民群体的血液之中。

这些年，雪川农业在河北省张北县、沽源县、康保县和内蒙古自治区太仆寺旗、正镶白旗等多个国家级贫困县先后投资近 5 亿元，建设了国际标准的马铃薯脱毒种薯繁育基地。与周边地区多家合作社、种植大户、家庭农场和农户签订马铃薯种植回收合同，为 2 万多个贫困家庭提供了稳定的经济收入来源。

六七百个当地村民现在已经成为地地道道的“雪川人”，还有 4000 多人也加入了其临时季节性用工的队伍。

未来十年，王登社打算带领团队踏踏实实地夯实国内马铃薯市场的基础，为走向国际做足准备。

（韩筱婧）

87. 牵手联合国儿童基金会：为贫困地区孩子“搭桥”

维吾尔族姑娘古丽扎尔（化名）也说不清楚，为什么她遇上困难第一个想到的总是她的“宋阿姨”。

“宋阿姨”并不是她的亲戚。她叫宋月兰，是新疆伊宁霍城县二宫村的儿童福利主任。她的工作是确保困境儿童得到有效关爱和服务，打通儿童福利和未成年人保护工作的“最后一公里”。

2010 年儿童福利项目刚刚开始实施，宋月兰入户时发现古丽扎尔家里情况不太好。女孩的父亲患有小儿麻痹，母亲患有严重的肺病，3 个孩子未成年，都靠家里 10 亩地种苞谷和低保为生，一年收入只有五六千元。

更让宋月兰吃惊的是，古丽扎尔的弟弟已经 1 岁多了还没有落户。“她家经济十分困难，没有钱去医院生孩子，只好在家里生，所以没有出生证，没法办户口。”宋月兰说，“而且他们父亲不懂汉语，不知道找谁去办。”

没有户口非常不方便，孩子去医院打疫苗打不了，也办不了合作医疗卡。宋月兰前前后后跑了两个月，当年就给办下来了。

此后她就特别关注这个家庭，经常招呼孩子们周末去儿童之家。

“弟弟去了儿童之家以后懂事了。”古丽扎尔说，“他回来知道帮助做家务了。”两个弟弟分别上二年级和四年级，他们还在儿童之家交了不少朋友并学会了写日记。

2015 年 4 月的一天，宋月兰下班刚到家，15 岁的古丽扎尔就找到了她，原来是家里筹措不到买种子的钱了。宋月兰当即拿出 2000 元给了她，说：“钱你先拿回去用，不够再来找我。”

古丽扎尔连声道谢，并承诺收了庄稼后就还钱。这个承诺在当年秋天就兑现了。

儿童福利主任示范项目由国家民政部和联合国儿童基金会在 2010 年推出，最初覆盖了河南、四川、山西、新疆和云南 5 个省区的 120 个村，现在已经扩大到了全国 31 个省市区的 6 万个村子。

项目通过与基层儿童及其家庭的直接联系，了解他们的需求并助其获得基本的社会福利。

“儿童福利主任就像一座桥，让贫困儿童能够享受到国家的政策，从而生活得更好。”联合国儿童基金会项目官员许文青说。

伊犁州通过民政局和住建局联合并发动社会组织参与，支持 5 个县开展了村级儿童之家的建设和儿童福利主任的工作，帮扶对象包括无户籍儿童、孤儿、单亲儿童、留守儿童、服刑人员未成年子女等。

伊宁县盖买村儿童福利主任阿提记得，最初到艾孜哈尔（化名）家入户的时候，男孩和弟弟正在院子里玩耍。

“我问他们为什么没有上学，他们回答说因为没有户口。”

她说。

艾孜哈尔的父亲2008年因为暴恐入狱服刑10年。他的妻子很快改嫁了，留下当时6岁的艾孜哈尔和只有1岁的小儿子给叔叔一家抚养。叔叔家靠种苞谷和到集市上卖一些鞋子之类的小商品为生，且自己家还有2个孩子。

阿提用1个月时间帮艾孜哈尔兄弟俩落户。4个上学的孩子每学期开销要1000元，阿提帮他们申请了低保，及每人每个月60元的困境儿童补贴。

除了一两周来看望一下孩子们以外，阿提还安排他们去了寒暑假温馨课堂。那是动员村子里的大学生利用假期义务给孩子们辅导功课的场所。

现在艾孜哈尔和弟弟不但学习成绩有了提高，性格也变得开朗了。和记者交流的时候，他一直带着微笑。

艾孜哈尔先天手指脚趾粘连，阿提打算找机会带他去伊宁县的医院看看，让他参与到免费手术的项目中。

如果一切顺利，他们的父亲2018年就能出狱了。儿童福利主任对他家的帮助让他很感动。除了嘱咐艾孜哈尔照顾好弟弟之外，父亲还在信中表示，自己现在很后悔。“希望以后一家人都要守法，不再犯错了。”

民政部一位负责该项目多年的不愿透露姓名的副司长说这正是他想看到的。“一个地区的稳定关键在社区稳定，而社区稳定的关键在家庭，家庭的关键在孩子。”他说，“儿童是一个地区的未来，儿童团结意味着民族的团结。”

然而，儿童福利主任的工作并不容易。宋月兰每个月作为儿童福利主任的收入只有800元，却几乎每周都要入户，这些年已经骑坏了 3 辆摩托车，两腿都患上了关节炎。

宋月兰一共负责 920 个孩子。“这些小娃娃跟自己特别亲的时候很有成就感。”她说，“孩子们生活的改变是我坚持的最大动力。”

过年的时候，古丽扎尔和妈妈会炸一盘馓子送到宋月兰家里。宋月兰推荐古丽扎尔作为受助孩子代表去北京参加夏令营，女孩还给她带回了一个镯子作为小礼物。

看到记者在她家采访，古丽扎尔说她长大后也想当一名记者。“那样我就可以记录身边的这些故事了。”她说。

（白旭）

88. 中国减贫行动惠及邻国

中国的减贫行动不仅造福本国公民，也惠及邻国人民。

在中国西南地区的云南省腾冲市猴桥镇，当地政府鼓励民众通过参与跨边境贸易来提高收入。

村民蔡福会说："猴桥曾经是一个有着 1780 位居民的贫穷小村庄，但是现在超过 300 个人加入了跨边境贸易，我们在过去半年里净赚了 60 万元还要多。"

缅甸居民也紧随其后。据腾冲一家贸易公司的总经理何舒源介绍，他们公司目前聘用了 5000 多名缅甸员工，而且这个数字在忙碌的旺季还可能超过 7000 名。

在云南缅甸边界的张家老宅村，当地政府刚刚建成一条水泥路，将这个曾经偏僻的小村庄和附近的城镇连接起来。这个村庄生产着最好的茶叶，但是落后的交通阻挡了茶叶的销路。新路开通后，茶叶终于得以运往外地，价格达到每公斤 400 元。

村民艾帅祥说："几千米之外的缅甸乡村也从这条道路中获了利，因为他们种茶的山区离我们很近，所以现在也在我们的村子里卖茶叶，这样一来，就满足了许多顾客的需求，多亏有这条新路。"

四月中旬，中国当地政府在云南一个边界县举行了"村长研讨会”，约有 100 位村长、企业家和政府官员参与会议，他们分别来自中国、柬埔寨、老挝、缅甸和泰国。

在研讨会期间，他们表达了对提高农民收入和加强国际合作的希冀。

研讨会的一位参会者表示：“我们希望能有更多关于中国脱贫经验方面的农业培训和交流。”

（李家瑞　李怀岩）

89. 中国经验助非洲农民减贫增收

农业一直以来是中非合作的重要领域，2015 年中非合作论坛约翰内斯堡峰会期间，农业现代化被确定为中非“十大合作计划”之一，双方开展了越来越多的务实高效农业合作，为非洲国家农村地区的减贫做出了实实在在的贡献。

塞内加尔农民的“致富领路人”

今年 6 月，卸任中国援塞内加尔农业组组长不到一年的郑俊杰，又紧接着飞往了乍得，参加第六期中国援乍农业专家组，主抓蔬菜和水稻技术工作。

“近七年的援非岁月，已经在我心中铭刻了难以销蚀的痕迹。去年卸任回国，大半年时间魂牵梦萦的仍旧是非洲。”郑俊杰说。

据他介绍，中国援塞内加尔农业技术合作组有十多人，下设两个小组，一个是位于首都达喀尔郊区的蔬菜组，另一个是位于该国北部与毛里塔尼亚交界的波多省的水稻组。

在建设好高标准的实验示范基地之余，郑俊杰还带领组员们开展多种形式的农业技术培训，为塞内加尔培养各种农技人才。仅 2015 年和 2016 年，他们在南北跨度近千公里的广大区域举办各类农技培训班 18 期，培训学员近千人次。

据郑俊杰介绍，在他们的指导下，塞内加尔北部波多省水稻产量有了明显的提高。吉亚村村民基戈家的水稻田亩产由 150 公斤增加到 620 公斤，粮食获得丰收，基戈买了新摩托车，在宰牲节时特意给中国专家送来羊腿表示感谢。

郑俊杰说，在塞内加尔这样的故事并不少，仅在波多省就有 6000 多农户受益于中国技术，粮食产量增加了 50%以上。许多农民都把中国专家称为“科技致富领路人”。

“中国中心”在贝宁展现示范效应

由中国农垦集团有限公司承建并经营的中国援贝宁农业技术示范中心是中国第一批建立的援非农业技术示范中心之一，它是中国政府落实 2006 年中非合作论坛北京峰会八项举措的具体体现，对提高当地农业技术水平，促进农村、农业经济发展作用显著。

中国农垦集团国际事业部经理姚黎英介绍，示范中心成立以来，一批批技术专家和管理人员，与贝方在农作物栽培、育种、畜禽养殖等领域开展合作，对加快贝宁农业发展、农民增收脱贫方面起到了重要的促进作用。

玉米是当地主要农作物之一。中国专家通过传授玉米杂交高产种植技术，极大提高了粮食产量。贝宁畜禽主要以散养为主，满足不了当地市场的需求，示范中心引进优良品种，开展蛋鸡和肉猪的养殖实验和示范……“示范中心针对贝宁国情，因地制宜开展了农业技术培训、实验和示范。”姚黎英说。

据姚黎英介绍，采用了中国技术之后，当地村民库努家的玉米产量从每公顷约 800 公斤增长到 3.5 吨。如今，库努除了自己种玉米，还把技术教给周围村民，努力提高生活质量。

贝宁政府对示范中心给予了充分肯定，贝宁农业部门官员称赞它为提高贝宁农户收入、保障家庭粮食安全和实现粮食生产可持续发展做出了重要贡献。

“人海战术”在坦桑尼亚农田焕发新生

为了让更多的非洲政府官员、非洲的农民能在他们的土地上实实在在地看到中国农业与减贫的做法，一些中国学界人士也开始走进非洲。

中国农业大学从 2012 年开始，派出专家团队走进坦桑尼亚，选择在坦桑尼亚重要的农业产区莫罗戈罗省展开在非洲田野落地示范中国农业发展和减贫经验的探索。

在人文与发展学院李小云教授的带领下，基于对中非农业发展的对比研究，中国学者提出了转换既有资源禀赋的发展路径，将中国人多地少条件下形成的劳动密集农业技术，在坦桑尼亚的条件下进行再开发，形成了劳动密集玉米增产技术体系。

“要通过增加劳动力的投入，提高土地单产，用人力资源优势弥补资本不足，使非洲农业发展减少对于资本等要素的依赖。”李小云说。

李小云团队是基于非洲农业发展现状做出上述尝试。他们认为，高投入的现代化农业发展思路在目前而言并不适合非洲，所以他们的项目强调“平行经验”的分享。尽可能把中国 20 世纪七八十年代的农业发展实际经验，而不是中国当下的农业模式介绍到坦桑尼亚。

过去六年，中国农业大学众多师生频繁往来中坦之间，积极指导当地农民开展劳动密集型农业生产，他们的探索获得良好的效果。李小云说，周边一千多个“示范户”在过去六年，粮食产量达到平均水平的2—3倍，对减少贫困效果明显。

中国农业大学人文与发展学院副教授徐秀丽认为，这个项目“关注民生，发挥民间外交的重要性”。它的成功给一些非洲发展中国家发展农业、减少农村贫困人口提供了另一个路径。

“农业发展是一个系统工程，是一个循序渐进的过程。囿于现实条件，一些理念和模式的效果还不能完全显现。”姚黎英说，“但是‘种子’已经播撒，待到条件成熟，自然会‘生根发芽’。”

（郝王乐　卜多门　李娜）

90. 中国“神草”站上全球反贫困前线

一种名为菌草的神奇植物2018年11月16日在APEC峰会前的巴布亚新几内亚露面。当天，在中国和巴新两国领导人见证下，中国援巴新菌草旱稻技术项目协议当天正式签署。

“通过菌草旱稻技术项目的实施，我们希望使巴新东高地省的农业生产力翻一番，贫困人口收入翻一番，并增加妇女和青年就业。”正在当地推广该技术的福建农林大学研究员林占熺说。32年前，他发明了以草代木栽培蘑菇的技术。这种草被命名为“菌草”。

“林草”名扬，可持续发展中国方案

2015年的联合国成立70周年系列峰会通过2030年可持续发展议程。中国在会上宣布，设立为期十年、总额10亿美元的中国——联合国和平与发展基金，帮助发展中国家落实可持续发展目标，菌草成为该基金推进的重点项目之一。

中国菌草技术已在南太平洋岛国巴布亚新几内亚落地20多年，福建专家教会当地部落种植高达数米、生长迅速的巨菌草，并作为原料培育食用或药用真菌，或作为优质饲料来养牛羊。2017年，巨菌草在巴新创下每公顷年产鲜草854吨的世界纪录。

在巴新，人们把菌草称为“林草”，以表达对中国专家的感激。

菌草的发源地和全球技术中心，在太平洋西岸的中国福建省福州市。国家菌草工程技术研究中心就在福建农林大学校园内，这里最显眼的是一丛丛比人还高大的草，那是到访的亚非拉等发展中国家领导人和政要在此植下的“友谊草”。

目前，林占熺团队已就菌草技术在国内外培训了近7000名外国科技人员和官员学者，为8个国家培养了15名菌草专业的硕、博士留学生。

在菌草中心攻读博士学位的理查德·扬基，是加纳的大学教师，他最关注用菌草改善环境——加纳有很多贫瘠土地，金矿开采也导致土地污染。回国后，他不仅要教学生用菌草养菇和治沙，还会同金矿公司及政府部门沟通，用菌草去治理土地。

“菌草让我们两个国家走得更近了。”他说。

“菌草”出世，反贫困绿色“奇兵”

20世纪80年代，福建农村大量用树木栽培香菇，引起林占熺的担忧——以破坏森林和生态为代价养菇致富将不可持续。他努力探索“以草代木”养菇，成功后又根据菌草用途广、生长快、产量高且根系发达的特点，用于治沙、养畜、发电和新材料开发等，形成了独特的菌草技术和菌草产业链。

那些用来选育菌草的野草有六大特征：光合作用强，固氮能力强，根系发达，植株高大生长快，适应性强，利用价值高。目前，林占熺团队已选育菌草45种，能生产55种食、药用菌。

“农民种植菌草，既能带动食用菌和药用菌种植加工业，也可促进畜牧业和饲料业发展，还能保持水土进行环境治理。”林占熺说。

多年来，菌草帮助宁夏、新疆、贵州等中西部欠发达地区数以万计的中国农民增加了收入，保护了森林，改善了当地脆弱的生态环境。

在黄河上中下游水土流失和荒漠化严重地区的多个地点，科研人员用菌草进行生态治理取得积极成效。林占熺与多位中国科学院和工程院院士已联名建议，在黄河两岸建设 1000 公里菌草生态安全屏障。

“鱼渔”并授，对外援助新理念

短短 20 多年，菌草作为中国对外援助技术已传播到 105 个国家，给非洲、亚洲和太平洋等地区的发展中国家带来脱贫希望。

他的女儿和助手林冬梅指出，这些国家和中国改革开放之初很相似，正处于从贫困到温饱的阶段，人民对食品有更高要求，畜牧业对饲草的需求大增，出现了保护环境和发展经济的矛盾。

“扶贫是建设人类命运共同体的短板。”林占熺说，“菌草提供了一个既促进经济发展又不破坏环境的可持续发展方案。”

林占熺团队在发展中国家推广菌草时注重“五化”——技术系统化、技术简便化、技术本土化、生产标准化、农户组织化，短时期内就让大量贫穷人口参与到生产中，进而实现长期可持续发展。

他们在非洲推广“10 平方米菇场”，农户用 10 平方米土地一年可产 1.2 吨鲜菇，种菇 7 天后就开始有收入。菌草项目服务“穷人中的穷人”，把农村缺乏土地资源、劳动力与知识技能的单亲母亲、孤寡老人、残疾人等弱势群体组织起来进行生产。

为帮当地接受蘑菇，中国技术人员会扎上围裙当大厨，举办烹饪培训班和展销会，与当地人一起开发蘑菇食谱。

菌草作为饲草的用途受到很多非洲国家重视。马达加斯加农业部引进中国菌草技术主要是为了增加优质饲料，以减少当地牛羊被盗现象，减少游牧部落与农耕部落的流血事件。

在巴新和非洲国家，林占熺团队所有的菌草技术设计、生产和推广模式都围绕老百姓需求和现实情况来进行。若当地有迫切需求，他们常会做计划之外的项目。

看到东高地省旱灾导致严重的饥饿问题后，林占熺团队 1998 年从国内引进旱稻，在东高地省繁育成功了“金山一号”多年生旱稻，结束了巴新不能自产稻谷的历史。菌草和旱稻在东高地省未来的可持续发展示范省建设中都是要角。

中国专家还培训东高地省的中学生，让他们也学会了种植旱稻和菌草。

“这是中国对外援助理念的重要体现——不仅授人以‘鱼’，更授人以‘渔’。”林占熺说。

（顾钱江　贺飞　宓盈婷）

91. 中国高铁＋移动互联网：令人称绝的脱贫“助推器”

智利驻华大使贺乔治表示，“中国在扶贫工作上取得了巨大成就，高铁和移动通信的发展是脱贫的两个‘助推器’，值得借鉴。”

来华两年半，贺乔治已经走访了中国22个省、区、市，从繁华的东部沿海地区到西部欠发达的小乡村，都留下了他的足迹。

贺乔治在接受新华社记者专访时说，高铁以及遍布中国的铁路网，加上便捷的移动通信网络，从空间到信息实现了互联互通，把相对偏远落后的地区和外部世界联系起来，对发展当地经济、摆脱贫困起到关键作用。

目前，中国已成为世界上高速铁路运营里程最长的国家，拥有超过2万公里的高铁，占世界60%以上，中国还大量增开了中小城市间、中西部及边远地区始发终到的普速列车。

据中国互联网络信息中心数据，截至2016年12月31日，中国网民规模达7.31亿，普及率为53.2%，手机网民规模达6.95亿，占网民比例95%。移动互联网与线下经济联系日益紧密。

“这值得智利借鉴”，贺乔治说。智利是世界上地形最狭长的国家，国土南北长 4352 公里，东西平均宽度只有 180 公里，被喻为“南美腰间的一把长剑”，国内地形多样，气候多变，多山地、沙漠，“这种特殊的地理条件使智利也非常需要便捷的铁路网络和快速的互联网络，相信在这方面两国有合作的机会”。

2016 年 10 月，中国政府发布的《中国的减贫行动与人权进步》白皮书显示，改革开放以来，7 亿多贫困人口摆脱贫困，农村贫困人口减少到 2015 年的 5575 万人，贫困发生率降至 5.7%。“十三五”规划提出到 2020 年实现现行标准下的农村贫困人口全部脱贫，贫困县全部摘帽。

贺乔治说，两国在扶贫方面都取得了巨大成绩，拥有丰富经验，但也都面临挑战，可以互通有无。中国先进的高铁技术和移动通信技术可以在智利发挥作用，而智利专业的扶贫经验也可为中国提供思路。

智利通过多年努力，使贫困发生率从 1990 年的 38.6%降至 2013 年的 7.8%，目前人均收入达到 14000 美元，扶贫已经进入攻坚阶段。大使说，智利的经验在于聚焦各类贫困人群，分别对儿童、青年、妇女、棚户区的贫困居民等制定有针对性的项目，精准扶贫，例如“智利和你一起成长”项目，旨在跟踪每位儿童的成长，从母亲怀孕到孩子出生、入托、上小学，提供全面的技术支持和养育配套服务，以此减少贫富差别，促进社会公平，成效显著。

贺乔治大使对中国中西部也不陌生，爱吃川菜的他还是四川大学名誉教授，他曾多次访问过西昌和成都，2016 年还作为太平洋联盟轮值主席国外交代表和哥伦比亚、墨西哥、秘鲁大使一起在成都参加了太平洋联盟投资论坛。贺乔治希望在不远的将来能在中国中西部找到两国贸易和投资合作的机会，促进中西部的发展。

（高蓓）

92. 世行行长：中国扶贫经验值得中等收入国家借鉴

世界银行行长金墉表示，中国扶贫开发经验值得其他中等收入国家借鉴。

金墉在2017年国际货币基金组织（IMF）和世界银行秋季年会开幕新闻发布会上说，中国通过经济改革，融入全球市场，帮助数亿人摆脱贫困。全球极端贫困人口比重从20世纪90年代的近40%降至目前的10%左右，其中绝大部分贡献来自中国，这是人类扶贫开发史上的重要篇章。

金墉说，中国扶贫开发的经验对其他中等收入国家来说非常有借鉴意义。世行正与阿里巴巴等企业合作，探索在部分发展中国家利用科技手段来解决中小企业融资难等问题。

谈及中国经济形势时，金墉说，中国经济转型已经取得成效，预计保持稳健增长。他说，中国有望继续推进经济结构转型，推动经济从依赖投资和出口的增长模式转向以服务业和内需驱动的增长模式。

IMF总裁拉加德在发布会上也表示，在财政政策的支持下，中国经济表现好于预期，因此IMF上调了中国经济增长预期。

拉加德说，IMF非常欢迎中国央行采取的控制信贷增长的措施，继续推进这些措施对于控制金融风险来说很有必要。

IMF在2017年发布的《世界经济展望报告》中将中国经济近两年增速预期预测值均上调0.1个百分点，分别至6.8%和6.5%。

（江宇娟　郭一娜）

93. 中国扶贫探索产生全球溢出效应

中国正努力在第十三个五年规划期间实现7000多万贫困人口脱贫。在这一人类史上超大规模的脱贫攻坚行动中，世界银行不仅发挥着独特作用，还将中国的扶贫经验带到了非洲、拉丁美洲的贫困地区，使中国减贫经验产生了全球溢出效应。

滇黔桂集中连片贫困地区位于中国西南部，是中国14个集中连片贫困地区之一。因为位于喀斯特地貌山区，加上石漠化严重，这里的村民世世代代在石头缝里种玉米、黄豆等产值非常低的农作物，生活十分贫困，不少家庭年人均纯收入低于2300元人民币这一中国贫困线的标准。

广西壮族自治区百色市平果县就位于这一片区。经过多年的探索，当地村民发现耐旱耐热的火龙果适合在石漠化山区种植，而且亩产值是玉米的几十倍。但是缺技术、不了解市场成了贫困群众发展火龙果产业最大的“拦路虎”。

平果县坡南村贫困户许海明就一度面临着这样的困境。2013年在平果县政府的政策扶持下，许海明和许多村民一起开始种植火龙果。但是村民们种出的火龙果个头小、病虫害严重，卖不上好价钱。

幸运的是，许海明得到了世界银行的帮扶。在广西外资扶贫项目管理中心的牵线搭桥下，2017 年 4 月，坡南村火龙果种植专业合作社被列入世界银行贷款广西贫困片区农村扶贫试点示范项目。合作社最终得以与高校、企业签订合作协议，在种植技术和市场推广上得到了专业指导和资金支持。

世界银行中国局副局长阿洛乌阿曾专门赴平果县考察。见到许海明时，阿洛乌阿问："你想通过合作社得到什么？"

许海明说："希望在这里学习好的种植技术，了解市场的需求。来年我家的火龙果也有好收成，卖出好价钱。"

许海明的需求正是世界银行提供的。广西外资扶贫项目管理中心副主任黄灿滨介绍，世界银行扶贫项目团队曾多次到广西考察，选定了广西石漠化片区 10 个县（市）开展扶贫项目。世界银行贷款 1 亿美元，广西区政府配套 5 亿元人民币，用来扶持当地特色产业开展，引导有扶贫意愿和能力的企业前来投资，打通贫困地区农民专业合作社与大市场对接的渠道。

"与世行的良好合作，不仅壮大了中国的减贫力量，而且对借鉴国外经验，学习先进的减贫理念和管理方法，提高中国扶贫工作的整体水平发挥了积极作用。"中国国际扶贫中心副主任张广平说。

张广平介绍，自 1995 年以来，中国与以世界银行为代表的 50 多个国际组织开展了合作。这些国际组织先后在中国 260 个贫困县实施了 110 多个扶贫合作项目，2000 多万贫困群众直接受益。

与此同时，中国与世界银行等国际组织开展的扶贫合作也产生了溢出效应。世界银行的官员认为，中国的贫困状况与非洲、拉丁美洲等地区的贫困状况有着类似之处。中国在脱贫攻坚行动中探索的有效途径和方法，对世界其他国家减贫脱贫有着一定的借鉴意义。

阿洛乌阿说，过去几十年，中国在扶贫领域取得了巨大的成果，世界银行在非洲、中东、拉丁美洲等地区开展扶贫项目时都分享了中国经验，“这次与广西的合作，旨在探索一种能够稳定脱贫、可持续发展的模式，并把经验推向广西以外、中国以外的地方”。

（王军伟　卢美婷　曹祎铭）

94. 中国“农村淘宝”为世界提供扶贫经验

在2017全球女性创业者大会上，联合国助理秘书长、联合国妇女署副执行主任拉克什米·普里表示相信“农村淘宝”能支持乡村妇女创业，它的模式可以把全世界的乡村变得更好。

“‘农村淘宝’是非常好的项目，这样的电商平台不仅对于农村妇女是机遇，还能帮助全世界的乡村将农产品卖到外界。”她说。

记者在大会上获悉，联合国多个机构将牵手阿里巴巴集团“农村淘宝”项目进行多方位合作，包括加大农村投入、聚焦扶贫升级、共建农村电商基础设施、推动中国农产品卖到全球等。

据悉，在未来的一系列合作中，联合国提供的2亿美元将用于农村淘宝在宁夏、四川、陕西等地区的电商基础设施建设。

农村淘宝铺设在中国农村的线下站点，不少是从农村“小卖部”变身而来，每一位农村淘宝合伙人就像是小卖部店主。不同的是，他们可以帮助农村村民网购海量的商品，也能帮助当地村民在网上卖农货，同时还承担着金融、健康、文化下乡的功能。

28岁的王茜，就是“农村淘宝”站点的店主。2015年以前，王茜像大多数中国农村的年轻人一样，到大城市打工。当她接触并了解“农村淘宝”这一概念后，她觉得返乡创业是一个不错的选择，于是辞去了在浙江义乌的外贸工作，回到了农村。

王茜所在的河南柘城县大件乡马庄村是一个贫困村，以种植业为主，经济基础薄弱。但2016年，王茜的村淘服务站成绩斐然：全年交易额200万元，买单7000多，卖单8000多，帮助村民用于生产经营的贷款达到了200多万元。

据了解，“农村淘宝”已经在中国29个省700多个县建立了农村电商服务体系，其中包括178个国家级贫困县和147个省级贫困县，建立起了约3万个村级服务站，招募了像王茜一样近6万名农村淘宝店主。

阿里巴巴农村淘宝总经理王建勋说，通过“网货下乡”和“土货进城”，“农村淘宝”已打通农村与城市之间的物流、信息流和资金流。“农村淘宝”就是要让中国农村生活更加美好。

现在，已有越来越多的女性投身“农村淘宝”创业。数据显示，“农村淘宝”自2014年启动以来，已经覆盖了近700个县30000个村点，在“农村淘宝”“村小二”合伙人中，45%以上是女性，其中75%左右的人在35岁以下，高中以上学历达80%。

拉克什米·普里说，如果没有这个平台，乡村特别是偏远乡村的女性，很难买到城市里的优质商品，也无法将特色农产品卖出去。“互联网+”不仅能够为女性赋权，而且这种方式通常能够带来指数级的变化。

2017年4月，世界银行联合团队发布了电商减贫阶段性的合作研究成果。研究表明，中国贫困县电子商务持续、快速增长。从2013年至2016年，仅在阿里零售平台上，国家级贫困县网购消费额年复合增长率达45%，网络零售额年复合增长率达51%。

与会多位学者表示，中国在减少贫困方面是领先的榜样，实践证明发展电子商务以减少贫困，是可复制、可持续的。

（张璇）

95. 肯尼亚扶贫事业中的“中国元素”

肯尼亚是东非第一大经济体，面临严峻的贫困问题。近年来，随着中非关系的不断提升，越来越多的中国人和中国公司来到肯尼亚投资兴业，将中国经验和技术带到当地，互利共赢，共同发展，为消除贫困、改善民生注入动力。

带来“蔬菜温室”的中国专家

“这位中国教授为肯尼亚引入了‘蔬菜温室’。”肯尼亚埃格顿大学园艺系教授尼亚拉拉这样介绍他的中国同事刘高琼，“‘温室’使肯尼亚农民可以全年种植蔬菜，收入得到很大提高。”

肯尼亚旱季干燥炎热，雨季降水充沛，一年中有两次雨季，一到雨季蔬菜生长很受影响，这成为阻碍农民收入提高的一大障碍。1997 年，来到肯尼亚埃格顿大学担任客座教授的刘高琼发现了这个问题，就在大学校园内搭建起一片塑料大棚，将肯尼亚的主要果蔬产品——西红柿首次引入大棚。

“使用塑料大棚，可以使西红柿的产量提高五倍以上。”刘高琼说。1998 年，时任肯尼亚总统莫伊来到埃格顿大学参观刘高琼的塑料大棚，对此赞不绝口，鼓励推广。

自此，刘高琼每年都受到肯相关部门的邀请，前往该国不同的地区向农民传授、指导塑料大棚栽培技术，塑料大棚也在肯尼亚逐渐普及。

已经在肯尼亚工作了 19 年的刘高琼依然在不断尝试，帮助肯尼亚发展农业，提高农民收入。他说，肯尼亚农民多数从事着小规模的农业生产，缺乏经济效益好的种植项目。

甜叶菊是一种极具开发价值的甜味作物，肯尼亚的气候也非常适合甜叶菊生长，刘高琼正在与同事进行引种栽培试验，计划在 3 年左右取得成果，并将其推广为帮助农民提高收入的经济作物。

创造数万岗位的中国公司

“中国路桥给了我一份能够施展我才能的好工作。”土木工程系毕业的肯尼亚女孩瓦妮库说，“这让我多年的努力都有了回报。”

瓦妮库出生于内罗毕一个低收入社区，那里许多年轻人都没有工作。十几岁的时候母亲过世，她与兄弟姐妹在亲戚的帮助下长大。2014 年中国路桥在肯尼亚承建的内罗毕至蒙巴萨铁路（蒙内铁路）项目在招聘技术人员，刚好大学毕业的瓦妮库被顺利录取。

目前，瓦妮库在蒙内铁路蒙巴萨终点站施工现场工作，主要负责肯方人员的管理工作及其中肯双方人员的沟通。她对自己的工作十分满意，一方面收入稳定，能够在经济上支持自己的兄弟姐妹，另外还能不断学习提高自己的专业技能。

在蒙内铁路的各个施工段，瓦妮库这样的肯尼亚年轻员工随处可见。截至 2016 年 8 月，蒙内铁路项目为肯尼亚创造了 4

万多个就业岗位，培训了 2 万名技术人员。

肯尼亚内罗毕大学经济学专家贝思韦尔·基努希亚说，随着中非关系不断提升，中国在非洲基础设施、清洁能源、制造业等领域的投资与援助为当地创造了就业，为非洲国家经济发展、民生改善注入了强大动力。

启发扶贫事业的中国经验

“中国扶贫事业在过去四十年来取得了举世瞩目的成就，中国的扶贫经验值得肯尼亚和其他非洲国家学习。”肯尼亚渔业和蓝色经济部副部长米切尼·恩提巴近日对记者说。

“20 世纪 70 年代，中国农村地区的贫困问题很严重，但改革开放为中国的城市和农村带来了空前的发展。”恩提巴说，农业机械化使中国的粮食生产大幅提高，基础设施建设和制造业的发展极大地推动了经济社会繁荣，使人民获益。

近年来，一些肯尼亚官员先后来中国“取经”。2016 年 6 月，肯尼亚农业部副部长理查德·莱斯亚皮来到中国，前往多个城市，考察农村、企业，听取讲座，了解中国在消除贫困和饥饿问题上的成功经验。

“中国与肯尼亚已经在众多领域开展了密切的合作，肯尼亚应该在扶贫领域学习中国的成功范例。”恩提巴说。

（吴宝澍）

96. 中国技术来到非洲农村

65 岁的肯尼亚农民伯纳德·马通伊种了一辈子地，但最近几年才真正感受到了“丰收的喜悦”。他所在的马库埃尼郡位于肯尼亚南部，气候较为干旱，当地民众大多靠种植玉米等作物维持生计。遇到收成不好的年份，多数农民不仅没有收入，一家人挨饿也是常事。

4 年多前，来自中国湖北的李昌洪将辣木种植引入马库埃尼郡并为农民提供技术指导，目前种植面积已有近 1000 亩，其中 850 亩由当地农户种植。辣木是当地一种热带经济作物，浑身都是宝，根茎、树叶和籽均可食用，是保健食品。

马通伊就是其中一位种植者。他说，他从李昌洪身上学会了播种、育苗、采摘等一系列种植技术。到了收获的季节，李昌洪的公司到农民家里挨家挨户收购辣木。“收到钱的那一刻，我和我的邻居都笑逐颜开。”马通伊说。

在肯尼亚西部的纳库鲁郡，来自中国的农业技术指导和帮助让 60 岁的除虫菊种植者卡布·卡马乌受益颇多。9 月初正值除虫菊采摘季节，李昌洪的公司员工经常到卡马乌等农户家中收购采摘好的除虫菊。卡马乌种了 20 多年除虫菊，之前销路一直不稳定，最近 4 年开始接受李昌洪的种植指导并向其公司供货，每年的收入逐步稳定下来。“我喜欢与中国人合作，他们让我的生活变得更美好。”卡马乌说。

农业是肯尼亚国民经济的重要支柱，该国西部人口稠密，是开展农业生产的一个主要基地。在维希加郡，27 岁的艾伦·琼巴已是知名的农业能人和温室技术专家。他不仅可以帮助附近的农民防治常见农作物病虫害，还经常指导他们搭建绿色大棚。而在 3 年前，一直习惯“靠天吃饭”的琼巴，根本不知道什么是潜叶虫、什么是枯萎病。碰上病虫害肆虐，他和家人只能眼睁睁地看着庄稼苗枯萎死去。

2014 年 10 月的一次农业技术培训改变了琼巴的“命运”。按他的话说：“我看到了农业种植的未来。”

培训班由南京农业大学农业专家在埃格顿大学组织举办，授课内容包括温室原理、温室安装与维护、常见病虫害及其防治等。在埃格顿大学孔子学院的协助下，南京农业大学和埃格顿大学共举办了 24 期农业技术培训班，培养学员近 1000 名，琼巴就是其中一员。

除了民间和孔子学院的努力外，中国和非洲在农业技术等领域的研究与合作也在深入。设在内罗毕的中非联合研究中心便是其中一支重要力量。数据显示，该中心自 2013 年 5 月立项至今年 6 月，先后启动 45 个合作研究项目，为非洲各国培养 122 名研究生，培训管理和专业技术人员 160 余名。

中非联合研究中心非方主任罗伯特·基图鲁教授说，该中心注重非洲国家实际需求，在水资源保护和利用、农作物栽培示范等方面与包括肯尼亚在内的非洲国家开展了积极合作并已取得良好进展。

中非联合研究中心的努力得到了肯尼亚政府的肯定。肯教育部长穆罕默德表示，中国与非洲共同建设的中非联合研究中心在双方自然资源保护和现代农业技术领域的合作中发挥着重要作用。

（王小鹏　曹凯　李琰　谢晗）

97. “天涯海角”的中国种麻人

夜幕降临，坦桑尼亚莫罗戈罗省郊外的原野上亮起了灯光。几只猴子从树上窜到屋顶，发出窸窸窣窣的声响。汪路生闭目躺在自制的摇椅上，没有理会。他早已适应了这些非洲夜色里独有的“喧闹”。

这方圆几公里内的唯一灯光，便是中非农业投资有限公司坦桑公司剑麻农场的职工营地，65 岁的总工程师汪路生在这间砖房里一住就是 17 年。

地处热带的坦桑尼亚是世界知名的剑麻产地。剑麻纤维韧性强，不怕海水侵蚀，是制造船缆、麻袋、地毡的上等原料。2000 年，汪路生作为公司派到坦桑尼亚的第一批“拓荒者”来到这里。

据他回忆，初到之时，这里还是万顷荒野，光是开荒就用了半年多时间。

热带阳光的炙烤和野外作业的辛苦没有难倒汪路生，然而没有电、没有通讯和与世隔绝的寂寞，着实让他适应了好一阵子。

没有家具，就自己做；没有蔬菜，就自己种；没有肉吃，就自己养。17 年过去了，汪路生眼看着院里的猴面包树长高了一截，也把这片荒野渐渐熬成了家。

不到20年的时间，千顷荒原变耕桑。在汪路生等数十名中国技术人员的努力下，剑麻农场的种植面积已经达到2000多公顷，年产纤维近2000吨，累计为当地提供了上万个就业岗位。

一望无际的剑麻田覆盖了周围的几个村庄，汪路生的小皮卡车驶过，村民们都会挥手跟他问好。他摇下车窗，用斯瓦西里语流利地与村民们交流。

他说，从剑麻的种植、采摘到加工，都需要大量劳动力，许多附近的村民都在农场里上班。有了稳定收入，村民的日子逐渐好了起来。

由于地处偏远，当地村民生了病，都要步行几十公里才能找到一家医院。2003年，剑麻农场在附近村子建了诊所，专门聘请了医生，附近的村民都可以来这里看病了。

农场的位置偏僻，较远村子里的员工来上班比较困难。2017年年初，农场决定修建60套职工住宅，如今已全部竣工。

十几年下来，当地村民早就不再对这几个头顶草帽、脚穿布鞋的中国人感到陌生，也渐渐把他们当成了“自己人”。

有一次，当地村民听闻有人要抢劫农场营地，就匆忙跑了几公里到警察局报信。警局马上提醒汪路生等注意安全，派人提前埋伏在农场周围，将几名劫匪一举抓获。提及这件事，汪路生仍心存感激。身处异国他乡，这份跨越了肤色和语言的情谊，在他看来有着特殊分量。

如今，退了休的汪路生没有立即回国与家人团聚，而是选择继续留在农场做技术指导。

“这些‘小不点’是今年新种下的，这才刚露了头，长势很好！”汪路生抚摸着剑麻绿油油的叶片，欣喜延伸到了嘴角。

看着越来越多剑麻田进入收获期，农场总经理管善远的眼里也尽是丰收的喜悦。他告诉记者，如今国际市场对剑麻的需求缺口还很大，他们的剑麻田由于气候条件优越、土壤适宜，纤维质量在坦桑尼亚名列前茅，经常供不应求。

管善远告诉记者，农场里不久前刚刚又添置一台剑麻加工设备。下一步，他们希望能继续扩大种植面积，提高生产加工能力，让中非农业投资有限公司生产的坦桑剑麻走向全世界。

（高竹　李斯博）

98. 老挝政党领袖探寻中国“精准扶贫”经验

五年前的深秋，习近平总书记赴湖南湘西土家族苗族自治州考察，在花垣县十八洞村首次提出“精准扶贫”要求，为新时期中国扶贫开发工作指明了方向。

这个初夏，老挝人民革命党中央总书记、国家主席本扬来到十八洞村，探寻“精准扶贫”的中国经验。

这是一次特殊的访问，一座地处武陵山脉腹地的苗寨，第一次迎来一位外国元首的到访。

6月2日下午，本扬率老挝党政高层代表团赶赴十八洞村，重走习近平总书记五年前走过的路线。

雨后的苗寨，漫山透绿、清新朗润。来到十八洞村，本扬径直走进村里的精准扶贫展览室参观。首先映入眼帘的，是习近平总书记在十八洞村考察时的照片。本扬驻足凝望，看得认真。

当时的讲解员、十八洞村驻村扶贫工作队队员杨建军告诉记者，那天，展览室内陈列的湘西精准脱贫“十项工程”展板引起了本扬的强烈兴趣。

“我给本扬总书记详细介绍了教育发展、产业脱贫、乡村旅游和医疗救助四块工作，他听得非常认真仔细。”杨建军说。

一张张图片，一组组数据，展现出湘西近年来通过乡村旅游、转移就业、易地搬迁、教育发展等“十项工程”解决当地深度贫困问题的努力和成效。2014 年至 2017 年，全州实现 50 余万人脱贫，贫困发生率由 33.79% 下降到 10.55%。

绝不让一个贫困群众掉队，确保到 2020 年农村贫困人口全部脱贫，让中国人民共同迈入全面小康社会——这是中国共产党人的庄严承诺。

作为世界上最不发达国家之一，老挝也确定了到 2020 年实现脱贫的目标，和中国的时间进程遥相呼应。

在建设有本国特色社会主义的伟大征程中，中老两国“志同而气和”。

7 个月前，习近平总书记到访老挝时，中老两国领导人之间的一番对话推心置腹——

本扬说，老挝农业自然禀赋较好，但受困于资金和技术。

习近平回答说，农业领域可以成为双方合作的重点领域，中国不仅可以帮助老挝发挥自然优势，还可以帮助更多人摆脱贫困。

今年 5 月底，本扬应习近平总书记邀请来华访问。结束在北京的行程，本扬总书记马不停蹄赶赴三湘大地，实地走一走、看一看，感受中国脱贫攻坚的生动实践。

十八洞村梨子寨，黑瓦木屋错落有致。沿着青灰色的石板路，本扬来到住在村头的苗族老乡石爬专家中，仔细把屋里屋外看了个遍。“您身体还好吧”“有几个孩子”“生活过得越来越好了吧”……本扬与石爬专亲切交谈，详细询问她家里的情况。

石爬专告诉本扬，自从五年前习近平总书记来过村里后，村里的情况已经大变样，她家的生活越来越好，现在是吃穿不愁了。

在石爬专家堂屋正中央的墙上，挂着一幅习近平总书记和她坐在火塘边聊家常的照片。在这张照片前，本扬仔细端详。

回想起五年前的情景，十八洞村的村民们仍记忆犹新——

黑黢黢的房子里，唯一的电器是一盏5瓦的节能灯，石爬专看到有客人进来就按照苗族礼节热情迎接。面对眼前陌生的客人，她问："怎么称呼您？"习近平总书记亲切地说："我是人民的勤务员。"握住石大妈的手，总书记询问她多大年纪，听说老人64岁了，他说："你是大姐。"

从"大姐"家出来后，习近平总书记来到村民施成富、龙德成夫妇家探望，在他们家的院坝（前坪）上召开了一个小型座谈会。

习近平总书记和乡亲们在空地上围坐一圈，首次提出"精准扶贫"——要建档立卡摸清每户致贫原因，不能"手榴弹炸跳蚤"，要下一番"绣花"功夫。

五年后，当本扬沿着与习近平总书记相同的路线绕村一圈考察时，看到的是一番火红的发展景象——

从前3米5宽的盘山小路变成了6米宽的水泥马路，村内家家门口修了石板路，户户通了自来水。游步道有了、邮局有了、自助取款机有了、农家乐有了，还与文化公司合作建立了农家书屋和诗社。

"大姐"石爬专家新添了液晶电视、电风扇和电饭煲，还在家门口摆起了小摊。"现在来村的游客越来越多，去年在家光靠卖腊肉和摆摊，收入都有近1万元了。"石爬专告诉记者。

青山环绕，鸟语花香。

同样在施成富、龙德成家的院坝，坐在和习近平总书记一样的位置，本扬也同十八洞村村民围坐在一起，聊起了家常。

曾经客人来了连小板凳都凑不齐的施成富家，如今也开起了农家乐，生意做得顺风顺水。他们用“十八洞村”品牌的天然山泉水泡上湘西黄金茶，招待远道而来的贵客。

“中国和老挝是友好邻邦，我这次特地到十八洞村和你们交流学习精准扶贫的经验，希望能把你们好的经验带回老挝去，同时也请你们到老挝去看一看。”本扬对在场的村民们说。

坐在农家的木椅子上，本扬向大家一一了解当地政策、风俗、人口、家庭和经济状况。虽然说着不同的语言，但谈话的气氛却十分热烈。

听老乡们讲述十八洞村的今昔对比，本扬感触很深：“习近平总书记提出建设‘四好农村路’。这次来到十八洞村，我看到道路修得很好，与城市几乎没有差别，可以说是真正的‘四好’。这里村容村貌清洁美丽，老百姓安居乐业、衣食无忧，大家收入大幅提高，生活状况大大改善，让我们深受启发。”

“老挝目前还有6%的贫困家庭，我们要认真学习借鉴中方‘精准扶贫’的做法和经验，争取到2020年摆脱国家欠发达状态。”本扬说，老中两国是好邻居、好朋友、好同志、好伙伴，一直以来两党两国携手同行、守望相助。“我们要相互学习、相互帮助，实现共同发展”。

“中老两党都是全心全意为人民服务的马克思主义政党，巩固和发展两国关系必须得民心、顺民意、惠民生。”去年11月访问老挝时，习近平对本扬说。

同饮一江水，共取一瓢饮。同样的使命，共同的梦想，把中老两国的前途牢牢相系，将两国的命运紧紧相连。

座谈结束后，陪同考察的中共中央对外联络部部长宋涛向本扬赠送了以十八洞村脱贫故事为原型的电影《十八洞村》光盘。“这是习近平总书记特意嘱咐我送给您的礼物。”

“非常感谢习近平总书记的礼物，我非常喜欢。”本扬说。

“在十八洞村，我亲眼目睹了中国贫困偏远地区的扶贫成效，进一步感受到习近平总书记的领袖风范。”本扬说，“习近平总书记不仅胸怀天下、心系国家，而且关心少数民族的生产生活，对偏远山村的基层民众嘘寒问暖，这都非常值得老挝人民革命党认真学习。”

一个地处大山深处的苗寨，五年里先后迎来中老两国最高领导人的到访，见证了中老两党两国携手并进的一段佳话。

临走前，本扬与村民们握手道别，热情的苗族群众围绕在他身边，与他合影。一张张照片，定格一张张明媚的笑脸，也定格了中老两国友好交往的难忘瞬间。

车队缓缓离去，村民自发组成的送行队伍，沿山道蜿蜒。苗寨的绿水青山，镌刻下历久弥坚的中老友谊。

（侯丽军　张玉洁）

99. 中国式扶贫激发中外科幻作家创作灵感

在扶贫项目贵州黔东南苗族侗族自治州丹寨县万达小镇建成一周年之际，15 名中国、美国和加拿大的科幻作家来到这里搜集创作素材。

活动的组织者之一万达集团的魏薇说，中国正在推进人类历史上规模最大的扶贫工程，这个过程本身就能产生很多科幻灵感。科幻作家参与文化扶贫，能让丹寨的名字被更多人知道。

丹寨是国家级贫困县，苗族人口占 70% 以上。万达集团首创“企业包县”扶贫模式，已在丹寨投资 20 亿元，其中在 2017 年 7 月 3 日建成的万达小镇，着眼振兴当地产业，保护苗族传统文化，一年来吸引了 500 万海内外旅游者和投资者，带动了当地脱贫。

全世界苗族人口超过 1000 万，在中国主要聚居在贵州、湖南、云南等省区。在国外他们分布在东南亚以及北美等地。

科幻作家在扶贫茶园参与了采茶活动，试图创作茶叶等题材的科幻小说，以帮助提高丹寨农产品的知名度。

但采茶工作并不容易。15 名科幻作家汗流浃背气喘吁吁工作了半个小时，采到的茶叶只有 2 两，价值 3 元。

“这活儿真不容易。我们可以发明一种机器来做。”银河奖得主江波说。

“人脸识别技术可以代替茶农采茶。”获阿西莫夫读者奖等奖的加拿大作家德里克·昆什肯说。

“听说采茶姑娘会把茶叶放到嘴里咀嚼以品试质量，这也可以用机器来办到。”青年科幻作家梁清散说。

万达的扶贫茶园首期帮扶了1000名贫困茶农，他们人均年收入以前只有360元，现在增长了10倍。这些人仅仅是过去40年中国脱贫的7亿人中的一小部分。剩下的约3000万将在2020年全部脱贫。

作家们探讨创造一种“丹寨朋克”科幻类型，来探讨技术时代农民增加收入的途径。

但昆什肯对引入机器仍感到有些担忧，认为这可能夺去低技术人群的工作。“科幻作家设想未来能通过一套新机制来解决这个问题，比如设立‘终生贷款’或‘普遍收入’来保障人们的基本生活。”他说。

在访问一个仍在使用东汉时期手工造纸术作坊时，来自美国的劳伦斯·舍恩惊奇地发现了一种像布的特殊纸张——人们可以用毛笔在杯子里沾上清水，然后在这纸上反复书写文字，便能呈现出跟墨水一样的效果。

“我认为这个技术对于那些想练习书写克林贡文的人来说，简直太棒了。”这位雨果奖获得者、美国科幻奇幻协会董事说。他想订购一些这种“水写布”，作为礼物送给7月的第二十五届克林贡语言大会。

克林贡语是科幻电影《星际迷航》中外星人克林贡人的语言。在现实世界，也有很多《星际迷航》的粉丝在使用它。

作坊的主人潘玉华说，发掘传统文化遗产资源是当地脱贫的一种新方式，但没有想到它还能对宇宙文明作贡献。

在访问一个由20世纪50年代由苏联援建的水银矿遗址的路上，江波和宝树探讨一个问题：假如苗族在神秘的深山中建立了自己的高技术社会，那会怎样呢？或许，便会改变历史吧，也许是苗族来帮别人扶贫。

第一次来到亚洲的加拿大科幻作家凯丽·罗布森说，贫困是一个值得科幻关注的全球问题，即便在加拿大和美国，也有比较严重的贫富差距。

昆什肯说："我以前的创作重点是物理、化学、生物和天文领域，这次我将更多关注社会和文化问题。"

加拿大作家阿蕾克斯·德拉莫妮卡说，她考虑写一个故事：外星飞船在丹寨着陆。"外星人会选择在中国或印度着陆，这里是地球上发展最快的地方，而北美落伍了。"

作家们还向丹寨捐赠科幻图书并建立了一个"全球科幻作家工作坊"。活动的组织者之一、未来事务管理局局长姬少亭说，希望有一天苗家孩子能读到这些科幻书，他们的未来将因此发生改变。

丹寨县作家协会主席刘玉龙说，希望作家们利用苗族的神话传说来创作全新的科幻。

当地苗族文化研究者潘广淑说："我们以前没有见过科幻作家。我确信他们的来访能给丹寨带来好处。我们不仅生活在过去和现在，也要进入未来。科学和想象对贫困地区的少数民族同样重要。"

（韩松）

100. 破解人类共同挑战的“金钥匙”：中国扶贫启迪世界

五年来，中国减少贫困人口 6800 多万！这相当于每年脱贫 1000 多万人，每月脱贫 100 多万人，每天脱贫 3 万多人。

一年前，在深度贫困地区脱贫攻坚座谈会上，习近平总书记指出，党的十八大以来，党中央把贫困人口脱贫作为全面建成小康社会的底线任务和标志性指标，在全国范围全面打响了脱贫攻坚战。脱贫攻坚力度之大、规模之广、影响之深，前所未有。

一年前，在联合国人权理事会第 35 次会议上，中国代表全球 140 多个国家庄严发出共同努力消除贫困的强大呼声。

人类历史上最伟大的故事之一——世界银行行长金墉如此评说中国的脱贫成绩。创新脱贫方式——联合国粮农组织总干事达席尔瓦视中国为其他发展中国家的学习榜样。

向全球输送脱贫红利的发动机

在不发达的撒哈拉以南非洲，很多人每天收入不足 1.25 美元，连饮用水等最基本生活需求都无法保障。绝对贫困就像锁喉的魔爪。

在发达的美国，0.1% 最富裕家庭的财富相当于最底层 90% 家庭财富的总和。相对贫困犹如压顶的铅云。

贫困，一个古老的字眼，在今天不仅依然发生在欠发达国家，也实实在在地存在于发达国家，阻碍着经济社会发展，成为各国共同面对的最大全球性挑战之一。

30 多年来，按世行标准，中国减少贫困人口 7 亿多，比美俄日德四国人口总和还多，对全球减贫贡献率超过 70%。

“世界上没有哪个国家能像中国这样，在如此短时间内取得如此大的脱贫成就。”长期关注中国发展的印度专家库尔卡尼由衷赞叹，“这不仅使中国受益，也使全人类受益。”

“中国扶贫不仅是要让人民摆脱贫困，更要让人民富裕起来。”在俄罗斯科学院远东研究所首席研究员亚历山大·洛马诺夫眼中，脱贫的中国民众是消费市场的新兴力量。

“脱贫后逐渐迈入中等收入群体的中国人，正成为其他国家产品的重要消费者，他们的需求推动世界经济向前发展。”美国伊利诺伊理工大学教授哈伊里·图尔克如此诠释中国脱贫给世界带来的重大利好。

托起世界脱贫事业的中国力

5 月的一个清晨，缅甸首都内比都一座淡黄色小楼前突然喧闹起来，中国扶贫专家与缅方人员热情拥抱、握手。这不知是第多少次双方约定同去考察中国援缅减贫示范合作项目了。眼下项目组正在跟天气赛跑，争取在雨季来临前把水井打好。

“既把自己发展好，也帮助其他国家发展好。大家都好，世界才能更美好。”在中国描画的反贫困斗争时代画卷中从未缺过国际合作这一页。

在致力于消除自身贫困的同时，中国积极开展南南合作，建立以合作共赢为核心的新型国际减贫伙伴关系，为国际减贫事业注入新活力。中国广泛利用双边多边合作机制，加强与多国特别是发展中国家的减贫合作，帮助改善民生，实现共同富裕。

提出“一带一路”倡议，创设亚投行，设立丝路基金……中国支持发展中国家开展基础设施互联互通建设，帮助他们增强自身发展能力，融入全球供应链、产业链、价值链，为更快消除贫困创造重要条件。“‘一带一路’拉动的投资将让数千万人甚至数亿人脱贫。”美中关系全国委员会主席斯蒂芬·欧伦斯说，这会产生非常深远的影响。

与此同时，中国还在力所能及地向发展中国家、欠发达国家提供不附加任何政治条件的扶贫援助。60 多年来，中国共向 166 个国家和国际组织提供了近 4000 亿元人民币援助，派遣 60 多万援助人员；7 次宣布无条件免除重债穷国和最不发达国家对华到期政府无息贷款债务；积极向亚洲、非洲、拉丁美洲和加勒比地区、大洋洲的 69 个国家提供医疗援助，为 120 多个发展中国家落实千年发展目标提供帮助。

破解人类共同难题的金钥匙

“没有窗，又黑又闷，住在里面，人也觉得悲观。”34 岁的坦桑尼亚农民库尔瓦·阿卜杜拉祖祖辈辈都居住在这样的茅草屋里。如今，他不仅第一次住进了砖房，还从村里的贫困户变成了示范户。“现在我有很多规划，生活充满了希望。”

这一切要靠把希望播撒到非洲田野上的中国农业专家。今年，中国农业大学继续保持与坦桑尼亚政府的密切合作，让中国精准扶贫、特色扶贫的经验更广泛地惠及当地民众。

中国的脱贫方案和脱贫行动在让自身发展更加平衡协调、持续健康的同时,也给世界带来更多启迪和借鉴。“精准滴灌”“不能手榴弹炸跳蚤”的精准脱贫政策让巴西中国问题研究所所长罗尼·林斯在内的中国问题专家赞赏不已。“中国减贫措施针对性强，找准了贫困的根源。”他说，“通过优化经济结构，完善社会保障制度，加强教育等措施保证贫困不再复返，为不少国家提供了启示。”

从“输血”到“造血”，扶智更扶志。中国扶贫不是简单地发放福利，而是带领贫困人民一起拼搏、燃起雄心、追求梦想。这令出身农家的越南社会科学院中国研究所前所长杜进森体会颇深。

“扶贫不仅需要政府引导,更需要来自扶贫对象自身努力。”杜进森说，“与缺少可持续性的‘输血’式扶贫相比，中国帮助扶贫对象自力更生的‘造血’式扶贫更值得提倡。”

中国多年的扶贫实践一再证明脱贫首先要摆脱“意识贫困”“思路贫困”。中国智慧和方案不仅适用于拓展南南合作，也对参与全球减贫的发达国家有很多启发，为南北合作提供新的模式。盖茨基金会已与中国展开合作多年，帮助贫困的非洲国家。基金会主席比尔·盖茨说：“中国政府很有想象力，其魄力在全球范围内也是数一数二的。”

随着习近平总书记的著作《摆脱贫困》英法文版电子书上线，越来越多的海外人士有机会从中觅得中国破解贫困这一人类共同挑战的“金钥匙”。作为这本书的忠实读者，尼日利亚中国研究中心主任查尔斯·奥努纳伊朱十分真诚地说：“这本书对如何减贫非常有启发性，我推荐各国扶贫官员都来看一看。”

亿万千百十，皆起于一。和许多将中国脱贫经验付诸实践的国家一样，缅甸热切期盼着减贫项目结出更多硕果。缅甸农业、畜牧业和水利部部长昂杜充满信心地说：“贫穷是不稳定的根源，也是国家发展的障碍。我们坚信，中国在减贫方面的良好实践和宝贵经验必将在缅甸成功复制。”

（康逸　谢鹏　许嘉桐）

后记

本书是在新华社对内对外播发的系列脱贫攻坚稿件基础上编辑而成，可以作为海内外读者细致了解中国脱贫攻坚工作与成就的参考读物，其中一些关于中国式扶贫创意和成效，故事性强，饶有趣味，令人拍案叫绝，不得不感叹中国人的聪明才智与坚毅精神。

为方便阅读，在尊重事实的前提下，我们对部分稿件的标题和正文做了必要的修改。本书收录的图片由新华社记者拍摄，并由新华社摄影编辑部副主任郑卫牵头选编。新华出版社许新副社长在本书出版过程中做了大量组织协调工作。

对参与书稿收集、整理、翻译等工作的武汉大学新闻与传播学院博士生林莉、厦门大学新闻与传播学院学生张一诺、北京第二外国语学院高级翻译学院学生陈思琪、太原理工大学外国语学院学生刘可欣、上海外国语大学国际教育学院学生岳亚茹一并表示感谢。

因编者水平有限，书中不当之处，敬请读者朋友指正。